EL ESCÁNDALO

DEL CRISTIANISMO

EDITORIAL CLIE
C/ Ferrocarril, 8
08232 VILADECAVALLS
(Barcelona) ESPAÑA
E-mail: clie@clie.es
http://www.clie.es

El escándalo del cristianismo
ISBN: 978-84-18204-46-3
Depósito legal: B 5122-2022

Teología cristiana
Apologética

Impreso en Estados Unidos de América / *Printed in USA*

Tabla de contenido

Primera parte

Segunda parte

EL ESCÁNDALO DEL CRISTIANISMO

Porque es tiempo de que el juicio comience por la casa de Dios

Prólogo

El cristianismo atraviesa una conmoción de tal virulencia que para encontrar precedentes tendríamos que remontarnos a la Reforma del siglo XVI y consiguientes guerras fratricidas que se desencadenaron a continuación. Un movimiento sísmico de proporciones gigantescas que se viene gestando desde comienzos del siglo XX, provocado por el choque inevitable entre dos placas tectónicas de pensamiento que el autor describe como: la *progresista*, pretendiendo llevar a cabo el insostenible malabarismo de retener el equilibrio social heredado del cristianismo, al tiempo que cuestiona los fundamentos y bases doctrinales de los que este equilibrio surgió; y la *conservadora*, aferrada a una literalidad bíblica y consecuente legalismo etiquetado como "sana doctrina", pero igual de insostenible, no sólo por su enfrentamiento a los avances de la cultura y ciencia, sino por el radicalismo intolerante y agresivo con que sus defensores arremeten contra todos aquellos que piensan distinto, y que hace a la Iglesia, como colectivo, reo de no practicar aquello que predica.

Un seísmo de consecuencias catastróficas que luce inevitable, a menos que el liderazgo cristiano del siglo XXI se muestre capaz de hacer suya una paráfrasis de la famosa plegaria de la serenidad de Reinhold Niebuhr [1892-1971]: *"Señor, concédeme serenidad para aceptar todo aquello que no puedo cambiar, fortaleza para cambiar lo que soy capaz de cambiar y sabiduría para entender la diferencia"*, y exclamar: «Señor, con absoluta fidelidad a tu Palabra, dame la visión y coraje necesarios para cambiar aquello que se puede y se debe cambiar; capacidad para argumentar aquello que no se puede cambiar; y sabiduría para discernir la diferencia».

Este es el esquema que sigue Arturo Rojas en el presente libro: comienza por analizar un amplio catálogo de posicionamientos radicalistas y conductas escandalosas en el seno de la Iglesia, motivo de que muchos no se acerquen y otros tantos se alejen de ella; se adentra a continuación en una defensa eficaz de las bases fundamentales de nuestra fe; y concluye planteando la locura/sabiduría de la Cruz, citando las palabras del poeta alemán Heinrich Heine [1797-1856]: *«La verdadera locura quizá no sea otra cosa que la sabiduría misma que, cansada de descubrir las vergüenzas del mundo, ha tomado la inteligente resolución de volverse loca».* El bosquejo claro: autocrítica, apologética, y fe; o dicho en otras palabras: cambiar aquello que debemos cambiar; argumentar aquello que no podemos cambiar; y fe en la sabiduría de lo Alto para discernir la diferencia.

En la primera parte, *autocrítica*, tras una breve introducción en la que pone de relieve lo que Paul Tillich [1886-1965] describe como la *«nefasta ambigüedad y ambivalencia del ser humano»*, denuncia con valentía comportamientos en el seno de la Iglesia que son escándalo evidente para la sociedad secular, y que por tanto urge revisar. Pocos se quedan en el tintero: divisiones, enfrentamientos, simonías, dobles raseros, hipocresías, rencores, murmuraciones, calumnias, difamaciones y acosos; abusos sexuales encubiertos de todo de todo tipo y pelaje; taumaturgia, comportamientos supersticiosos y utilitaristas que en lugar de someterse a la voluntad de Dios pretenden, Biblia en mano y promesa en boca, hacer de la divinidad un lacayo a nuestras órdenes; insolidaridad social, centrándose en salvar almas pasando por alto las necesidades de los cuerpos; falta de integridad, evasión, hurtos, plagios, parcialidades e indolencias; sectarismo e intolerancia intransigente hacia los que no piensan exactamente como nosotros; y activismos políticos radicalistas que no dudan en sacrificar la verdad y la justicia a grandes intereses económicos a cambio de una hipotética defensa de ciertos posicionamientos éticos.

Y por supuesto, los consabidos legalismos, extremismos y literalidades inconsecuentes y contrarias a las enseñanzas de Cristo. Unos liderados por una casta de iluminados, autoproclamados "apóstoles" contemporáneos, que surgen en el seno de las iglesias tradicionales para hacer tolda aparte, y aprovechando la buena fe de muchos y el atractivo de la falsa teología de la prosperidad, convertirse en mega-iglesias supuestamente cristianas que ante el mundo no merecen otro calificativo que el de "sectas evangélicas". Otros, de pretendida "sana doctrina", aferrados a un biblicismo radical, obsesionados en dar un salto acrobático por encima de la historia de la Iglesia y entroncar directamente con los apóstoles, olvidando que como tan acertadamente advertía Paul Tillich [1886-1965]: *«el biblicismo radical es una actitud en la que uno se engaña a sí mismo; pues nadie es capaz de dar un salto sobre dos mil años de historia y hacerse contemporáneo de los escritores del Nuevo Testamento, salvo en el sentido existencial de aceptar a Jesús como el Cristo»*. Y otros, que asidos a la mal llamada "fe del carbonero", se empeñan en hacer de la Biblia un libro de ciencia, algo que nunca ha pretendido ser, y rechazan sistemáticamente el conocimiento y avance científico, atrincherados en la cueva que el teólogo Edward John Carnell [1919-1967] describe como *«la santa ignorancia o ridículo piadoso»*; y provocando con ello que las nuevas generaciones de jóvenes abandonen las iglesias tan pronto pisan el instituto o la universidad. Pasan por alto que hombres con una fidelidad a la Palabra tan incuestionable como la de Charles Haddon Spurgeon [1834-1892] anticipando ya este conflicto a mitad del siglo XIX, no dudaron en advertir: *«que ningún hombre trate de alegar un falso concepto de que la ciencia y la teología son incompatibles y no pueden caminar de la mano una de la otra»*, pues no es así, antes todo lo contrario, sólo hace falta dar a la ciencia lo que es de la ciencia y a Dios lo que es de Dios.

En la segunda parte, *apologética*, sale a relucir en toda su tersura el alma de apologista del autor. La abre con un análisis de la naturaleza y atributos de Dios, enfatizando su justicia a la vez que su misericordia. Y con este telón de fondo van desfilando, una tras otra, numerosas actitudes y postulados de nuestra sociedad postmoderna incompatibles con las verdades fundamentales de la fe, y por tanto, escándalo para el cristianismo, que no puede transigir con ellos en modo alguno. Comenzando con la idea lo políticamente correcto, que no deja de ser una forma de connivencia con el escepticismo, prosigue con el liberalismo y la desmitificación de las Escrituras, el materialismo, cientificismo, humanismo ateo y las paradojas que derivan del problema del mal; para seguir con el problema de la igualdad y la injusticia, la responsabilidad humana, y las teorías conspiratorias. Concluye con una exposición del misterio de la fe centrado en la "locura de la Cruz", que describe citando palabras del Dr. Antonio Cruz Suárez [1952], como: *«el gran escándalo del cristianismo: la locura de la omnipotencia de Dios en la impotencia amorosa de la Cruz».*

Un manual completo de autocrítica y apologética cristiana para el siglo XXI. Recuerdo cuando en mi juventud, cursando estudios de ciencias económicas, me explicaron que el axioma clave del éxito empresarial consiste en disponer del producto o servicio que se necesita en el lugar adecuado, en el momento oportuno. El escándalo del cristianismo cumple con creces estos tres requisitos: es el libro que el pueblo cristiano necesita: autocrítica y apologética razonada; en el lugar adecuado donde más se necesita: el pueblo cristiano de habla hispana; y en el momento oportuno en que más se necesita: cuando enfrentamientos fratricidas entre progresistas y conservadores amenazan con dividir el protestantismo evangélico haciéndolo estallar en mil pedazos.

Quiera Dios bendecir abundantemente esta bien escrita y acertada exposición en su propósito de ayudar a muchos a descubrir lo que debemos cambiar, a argumentar aquello que no podemos cambiar, y a discernir la diferencia con mansedumbre y tolerancia, recordando las palabras del Maestro: *"el que no es contra nosotros, por nosotros es"* (Marcos 9:40).

Eliseo Vila Vila

Presidente de Editorial CLIE.

Ciudad de México, Julio 2020.

Versiones de la Biblia empleadas en este libro

(A no ser que se indique lo contrario, las citas bíblicas son tomadas de la Nueva Versión Internacional [NVI])

La Biblia de las Américas (LBLA)

Biblia del Jubileo (JBS)

Dios Habla Hoy (DHH)

Nueva Biblia de las Américas (NBLA)

Nueva Biblia Viva (NBV)

Nueva Traducción Viviente (NTV)

Palabra de Dios para Todos (PDT)

La Palabra (Hispanoamericana) (BLPH)

Reina Valera 1960 (RVR1960)

Reina Valera Revisada (RVR1977)

Traducción en Lenguaje actual (TLA)

Prefacio

Este libro es un proyecto que he tenido entre ceja y ceja desde que descubrí en el curso de mis labores pastorales, magisteriales y en defensa de la fe de ya más de un cuarto de siglo, que tenía disposición y facilidad para escribir. Durante un buen tiempo pensé que sería el último libro que escribiría, tal vez cuando estuviera ya jubilado y disfrutando de un buen retiro, si es que a los cristianos nos está permitido jubilarnos de dar testimonio de nuestra fe.

Pero como lo dice el dicho: *"¿Quieres hacer reír a Dios? ¡cuéntale tus planes!"*. Así, pues, contra todo pronóstico y por diversas circunstancias que no vienen al caso, aquí estoy dándole forma final a este proyecto con cuya publicación anticipada creo y espero estar llenando una necesidad en la vida de sus potenciales lectores que sólo Dios puede conocer y satisfacer con la solvencia del caso. Pero tengo la esperanza de que este libro forme parte de sus inagotables recursos al respecto.

Si de algo he adquirido consciencia a estas alturas desde que me convertí a Cristo y fui ordenado, junto con mi esposa, para el ministerio pastoral; es de que me gusta la academia, pero no soy ni quiero ser académico, con el perdón de los académicos a quienes respeto y admiro y a quienes nunca osaría igualarme. En el curso de la lectura de este libro el lector comprenderá mejor por qué. Menciono esto únicamente para indicarle que éste no es un libro académico, sino un libro autocrítico hacia la iglesia –en su primera parte–, y crítico hacia el pensamiento secular, en la segunda; aunque pueda tener bastante contenido académico implícito en el trasfondo.

Pero para sortear la tentación de caer en la complejidad y aridez de la academia –tanto en la extensión como en la dificultad de su lectura– he asumido como método el no escribir capítulos que excedan de ocho páginas a lo sumo, pues he descubierto que esta restricción me obliga a ser breve, sintético, puntual y claro en mi exposición y hace más comprensible, amena y fácil su lectura. Pero, por otro lado, evitaré también una redacción demasiado coloquial que pueda afectar la precisión de lo que quiero decir. Y no será este prefacio el lugar en donde me extenderé de manera innecesaria, por lo que no me queda más que invitarlo cordialmente a leer lo que sigue, confiando en que junto con el provecho que pueda obtener de ello, también pueda certificar al final que cumplí a cabalidad con el compromiso que he manifestado aquí.

Sea, entonces, bienvenido.

Introducción: las cuatro "S"

"Pero sabiendo Jesús en su interior que sus discípulos murmuraban por esto, les dijo: «¿Esto os escandaliza»"

Juan 6:61 (BJ)

Escándalo es un concepto ampliamente presente hoy en el campo del periodismo a la hora de registrar y divulgar la información, obrando en muchos casos en perjuicio del correcto entendimiento de los hechos y de la obligación ética del periodista de ser veraz al difundirlos. La distinción entre lo que se designa como "periodismo serio" y el siempre cuestionado "periodismo amarillista" o sensacionalista inventado por Joseph Pulitzer, pero en especial por el muy controvertido William Randolph Hearts, es cada vez más delgada y difusa y los periodistas "serios" la rozan y traspasan a veces de manera inadvertida.

El pastor Darío Silva-Silva, también connotado y recordado periodista colombiano que en su momento dirigió y fue propietario de uno de los noticieros con mayor rating en la historia del país, toca este tema con la autoridad que le confiere su larga experiencia profesional y dice:

> Por otro lado, escándalos internacionalmente difundidos, en especial de inescrupulosos televangelistas, propiciaron una injusta generalización, según la cual, la excepción es regla: Judas fue apóstol, Judas fue traidor; por lo tanto, todos los apóstoles fueron traidores. Ser santo no es noticia, es noticia ser malo; como si Alejandro Borgia fuese más representativo que Antonio de Padua.

El ahorcamiento del Iscariote sería hoy titular de primera plana; la muerte natural de Juan, anciano y achacoso, tendría, si acaso, un recuadro en las páginas sociales. La influencia sensacionalista de W. Randolph Hearts −El Ciudadano Kane, de Orson Wells− se ha vuelto decisiva en los medios de comunicación; éstos, en vez de registrar noticias, las crean, porque lo importante no es imprimir papel periódico sino imprimir papel moneda.

Justamente, se afirma que el periodismo fomentado por Hearts para lograr vender, estaba orientado por cuatro conceptos: deporte, sexo, sociedad y escándalo, que en inglés se escriben los cuatro con "s" inicial (sports, sex, society and scandal), por lo que se habla entonces de las cuatro eses del periodismo sensacionalista. La idea es que si se escriben noticias sobre cualquiera de estos cuatro temas, las ventas están garantizadas, pues la gente se sentirá siempre atraída por ellos y así, en especial en lo que concierne al sexo, la sociedad y el escándalo, podrá explotarse el morbo siempre presente en nuestra condición humana caída, pero entendido no en su equivocada y popular acepción lujuriosa que lo asocia al sexo casi exclusivamente, sino en su significado más amplio y preciso por el que se designa como esa atracción y placer enfermizo y malsano que todos experimentamos en mayor o menor grado hacia lo desagradable, lo extraño, lo retorcido e incluso lo perverso, a la par que nuestra inherente moralidad tiende a rechazarlo a sabiendas de que esta atracción no es correcta ni conveniente.

Es aquí donde el escándalo desempeña su papel, pues juega con esa dualidad por la cual nos sentimos atraídos por algo que al mismo tiempo rechazamos porque nos ofende, indigna y desagrada. En este sentido, el cristianismo es escandaloso y no tiene que ofrecer disculpas por serlo. En efecto, hay aspectos del cristianismo que ofenden y son desagradables para las mentalidades presuntamente "progresistas" e incluyentes de la edad moderna y posmoderna, porque contravienen los postulados de civilidad y convivencia armoniosa que se han impuesto en muchas de las sociedades, en otro tiempo cristianas, que pretenden así llevar a cabo el insostenible malabarismo de retener la moralidad social heredada, por cierto, del cristianismo que las moldeó; al mismo tiempo que desechan la doctrina cristiana de la que esa moralidad surgió.

Sin embargo, también es cierto que los creyentes individuales y por consiguiente, también la iglesia de manera colectiva como institución, ha sido fuente de escándalos a lo largo de la historia por causa de las contradicciones en que ha incurrido al predicar y no practicar, −o mejor aún, al contradecir con su práctica lo que predica−, traicionando así la doctrina que pretende divulgar y promover y brindando de este modo gratuita munición a los detractores del cristianismo para atacarlo y desvirtuarlo con evidente ligereza, pues cuando los cristianos y la iglesia incurren en este tipo de conductas, no están honrando de ningún modo los principios que dicen representar, por lo que su conducta, si bien brinda mala prensa a la doctrina cristiana, no invalida esta doctrina ni mucho menos, como lo dejó bien establecido el propio Jesucristo en el evangelio cuando argumenta con impecable lógica: *"«Los maestros de la ley y los fariseos tienen la responsabilidad de interpretar a Moisés. Así que ustedes deben obedecerlos y hacer todo lo que les digan. Pero no hagan lo que hacen ellos, porque no practican lo que predican. Atan cargas pesadas y las ponen sobre la espalda de los demás, pero ellos mismos no están dispuestos a mover ni un dedo para levantarlas"* (Mateo 23:2-4), algo de lo que tampoco ha estado nunca exenta la iglesia.

Valga decir que en la Biblia y de manera particular en el Nuevo Testamento, el vocablo griego *skandalizo* se traduce indistintamente como "escandalizar", "ofender", pero sobre todo como, brindar "ocasión de caer", o "poner tropiezo" a alguien. El erudito Claude Tresmontant, una autoridad en hebreo y griego, sostenía que la palabra griega *skandalon* (escándalo en español): *"es la traducción de un término hebreo que designa el obstáculo con el que tropieza un ciego"*, lo cual hay que tener en cuenta en lo sucesivo, pues añade un significativo contenido semántico a lo que solemos entender hoy por ello, como se verá en la primera parte de este libro en la que nos ocuparemos de examinar con buen detalle las diferentes maneras en que los creyentes y la iglesia han terminado escandalizando y ofendiendo de forma culpable a los no creyentes e impidiendo en muchos casos que estos se acerquen al evangelio o, peor aún, que una vez que se han acercado a él llegando a suscribirlo y profesarlo de manera personal, terminen luego alejándose de él y desechándolo, también de manera culpable, debido en gran medida a que tropiezan y caen en su seguimiento de Cristo debido al mal ejemplo de muchos de quienes dicen también seguirlo y los han precedido en el intento.

Y en la segunda parte nos encargaremos de identificar, defender y exaltar los aspectos presumiblemente "escandalosos" que son propios o inherentes al cristianismo y de los que no puede ser despojado sin experimentar una gran pérdida al hacerlo, al punto de traicionarlo en el proceso. Aspectos que son especialmente señalados y atacados por la cultura secular con argumentos que no son más que lugares comunes muy superficiales, vanos y triviales, que pueden ser refutados con toda la solvencia racional y lógica del caso no sólo desde la Biblia, sino incluso al margen de ella desde la historia, la experiencia, la filosofía y la ciencia. Este es, entonces, el derrotero que seguiremos en el propósito de: *"... no poner tropiezos ni obstáculos al hermano"* (Romanos 14:13), ni a nadie en general, con mayor razón si son tropiezos que no pertenecen a la esencia del evangelio y deben ser evitados y combatidos por la iglesia llamada a proclamarlo.

PRIMERA
PARTE

*"Y os ruego, hermanos, que miréis por los que causan disensiones
y escándalos fuera de la doctrina que vosotros habéis aprendido; y
apartaos de ellos"*

Romanos 16:17 (JBS)

1.
El escándalo del mundo

"Saben bien que, según el justo decreto de Dios, quienes practican tales cosas merecen la muerte; sin embargo, no sólo siguen practicándolas, sino que incluso aprueban a quienes las practican"

Romanos 1:32

Antes de emprender la anunciada autocrítica en la que tendré que hacer las veces de la parte acusadora, brindando eco a un buen número de los señalamientos que el mundo le endosa al cristianismo, pero que en realidad son señalamientos dirigidos a la iglesia; es oportuno ejercer una crítica hacia el mundo en general, pues éste no es ajeno a ninguna de las acusaciones que le dirige al cristianismo. En realidad, la razón de esas críticas es que el mundo sabe que los creyentes tienen una responsabilidad moral mucho mayor que quienes no lo son, en razón de la conducta que el cristianismo demanda y espera de quienes lo profesan. Y debido a ello le exige a la iglesia mucho más de lo que se exige a sí mismo. Así, el mundo no tiene ningún reparo en señalar la paja en el ojo de la iglesia, al tiempo que le tiene sin cuidado la viga que hay en su propio ojo y a la que hace puntual referencia la descripción bíblica que abre este capítulo. Pero debemos mirar un poco esta viga.

Porque al margen de que seamos o no cristianos, si somos honestos y sin perjuicio de las diferencias entre ambos grupos, la condición humana en general es escandalosa, en el actual estado de nuestra existencia. Estado que es el mismo que venimos compartiendo todos los seres humanos en este planeta a lo largo de toda su historia, por lo cual más allá de los matices que pueda haber y del carácter más o menos escandaloso que podamos ostentar a través de las diferentes épocas, lo cierto es que la historia de la humanidad es en buena parte una escandalosa "fe de erratas", una relación de errores y equivocaciones, una lista de despropósitos mezclados de manera inseparable y paradójica con los actos más inspiradores y las mayores alturas del espíritu humano.

Y esto debido a que la personalidad de cada uno de nosotros está dividida y desgarrada, a semejanza del protagonista de la famosa obra de Robert Louis Stevenson: *El Dr. Jeckill y Mr. Hide*. Es por eso que al mismo tiempo que albergamos en nuestro interior el potencial para los más sublimes actos de grandeza, poseemos a su vez la capacidad para los actos más bajos, groseros y vergonzosos. Grandeza y bajeza, gloria y miseria, se conjugan y entremezclan indistintamente en todos y cada uno de nosotros. Y no existe mejor explicación para este estado de cosas que la doctrina cristiana del pecado original que sostiene que desde la trágica desobediencia de nuestros primeros padres, Adán y Eva, la característica fundamental del género humano, utilizando un término propio del teólogo Paul Tillich, es la ambigüedad. Una dolorosa, nefasta y trágica ambigüedad y ambivalencia.

Muchos se han referido a esto, como lo hace por ejemplo, una vez más, Darío Silva-Silva al señalar que: *"La siquis humana es por naturaleza ambivalente. Hay una como dualidad congénita, que nos lleva a la duda, a la vacilación, a nadar a dos aguas. El corazón es un péndulo oscilante entre dos opciones, en vez de una brújula orientada al norte. Es el to be or not to be de Hamlet, nada más y nada menos que el dilema de la humanidad caída. Este cunçi-cunça hace parte del complejo desorden interior que se derivó del vuelco producido por el pecado. El gran poeta Montaigne (...) compuso un verso conmovedor: 'El hombre es cosa vana, variable y ondeante' (...) Bíblicamente se define a esta incertidumbre de muchas maneras: vacilar entre dos pensamientos, tener el corazón dividido, ser de doble ánimo"*. Y lamentablemente y por lo pronto, ni siquiera la conversión a Cristo nos libra del todo de esta situación.

Recordemos al apóstol Simón Pedro, acertando de lleno y siendo en un primer momento objeto de una honrosa bienaventuranza por parte del Señor Jesucristo por haberle respondido con resuelta convicción que Él era, en efecto, el mesías, el Hijo del Dios vivo: *"–Dichoso tú, Simón, hijo de Jonás –le dijo Jesús–, porque eso no te lo reveló ningún mortal, sino mi Padre que está en el cielo"* (Mateo 16:17); sólo para ser reprendido severamente al poco rato por el mismo Cristo por haberse convertido en un vocero de Satanás: *"Jesús se volvió y le dijo a Pedro: –¡Aléjate de mí, Satanás! Quieres hacerme tropezar; no piensas en las cosas de Dios, sino en las de los hombres"* (Mateo 16:23). El mismo Pedro que proclamó valientemente estar dispuesto a dar la vida por su Señor para, instantes después, negarlo de la manera más cobarde y rastrera, o luego incluso de Pentecostés, –experiencia que dotó a la iglesia con el poder del Espíritu Santo–, seguirse mostrando vergonzosamente vacilante en lo que tiene que ver con el status y el trato que los gentiles o paganos deberían recibir en la iglesia, como lo atestigua el apóstol Pablo: *"Pues bien, cuando Pedro fue a Antioquía, le eché en cara su comportamiento condenable. Antes que llegaran algunos de parte de Jacobo, Pedro solía comer con los gentiles. Pero, cuando aquellos llegaron, comenzó a retraerse y a separarse de los gentiles por temor a los partidarios de la circuncisión"* (Gálatas 2:11-12).

El punto es que, incluso después de la conversión, pero sobre todo antes, todos somos como Pedro. Tropezamos y caemos, hacemos tropezar y caer a otros, ofendemos, escandalizamos. El apóstol Pablo dejó magistral constancia de lo anterior en el conocido pasaje de Romanos 7:14-24. Los seres humanos somos, pues, como cañas que se elevan de manera altiva, orgullosa, presuntuosa y efímera contra el viento; sólo para quebrarnos momentos después e inclinarnos de nuevo al suelo, desarraigados, mordiendo otra vez el polvo de nuestra escandalosa condición. Pascal se refirió con gran lucidez a nuestra miseria y nuestra gloria, nuestra insignificancia y nuestra grandeza simultáneas recurriendo, justamente, a la figura de la caña, declarando entre otras cosas: *"El hombre no es más que una caña, la más débil de la naturaleza; pero es una caña que piensa"*. Pero su mejor descripción de la condición escandalosa de la humanidad es tal vez la siguiente: *"¿Qué quimera es, pues, el hombre? ¡Qué novedad, qué monstruo, qué caos, qué motivo de contradicción, qué prodigio! ¡Juez de todas las cosas, imbécil gusano de la tierra, depositario de la verdad, cloaca de incertidumbre y de error, gloria y oprobio del Universo!"*.

La paradoja humana que hace más escandaloso este cuadro es que ninguno de estos dos aspectos, grandeza o miseria, gloria o tragedia, puede ser tratado a la ligera. Porque como resultado de haber sido creados a la imagen y semejanza del propio Dios, poseemos una grandeza, una gloria, una dignidad inherente y única y debido a ello la persona humana contiene lo mejor y más sublime del universo. Pero al mismo tiempo, por efecto de la caída en pecado de nuestros primeros padres, nos hallamos desde entonces sumidos y lidiando a diario con nuestro egoísmo, miserias y vergonzosas bajezas, de tal modo que en cada uno de nosotros reside también lo peor del universo. Lo esperanzador es que, a pesar de todo esto, Dios nunca ha considerado al hombre como un caso perdido. Porque los estragos del pecado no han podido echar a perder del todo la buena creación de Dios, culminada magistralmente con la creación del hombre. Dios no desecha lo que se ha estropeado y echado a perder, sino que lo restaura y lo redime, al costo de la vida de su Hijo. La redención no puede, pues, entenderse sino teniendo conciencia de que estábamos destinados para la gloria por efecto de la creación, pero ahora somos víctimas de una corrupción endémica por efecto de la caída.

Si queremos comprender nuestra condición humana no podemos, pues, identificarnos tan sólo con Adán antes de la caída, o con Adán después de la caída; sino con Adán antes y también después de la caída. Todos somos solidarios para bien y para mal en ambos eventos. Pero las filosofías e ideologías humanas se equivocan al hacer énfasis en uno sólo de estos polos en detrimento del otro. Los idealismos son ingenuos, entonces, pues resaltan lo mejor y más sublime de nuestra condición, al tiempo que menosprecian los estragos que el pecado nos ha infligido y los conflictos concretos que por su causa tenemos que afrontar a diario. Y el humanismo ateo es uno más de estos idealismos cándidamente optimistas, utópicos y desbordados. A todas estas corrientes de pensamiento les sucede lo que al apóstol Pablo cuando se resistía al cristianismo. Terminan dándose *"... cabezazos contra la pared"* (Hechos 26:14), o estrellándose contra la compleja y escandalosa realidad de la condición humana.

Pero también los materialismos escépticos son cínicamente pesimistas al reducir al hombre a meras variables cuantitativas, a números, a simple materia orgánica organizada por un azar evolutivo, negándole toda trascendencia. Y aquí cae también el vitalismo nihilista y el existencialismo infructuosamente heroico de ateos como Nietzsche, Heidegger y Sartre, pues si venimos de la nada y vamos a la nada, ¿qué sentido tiene nuestra vida hoy? Lo interesante es que la Biblia es realista e incluye y sintetiza ambas visiones: la idealista y la materialista, pues no toma a la ligera el pecado humano y el drama en el que nos sumerge, pero lo hace precisamente teniendo como trasfondo nuestra dignidad humana esencial en la medida en que sigue reflejando la gloria divina. Ya lo dijo Pascal de nuevo: *"Es miserable saberse miserable, pero es ser grande el reconocer que se es miserable"*. Ese es el escándalo y la paradójica situación del mundo. Y es a la luz de todo esto que podemos entender por qué la Biblia sigue siendo de palpitante actualidad y conserva hoy por hoy toda su vigencia; pues, aun cuando la cultura, la ciencia, el medio ambiente y las circunstancias puedan cambiar como de hecho lo hacen; el corazón del hombre es el mismo desde los tiempos del Génesis, como ésta escrito: *"Y el SEÑOR vio que era mucha la maldad de los hombres en la tierra, y que toda intención de los pensamientos de su corazón era sólo hacer siempre el mal"* (Génesis 6:5 LBLA)

Por esta razón Billy Graham sostenía que: *"La teología nunca cambia. El corazón humano es siempre el mismo... Los mismos pecados y los mismos problemas que se afrontaban en Egipto, los afrontamos hoy"*. En condiciones ideales en el corazón humano residen en potencia lo mejor y lo peor del hombre; pero lamentablemente, después de la caída en pecado de nuestros primeros padres las intenciones e inclinaciones que prevalecen en él *"son perversas desde su juventud"* (Génesis 8:21). Dicho de otro modo, a partir de la caída estamos corrompidos de raíz, a pesar de todas las apariencias en contra y los siempre precarios esfuerzos con los que intentamos en la superficie honrar nuestra conciencia moral que nos dice lo que es correcto, pero que no nos da el poder para hacerlo. Al final, por mucho que nos esforcemos en comportarnos de manera justa y civilizada en el contexto de la cultura humana de la que formamos parte, si somos honestos, en el fondo siempre sabemos que todo esto no es más que una fachada que encubre las vergüenzas y egoísmos de lo que en realidad somos cuando nadie nos ve.

Existen dos frases que todos suscribimos y nadie se atrevería a discutir, como tácito pero siempre manifiesto reconocimiento de todo lo anterior. La primera de ellas afirma: *"nadie es perfecto"*. Y la segunda es muy similar: *"Errar es humano"*. Así es. Por mucho que nos esmeremos, la imperfección moral y los errores a la hora de tomar decisiones acertadas y justas son un rasgo universal presente en todos y cada uno de los seres humanos a lo largo de la historia, con una sola honrosa y gloriosa excepción, Jesucristo de Nazaret. Ese es el escándalo del mundo, que lo lleva a tropezar y caer siempre de un modo u otro y que confirma la declaración de Cristo en cuanto a que: *"... separados de mí no pueden ustedes hacer nada"* (Juan 15:5). Por lo menos, nada verdaderamente consistente, auténtico y perdurable. Porque: *"En una palabra, Dios ha permitido que todos seamos rebeldes para tener compasión de todos"* (Romanos 11:32 BLPH).

2.
El escándalo del cristiano

"Y a sus discípulos dice: Imposible es que no vengan escándalos; mas ¡ay de aquel por quien vienen! Mejor le fuera, si una muela de un molino de asno le fuera puesta al cuello, y le lanzaran en el mar, que escandalizar a uno de estos pequeñitos"

Lucas 17:1-2 (JBS)

Si bien es cierto que, como lo veremos en la segunda parte, el cristianismo posee un innegable potencial para escandalizar al pensamiento presuntamente progresista y civilizado del hombre de hoy, escándalo que no puede ni debe ser mitigado por los creyentes; también lo es que esto no significa que los cristianos tengamos por fuerza que escandalizar de manera innecesaria al mundo a la hora de proclamar e ilustrar con nuestras propias vidas el evangelio. El mismo Jesucristo hizo referencia a esto cuando, sin estar obligado a hacerlo en virtud de ser quien era, pagó el impuesto del templo argumentando lo siguiente ante el apóstol Pedro: *"Pero, para no escandalizar a esta gente, vete al lago y echa el anzuelo. Saca el primer pez que pique; ábrele la boca y encontrarás una moneda. Tómala y dásela a ellos por mi impuesto y por el tuyo"* (Mateo 17:27). Y el apóstol Pablo sistematiza esta instrucción en sus epístolas al exhortar a la iglesia a que: *"No hagan tropezar a nadie, ni a judíos, ni a gentiles ni a la iglesia de Dios"* (1 Corintios 10:32).

No obstante, con frecuencia los cristianos somos, de forma censurable y gratuita, motivo de escándalo para los demás y de tales maneras que terminamos dándoles pretextos a los no cristianos para rechazar el evangelio o, peor aún, contribuyendo a desviar de la fe a quienes desean sinceramente suscribirla. Sobre todo porque los no creyentes son muy dados a confundir, entremezclar e igualar conceptos relacionados, pero significativamente diferentes, como la espiritualidad humana a la que identifican equivocadamente con la religión organizada e institucionalizada. Asimismo, identifican al cristianismo con la cristiandad o a Dios con la iglesia. Y por eso, al verse impulsados por alguna razón a rechazar a la religión organizada e institucionalizada, a la cristiandad o a la iglesia, terminan rechazando y desechando también de manera culpable y para su propio perjuicio la condición espiritual del hombre, al cristianismo y a Dios. Por eso la crítica que emprenderemos a partir de ahora y hasta el final de la primera parte hacia la cristiandad, la iglesia y la religión organizada, no invalida de ningún modo ni deja sin vigencia a la espiritualidad humana, al cristianismo ni mucho menos a Dios.

Comencemos, entonces, por lo que se ha dado en llamar la "cristiandad", entendido como el conjunto de personas, pueblos o naciones que profesan haber creído en Cristo de manera mayoritaria, al margen de la rama histórica o la denominación cristiana a la que pertenezcan, o a lo que C. S. Lewis se refirió en su momento con la expresión *mero cristianismo*. Porque un significativo número de quienes constituimos uno a uno lo que llamamos "cristiandad", con nuestro proceder individual también hemos dado pie en buena medida a esta animosidad equivocada y dirigida de manera forzada hacia Dios y hacia el cristianismo, con más frecuencia de la que nos gustaría reconocer. No puede, pues, negarse que un significativo número de cristianos profesantes –sin entrar aquí a establecer qué tan auténtico es su cristianismo– se convierten en muchas ocasiones en motivo de tropiezo y escándalo para los que no lo son, por medio de comportamientos, actitudes y situaciones que dejan mucho que desear, tales como exhibir conductas moralmente laxas, permisivas y relajadas que ofenden, incluso, a los paganos, como lo denuncia el apóstol Pablo en su epístola a los Romanos, aludiendo a lo ya escrito en su momento por los profetas Isaías y Ezequiel: *"Así está escrito: «Por causa de ustedes se blasfema el nombre de Dios entre los gentiles»"* (Romanos 2:24). Tanto así que a la iglesia de Corinto la amonesta en estos términos: *"Es ya de dominio público que hay entre ustedes un caso de inmoralidad sexual que ni siquiera entre los paganos se tolera, a saber, que uno de ustedes tiene por mujer a la esposa de su padre"* (1 Corintios 5:1). En este sentido los cristianos somos especialmente susceptibles a las "apariencias de piedad" de las que habla el apóstol en 2 Timoteo 3:5: *"Aparentarán ser piadosos, pero su conducta desmentirá el poder de la piedad..."*, que constituye la flagrante contradicción que escandaliza y hace tropezar a los no creyentes.

Este tipo de actitudes afectadas, contradictorias e inconsistentes por parte de un significativo número de cristianos se ven agravadas por el legalismo promovido y defendido por muchos de ellos. No es un secreto que es justamente en las iglesias de corte más legalista en que se encuentran encubiertas conductas vergonzosas que, al salir a la luz se tornan más escandalosas precisamente por darse dentro de este contexto. El legalismo, por cierto, es reducir la práctica del cristianismo a una serie de normas y leyes detalladas de tipo ceremonial, ritual y conductual que pueden llegar a ser cargas muy difíciles y molestas, muchas de ellas extemporáneas y por fuera del contexto histórico en el que estuvieron vigentes, cuando no sin ningún fundamento bíblico y producto de normas y tradiciones humanas. El legalismo fomenta, además, la arrogancia y la ostentación de quienes creen estar cumpliendo a cabalidad con las normas en cuestión y miran por encima del hombro de modo inquisitivo y descalificador a quienes, a su juicio, no lo hacen, al mejor estilo de los fariseos del primer siglo de la era cristiana, con todas las connotaciones que el término "fariseo" ha llegado a adquirir hoy por hoy para designar a alguien falso e hipócrita.

En razón de lo anterior los cristianos suelen olvidar que la ostentación está por completo excluida del cristianismo, pues: *"¿Dónde, pues, está la jactancia? Queda excluida. ¿Por cuál principio? ¿Por el de la observancia de la ley? No, sino por el de la fe"* (Romanos 3:27). Al fin y al cabo: *"por gracia ustedes han sido salvados mediante la fe... no por obras, para que nadie se jacte"* (Efesios 2:8-9). Y precisamente, para evitar los excesos que promueven las actitudes ostentosas, debemos recordar que la práctica de la vida cristiana se resume en actuar con moderación, con sobriedad y equilibrio en todos los casos. La pérdida de este balance despoja a los cristianos de la autenticidad, naturalidad y espontaneidad en la conducta. Tal vez sea a esto a lo que se refirió con mucha probabilidad el rey Salomón al hacer la siguiente recomendación: *"No seas demasiado justo, ni tampoco demasiado sabio... no hay que pasarse de malo, ni portarse como un necio... Conviene asirse bien de esto, sin soltar de la mano aquello. Quien teme a Dios saldrá bien en todo"* (Eclesiastés 7:16-18). Por lo demás, el apóstol Pablo, al denunciar las prácticas legalistas de judíos y gnósticos por igual nos informa que éstas: *"Tienen sin duda apariencia de sabiduría, con su afectada piedad, falsa humildad y severo trato del cuerpo, pero de nada sirven frente a los apetitos de la naturaleza pecaminosa"* (Colosenses 2:23).

Por otra parte, la deficiente sujeción de los cristianos hacia la autoridad, y en particular a las autoridades en el ámbito civil, en cuya crítica e irrespetuosa descalificación se unen de modo indiferenciado con los no creyentes; también puede ser un motivo de escándalo, según se advierte en las epístolas pastorales en relación con la sujeción que los esclavos cristianos le debían a sus amos no creyentes, y con mayor razón a los creyentes, de manera que: *"Todos los que aún son esclavos deben reconocer que sus amos merecen todo respeto, así evitarán que se hable mal del nombre de Dios y de nuestra enseñanza"* (1 Timoteo 6:1). Los mismos no creyentes cuya principal motivación para brindarle su obediencia a las autoridades civiles suele ser mayormente el temor al castigo y no las convicciones de conciencia que deberían caracterizar la obediencia por parte de un creyente, como lo indican las Escrituras: *"Así que es necesario someterse a las autoridades, no sólo para evitar el castigo sino también por razones de conciencia"* (Romanos 13:5). En consecuencia y así parezca algo trivial, todo manifiesto irrespeto por parte de un cristiano hacia una figura de autoridad cualquiera que sea, tiene el potencial de escandalizar a los no creyentes que esperan de los cristianos un ejemplo diferente.

Pero es tal vez en lo que tiene que ver con sus responsabilidades en el hogar en donde un deficiente desempeño puede llegar a colocar a un cristiano en el banquillo y, eventualmente, en la picota pública en perjuicio de la fe que dice suscribir. Por lo menos, eso es lo que podemos deducir de las instrucciones dadas por el apóstol a los creyentes en otra de sus epístolas pastorales, en este caso dirigidas de manera particular, pero no exclusiva, a las jóvenes esposas y madres y a la enseñanza que las mujeres de mayor edad debían inculcarles: *"... Deben enseñar lo bueno y aconsejar a las jóvenes a amar a sus esposos y a sus hijos, a ser sensatas y puras, cuidadosas del hogar, bondadosas y sumisas a sus esposos, para que no se hable mal de la palabra de Dios"* (Tito 2:5).

Instrucción que se torna cada vez más difícil de honrar por cuenta de la influencia en el mundo actual del movimiento feminista que, más que reivindicar en buena hora la dignidad de la mujer, promueve la competencia, el enfrentamiento y el irrespeto entre hombres y mujeres en el mismo contexto del matrimonio y la familia, desvirtuando los roles establecidos para cada uno de los sexos en relación con estas instituciones que constituyen la célula básica de la sociedad e infiltrando de este modo a la iglesia para mal.

Adicionalmente, algo que también despierta rechazo en quienes observan la conducta de un cristiano es la parcialidad y los favoritismos caprichosos y arbitrarios en su trato con los demás, favoreciendo a unos por encima de otros en contra de lo que la justicia indica. Santiago se refiere a esto en su epístola con estas famosas palabras sacadas de contexto y llevadas de forma lamentable hasta extremos no autorizados en las Escrituras por los promotores de la teología de la liberación con su proclamada opción por los pobres, que dio origen a movimientos revolucionarios armados en varios países del Tercer Mundo que terminaron, como la mayor parte de este tipo de movimientos, llevando a cabo tal derramamiento de sangre que borraron con el codo lo que pretendieron construir con la mano:

"Hermanos míos, la fe que tienen en nuestro glorioso Señor Jesucristo no debe dar lugar a favoritismos. Supongamos que en el lugar donde se reúnen entra un hombre con anillo de oro y ropa elegante, y entra también un pobre desharrapado. Si atienden bien al que lleva ropa elegante y le dicen: «Siéntese usted aquí, en este lugar cómodo», pero al pobre le dicen: «Quédate ahí de pie» o «Siéntate en el suelo, a mis pies», ¿acaso no hacen discriminación entre ustedes, juzgando con malas intenciones? Escuchen, mis queridos hermanos: ¿No ha escogido Dios a los que son pobres según el mundo para que sean ricos en la fe y hereden el reino que prometió a quienes lo aman? ¡Pero ustedes han menospreciado al pobre! ¿No son los ricos quienes los explotan a ustedes y los arrastran ante los tribunales? ¿No son ellos los que blasfeman el buen nombre de aquel a quien ustedes pertenecen? Hacen muy bien si de veras cumplen la ley suprema de la Escritura: «Ama a tu prójimo como a ti mismo»; pero, si muestran algún favoritismo, pecan y son culpables, pues la misma ley los acusa de ser transgresores" (Santiago 2:1-9).

Pero por encima de todo lo anterior, si algo escandaliza y brinda argumentos a los no creyentes para señalar a los cristianos son los constantes grupos sectarios y heréticos, apartados de la sana doctrina y de la elevada moral promulgada en el evangelio, que brotan dentro de sus filas. Por supuesto que en este caso la responsabilidad principal corre por cuenta de los presuntos "nuevos iluminados", dirigentes de estos grupos que surgen dentro del cristianismo para romper luego con él y hacer tolda aparte, algo que los no creyentes no suelen tomar en consideración debido a la ignorancia y carencia de criterios para establecer las debidas diferencias, incluyendo así de forma indiferenciada e injusta a las iglesias de sana doctrina dentro de estos cuestionables grupos designados como "cultos" en el medio anglosajón y descalificándolos, entonces, a ambos por igual. Algo que, hay que reconocerlo, sucede más en la iglesia protestante que en la católica o la ortodoxa con sus autoridades mucho más centralizadas, dispuestas y capaces de meter en cintura a cualquier disidencia.

Porque como lo dice clara, escueta y contundentemente Fred Heeren: *"Las personas que leen la Biblia no tienen excusa si son embaucados por aquellos líderes de cultos y curanderos que nunca han aliviado a nadie de nada, salvo de su dinero"*. En consecuencia, no sólo los fundadores de sectas son responsables de esto, sino también, en buena medida, sus seguidores, que si leyeran la Biblia con atención estarían en condiciones de evaluar críticamente a sus dirigentes e identificar cuándo no están honrando el evangelio como deberían, conforme a las múltiples advertencias al respecto en el Nuevo Testamento, como la que nos hace el apóstol Pedro: *"En el pueblo judío hubo falsos profetas, y también entre ustedes habrá falsos maestros que encubiertamente introducirán herejías destructivas, al extremo de negar al mismo Señor que los rescató. Esto les traerá una pronta destrucción. Muchos los seguirán en sus prácticas vergonzosas, y por causa de ellos se difamará el camino de la verdad. Llevados por la avaricia, estos maestros los explotarán a ustedes con palabras engañosas. Desde hace mucho tiempo su condenación está preparada y su destrucción los acecha"* (2 Pedro 2:1-3).

Por último, existe un aspecto muy sensible en el que los creyentes brindamos un espectáculo deplorable hacia quienes nos observan desde el mundo, como son las virulentas disputas, descalificaciones y condenaciones mutuas que nos dirigimos unos a otros en la iglesia por asuntos doctrinales o prácticos marginales y no esenciales a la sana doctrina, dando lugar a la expresión latina *odium theologicum* para designar, precisamente, el furor, la ira y el odio generado por las disputas sobre teología entre correligionarios, y no tanto entre los miembros de diferentes religiones. El juicio condenatorio, o el menosprecio desdeñoso desde posturas de superioridad entre creyentes de confesión cristiana que suscriben opiniones teológicas diferentes sobre asuntos que no pertenecen a lo fundamental de la fe, están aquí a la orden del día, haciendo caso omiso a lo ordenado por el apóstol Pablo al respecto: *"Reciban al que es débil en la fe, pero no para entrar en discusiones. A algunos su fe les permite comer de todo, pero hay quienes son débiles en la fe, y solo comen verduras. El que come de todo no debe menospreciar al que no come ciertas cosas, y el que no come de todo no debe condenar al que lo hace, pues Dios lo ha aceptado. ¿Quién eres tú para juzgar al siervo de otro? Que se mantenga en pie, o que caiga, es asunto de su propio señor. Y se mantendrá en pie, porque el Señor tiene poder para sostenerlo"* (Romanos 14:1-4). Y en este punto nos vemos ya obligados a pasar al siguiente capítulo.

3.
El escándalo de la iglesia

"para que, si me retraso, sepas cómo deben comportarse las personas en la familia de Dios. Esta es la iglesia del Dios viviente, columna y fundamento de la verdad"

1 Timoteo 3:15 (NTV)

Como sería de esperar, si los cristianos de manera individual escandalizan al mundo, la iglesia como institución no puede tampoco dejar de hacerlo de algún modo, en la medida en que la iglesia se define en esencia como la asamblea de los creyentes. En este orden de ideas y como lo indica la lógica más elemental, el todo no puede ser diferente a la suma de sus partes. Así, pues, la iglesia también arrastra sus propios lastres o conductas escandalosas a lo largo de la historia, muchas de ellas consecuencia de la conducta sumada de sus miembros individuales cuando éstos llegan a convertirse en un número significativo de cristianos que dan lugar a una "masa crítica", es decir esa cantidad mínima de personas necesarias para que un fenómeno tenga lugar y llegue a adquirir una dinámica propia que le permita sostenerse y crecer.

De hecho, no se trata tan sólo de que el carácter del todo no puede ser diferente a la suma del carácter de sus partes, sino a que, de manera inquietante, el carácter del todo suele ser, para bien o para mal, mayor aún que el de la suma de sus partes. Es decir que lo que puede pasar desapercibido y logra disimularse o encubrirse al nivel de los creyentes individuales, sale a relucir y se manifiesta de forma inocultable a nivel colectivo, exacerbando los males que afectan a cada creyente en particular en el momento en que éstos se refuerzan entre sí en el marco de la comunidad de la que forman parte, pero que no son tan evidentes cuando se consideran de manera aislada, a diferencia de lo que sucede cuando se suman en el seno del grupo al que pertenecen. Esto fue lo que el teólogo Reinhold Niebhur quiso dar a entender con el sugerente título de su libro *El hombre moral y la sociedad inmoral* que habla por sí solo.

Esta circunstancia ha hecho que el flanco más débil por el que los no creyentes han podido tratar de desvirtuar el cristianismo con relativo éxito, sea atacando a la iglesia como institución, a la que le exigen estar a la altura de los altos ideales que promulga, pero que no logra alcanzar, como si esto último constituyera una demostración de la ineficacia o de la falsedad del cristianismo. Pero lo cierto es que, aunque no podamos acudir a esto para justificar las faltas de la iglesia ni tampoco para negar la realidad ni las bondades favorables y visiblemente transformadoras de la redención; la Biblia siempre ha advertido y dejado constancia de las imperfecciones de la iglesia y no ha pretendido ocultarlas ni mucho menos.

Ni siquiera la iglesia apostólica, con su sede en la propia Jerusalén y beneficiaria privilegiada del icónico y fundamental derramamiento del Espíritu Santo en Pentecostés y, como tal, referente ideal para la iglesia de todas las épocas, se salva de estos señalamientos. Como muestra, ya hemos mencionado al respecto las vacilaciones del apóstol Pedro en relación con el trato que debería darse a los gentiles. Vacilación que dio lugar a la represión que el apóstol Pablo le dirige, a lo que podríamos añadir no sólo el caso posiblemente aislado de Ananías y Safira poniéndose de acuerdo para mentir en relación con el dinero entregado a la iglesia, sino la misma discutible decisión de tener todas las cosas en común fundamentada, según parece, en la equivocada creencia en el pronto regreso de Cristo, cuya motivación y generosa intención de suplir las necesidades de toda la iglesia es digna de encomio, pero que no resultó ser una decisión muy afortunada desde el punto de vista económico y administrativo al dejar sumida a la iglesia de Jerusalén en un estado de pobreza tal que requirió durante poco más de una generación del apoyo económico de las iglesias gentiles a través de múltiples ofrendas.

Esto sin mencionar el sospechoso desbalance en la distribución de los alimentos que obligó a la elección de los siete diáconos para corregirlo. Diáconos que no parecen haber estado todos a la altura de su dignidad, pues así como Esteban y Felipe se destacan de manera favorable y ejemplar, algunos testimonios antiguos como el de Ireneo y el de Epifanio atribuyen al diácono Nicolás el origen de la secta de los nicolaítas, denunciada y condenada por el apóstol Juan en el libro de Apocalipsis, aunque hay que decir que esta identificación nunca se ha podido confirmar y muchos historiadores y estudiosos no la suscriben ni respaldan.

Sea como fuere los conflictos y desacuerdos en la iglesia primitiva – en lo que podría ser tal vez la primera manifestación del ya mencionado *odium theologicum*– quedan en evidencia en la necesidad de convocar el concilio de Jerusalén para dirimir estas diferencias de la manera más constructiva posible. Y las epístolas paulinas, como la ya citada 1 carta a la iglesia de Corinto entre otras, tenían como propósito, más que la necesaria instrucción teológica y doctrinal de sus destinatarios, la corrección de muchas de esas situaciones y conductas desordenadas y censurables que dejaban qué desear y que se presentaban eventualmente al interior de todas las iglesias. Tanto así que de las siete iglesias de Asia Menor mencionadas por nombre propio en el libro del Apocalipsis por el apóstol Juan, las únicas que no son censuradas son la iglesia de Filadelfia y la de Esmirna, pues todas las demás: Pérgamo, Tiatira, Sardis, Laodicea y la misma Efeso, se hacen merecedoras de represiones y señalamientos a la par con los elogios que reciben.

Y a partir del primer siglo, algunas de las conductas escandalosas y recurrentes de la iglesia que sus mejores miembros, valga decirlo, han querido en múltiples oportunidades y en buena hora corregir en un ciclo continuo de corrupción y reforma, son la inmoralidad sexual, acompañada con frecuencia por estos tres males íntimamente relacionados: la simonía, el nepotismo y el ausentismo, cuyo común denominador es el afán de enriquecimiento y poder en perjuicio de la justicia y la misericordia hacia los menos favorecidos. Y por otro lado y aunque pueda ser mejor intencionada, una de las más escandalosas y vergonzosas manchas en la historia de la iglesia ha sido la intolerancia y la imposición de la fe por la vía de la fuerza que se encuentra detrás de las persecuciones por motivos de conciencia y las guerras religiosas.

Detengámonos con un poco más de detalle en el espacio que nos resta en cada una de ellas.

La inmoralidad sexual es, siempre que se presenta y como se cae de su peso, una de las conductas más obviamente censurables de la iglesia, habida cuenta de los elevados estándares morales que predica en este particular asunto. Por supuesto, ya es un escándalo que un creyente raso incurra en inmoralidad sexual, como lo veíamos en el anterior capítulo. Pero este tipo de conducta se convierte en una mancha institucional de la iglesia cuando son sus dirigentes quienes incurren en ella. Y con mayor razón si esta conducta se generaliza entre ellos, como sucedió en la opulenta corte vaticana de manera descarada y desafiante durante las más oscuras épocas del papado, institución propia del catolicismo romano ya de por sí muy controvertida, pues no es reconocida por las ramas ortodoxa y protestante de la cristiandad.

Por eso, si bien en este tema nadie puede arrojar la primera piedra, pues el protestantismo no se ha librado tampoco de escándalos de mala conducta sexual entre sus pastores y dirigentes, lo cierto es que es dentro del catolicismo romano dónde estas conductas se han terminado enquistando y casi sistematizando con los cada vez más frecuentes escándalos protagonizados por su clero cuando se descubren y denuncian entre ellos nuevos casos de pedofilia acompañados del abominable delito de la pederastia, algo a lo que las otras grandes ramas de la cristiandad: las iglesias ortodoxas y protestantes, han logrado escapar en virtud, en buena medida, de no haber hecho del celibato una norma de obligatorio cumplimiento para sus ministros, práctica que, por cierto, no tiene ningún fundamento bíblico.

En cuanto a la simonía, ésta consiste en la compra y venta de cargos eclesiásticos, cuyo origen se remonta al personaje designado como Simón el mago en el libro de los Hechos de los Apóstoles y a quien esta práctica debe su nombre, pues parece ser el primer personaje en la iglesia con nombre propio que intenta comerciar con las cosas sagradas, razón por la cual fue severamente reprendido por el apóstol Pedro. La simonía ha venido acompañada por el ausentismo, conducta que agrava el cuadro, pues al ya vergonzoso espectáculo corrupto de comprar cargos eclesiásticos, se añade el hecho de no hacer presencia ni ocuparse de las responsabilidades propias de esos cargos, sino simplemente beneficiarse en la distancia de las rentas que generan y los demás privilegios asociados a ellos.

Estas prácticas corruptas han sido más propias de la iglesia católica romana debido a su estructura centralizada de gobierno y su organización bastante politizada, pero el nepotismo no ha respetado a ninguna de las ramas de la cristiandad, siendo una de las manifestaciones más comunes de los favoritismos arbitrarios e injustos en la iglesia por el que sus dirigentes prefieren a familiares cercanos para nombrarlos en cargos de responsabilidad —aunque no estén capacitados para ello— que a otras personas que sí han hecho méritos al respecto. Todo esto sin perjuicio de quienes, siendo familiares de la dirigencia, están a la altura y cumplen satisfactoriamente con los requisitos del cargo en el que son colocados, pues no tiene nada de censurable que entre los apóstoles de Cristo hubiera hermanos como Andrés y Pedro o Juan y Jacobo, o que la dirección de la iglesia de Jerusalén recayera, según se ha podido establecer, en los hermanos medios del Señor Jesucristo: Jacobo (Santiago), José, Simón y Judas, de los cuales la tradición más confiable asegura que Jacobo y Simón la dirigieron sucesivamente en su momento antes de ser martirizados por causa de su fe.

Finalmente, en lo que tiene que ver con la intolerancia y la imposición de la fe por la fuerza, ésta ha sido una de las tentaciones más insistentes a la que la iglesia ha tenido que enfrentarse con un balance histórico no muy favorable, pues en este caso, como lo dice C. S. Lewis: *"... quienes nos atormentan en nombre de nuestro bien seguirán haciéndolo sin fin, porque lo hacen con el consentimiento de su propia conciencia"*, y la iglesia en este caso ha creído estar obrando correctamente y prestándole a la causa de Dios un calificado servicio. Es decir que su intolerancia y consecuente actitud perseguidora contra los no creyentes cuando ha estado en posición de fuerza sobre ellos, ha contado con la aprobación de su conciencia, y ha sido, por tanto, bien intencionada, pero definitivamente poco iluminada y decididamente equivocada.

Sobresalen en relación con estas conductas escandalosas en que la fe se impuso a sangre y fuego en mayor o menor grado, los periodos vergonzosos e indignantes de la inquisición, las cruzadas, la conquista de América y las guerras religiosas que siguieron a la Reforma Protestante en Europa y, hasta cierto punto, los movimientos misioneros que se dieron en el periodo colonial de las naciones europeas con el imperio británico a la cabeza, aunque hay que decir que en todos estos casos los motivos religiosos se entremezclaron con motivos políticos y económicos que fueron los que por momentos prevalecieron en el trasfondo, utilizando como parapeto y justificación el pretexto religioso de la presunta "conversión" de los paganos por medios coactivos, sirviéndose de esta bandera para llevar a cabo una agenda encubierta más profana y vulgar.

Como quiera que sea y sin intentar con esto disculparla, sino reconociendo y confesando estos brotes de fanatismo extremista en la iglesia que acechan a toda iniciativa humana, por noble que pueda ser, y que han marcado, por lo tanto, significativos periodos de su historia en episodios que son los que el sensacionalismo de los medios seculares busca siempre resaltar; lo cierto es que descartar la validez de algo apoyados únicamente en sus versiones −o distorsiones− extremistas y fanáticas es deshonesto y malintencionado. Y aunque todos los extremismos sean condenables dondequiera que aparezcan, en el caso del extremismo cristiano en el que ha incurrido la iglesia en el curso de su historia hay que decir que éste es expresamente condenado y prohibido en la Biblia por el Señor Jesucristo, el fundador del cristianismo, de modo que el extremismo cristiano es inconsecuente y contrario a la instrucción de Cristo, por lo que el cristianismo siempre puede permanecer en pie a pesar de estas salidas en falso de la iglesia, pues a la par con sus versiones fanáticas y extremistas siempre ha habido también dentro de él un muy significativo número de creyentes que exponen y defienden versiones mucho más afables, moderadas y consecuentes de la fe en este aspecto particular.

Por lo demás, en el balance final la iglesia ha hecho más bien que mal y es reconocido por historiadores desprejuiciados de muy diversa procedencia que el cristianismo bíblico ha traído innegables beneficios al mundo en general, a pesar de sus distorsiones por parte de la iglesia. Dicho de otro modo, el mundo moderno y contemporáneo en que vivimos es, con todas sus problemáticas, ostensiblemente mejor que el mundo antiguo en el que el cristianismo hizo aparición y esto se ha logrado en gran medida gracias a la influencia de la Biblia y de la misma iglesia llamada a proclamarla, mejorando la situación y la calidad de vida del hombre actual que acoge el evangelio con la honestidad, compromiso y seriedad del caso. Y esto incluso al margen de la iglesia que no lo ha representado siempre como se esperaría de ella.

Y a quienes piensan que el mundo estaría mejor sin la iglesia y sin el cristianismo y que consideran de un modo desproporcionado e ignorante a la iglesia y a la religión organizada en general como la mayor fuente de violencia de la historia a la que deberíamos, entonces, suprimir; habría que recordarles los resultados de las ideologías ateas que dominaron el siglo XX, comenzando por el nazismo apoyado en el ateísmo de Nietzsche y su doctrina sustituta del superhombre o raza superior, o el comunismo apoyado en el ateísmo de Marx, pues estas ideologías ateas de derecha o izquierda por igual ejecutaron masivamente y de lejos en un solo siglo a muchas más personas que a las que dieron muerte las guerras religiosas, las cruzadas o la inquisición a lo largo de toda la historia humana. Así, pues, es claro que la alternativa atea es mucho más escandalosa que la cristiana y mucho más susceptible de fanatizarse hasta el extremo, con el agravante de que en la doctrina atea no hay salvaguardas, como en la cristiana, que lo condenen y restrinjan. Después de todo, aún en las épocas más oscuras, Dios garantiza la preservación de un remanente fiel dentro de la iglesia, como se le anunció al profeta y lo reiteró el apóstol: *"¿Y qué le contestó la voz divina? «He apartado para mí siete mil hombres, los que no se han arrodillado ante Baal». Así también hay en la actualidad un remanente escogido por gracia"* (Romanos 11:4-5)

4.

La fe de carbonero

"Mi pueblo es destruido por falta de conocimiento. Por cuanto tú has rechazado el conocimiento, yo también te rechazaré para que no seas mi sacerdote; como has olvidado la ley de tu Dios, yo también me olvidaré de tus hijos"

Oseas 4:6 (LBLA)

En el cristianismo la fe tiene prioridad sobre el conocimiento. Pero esta prioridad no significa exclusividad, como si la fe excluyera el conocimiento, pues sin negar a la fe su lugar prioritario −seguida de manera inmediata por la virtud o las buenas obras−, el apóstol Pedro nos exhorta a adquirir también conocimiento, entre otros: *"Por esta razón también, obrando con toda diligencia, añadan a su fe, virtud, y a la virtud, conocimiento"* (2 Pedro 1:5 NBLH). Y cuando se observa con atención, gran parte de los aspectos en que la iglesia llega a convertirse en un escándalo para el mundo tienen que ver en el fondo con esta deficiencia: la falta de conocimiento por parte de sus miembros. Conocimiento de Dios y de la Biblia, por supuesto, en primera instancia. Pero también conocimiento de todo tipo.

No por nada uno de los principales y muy tempranos señalamientos que tuvieron que enfrentar y combatir los primeros apologistas o defensores de la fe por parte de los paganos cultos y al que dedicaron la mayor parte de sus esfuerzos para refutarlo, fue la acusación de ignorancia, ceguera y credulidad que ellos atribuían a los cristianos sin excepción. Acusación que se muestra falsa por incurrir en una injusta generalización que pretende caricaturizar a todos los cristianos mediante este estereotipo, desconociendo el gran aporte que muchísimos pensadores cristianos del máximo nivel han hecho al mundo a lo largo de la historia, al punto que muchas de las mejores cosas de la sociedad occidental no hubieran sido ni remotamente posibles sin la decisiva contribución de esta élite de pensadores cristianos.

Ahora bien, no es un secreto que el evangelio siempre ha sido acogido en principio por el pueblo en general, conformado por una gran masa de personas sencillas y anónimas sin especiales o destacadas dotes intelectuales, como lo hace constar el apóstol: *"Hermanos, consideren su propio llamamiento: No muchos de ustedes son sabios, según criterios meramente humanos; ni son muchos los poderosos ni muchos los de noble cuna"* (1 Corintios 1:26), a semejanza de los pescadores y la gente del común de Galilea. Pero eso no significa que no haya contado entre sus filas desde el comienzo con gente de la mayor formación intelectual como Nicodemo y José de Arimatea, miembros prominentes del Consejo de gobierno judío, o el médico y evangelista Lucas y el personaje de nombre Teófilo a quien este evangelista dirige su evangelio y el libro de los Hechos de los Apóstoles, también de su autoría, para no mencionar al mismo apóstol Pablo.

Pero sea como fuere y hechos estos descargos, debemos reconocer que hay un significativo y tal vez mayoritario número de cristianos que se ajustan, a nuestro pesar, a esta caricatura y refuerzan esta imagen negativa del cristianismo, de tal manera que habría que admitir que el grueso de la iglesia sí ha encajado muchas veces, de manera lamentable, en este estereotipo. Existe, de hecho, una expresión en español para referirse a la fe de los creyentes que se ciñen bien a esta descripción. Se dice que profesan una "fe de carbonero", expresión con clara intención peyorativa y denigrante.

El origen de esta expresión parece remontarse a la ciudad de Ávila en el siglo XV, en la que se dice que existía un conocido carbonero a quien en cierta ocasión le preguntaron: −Y tú ¿en qué crees? A lo que respondió: −En lo que cree la Santa Madre Iglesia. Al volvérsele a preguntar −¿Y en qué cree la Iglesia?, respondió: Pues en lo que yo creo, y así continuó razonando en círculo, sin avanzar para nada ni en los contenidos ni en las razones de su fe. Evidentemente este tipo de fe, la "fe de carbonero" que no sabe ni comprende mediana y satisfactoriamente lo que cree ni entiende por qué lo cree, es censurable dondequiera que se presente y, por lo mismo, un motivo de escándalo y desprestigio para el cristianismo cuando son los creyentes en Cristo los que incurren en ella. Con el agravante de que a la sombra de la fe de carbonero crecen con mucha facilidad los fanatismos extremistas y las supersticiones de toda clase.

Valga decir, sin embargo, que la fe de carbonero puede contener algo rescatable, sin perjuicio de la crítica justificada que debemos emprender en contra de ella; por cuanto implica también perseverar en lo que se cree, sin prestar atención a aquellas circunstancias adversas que puedan atentar contra la fe. Existe, pues, algún mérito en la fe de carbonero, no en el sentido de cerrarse a las razones, sino de no claudicar en lo que se cree aún en medio de la adversidad. Podría decirse que, en este último sentido, la fe cristiana no debe avergonzarse de ser una fe de carbonero en la medida en que designe una fe que persevera en medio de la oposición. Pero más allá de esto, la fe de carbonero debe ser combatida en la iglesia por las razones que venimos exponiendo.

No se trata tampoco de sustituir la confianza en Dios que la fe implica por conocimiento, como si la fe únicamente fuera posible para quien pueda dar cabal y completa explicación racional de su fe y responder con toda la solvencia a los ataques que se formulan contra ella desde ciertos reductos de la filosofía y desde la postura dominante de la ciencia moderna. Se trata, más bien, de no ofrecer espectáculos deplorables como los que ya Agustín de Hipona denunciara y lamentara con estas palabras: *"Es una cosa vergonzosa y peligrosa que un infiel escuche a un cristiano, presumiblemente explicando el significado de la Sagrada escritura, decir tonterías… debemos adoptar todos los medios para evitar tal vergüenza, en el que la gente demuestra la vasta ignorancia del cristiano y se ríen de él hasta el ridículo"*. Porque la simple buena intención unida al mero hecho de la conversión, no capacitan automáticamente y sin más al creyente para pontificar con autoridad y credibilidad sobre lo divino y lo humano, como lo piensan a veces muchos cristianos a quienes se aplican bien las palabras de Eliú: *"pero tú… abres la boca y dices tonterías; hablas mucho y no sabes lo que dices.»"* (Job 35:16). No por nada se dice que "la ignorancia es atrevida", en donde quiera que se presente.

Por eso, con todos los cuestionamientos a los que se hace merecedora, la controvertida teología liberal, a la que dedicaremos un capítulo en la segunda parte, tiene sin embargo el mérito de recordarnos que, como cristianos, debemos de cualquier modo tomar en serio a la ciencia y sentirnos estimulados a desarrollar sistemas teológicos flexibles que, sin perder su orientación y fundamento bíblico, le den cabida a los más recientes hallazgos científicos y no descartarlos mediante lo que el teólogo E. J. Carnell llamó *"la ignorancia o el ridículo piadoso"*. Porque el hecho de que la ciencia actual pueda ser mayoritariamente hostil a la fe no nos autoriza a intentar ridiculizarla, como se pretende hacer en ciertos púlpitos, sin riesgo de quedar más bien nosotros en ridículo.

Al fin y al cabo, el surgimiento de la ciencia moderna fue posible gracias al cristianismo, como lo veremos con más detalle en su momento. Además, también es cierto que la ciencia, la filosofía y la teología se llevaron bien durante cerca de 15 siglos en un matrimonio muy bien avenido a la sombra del cristianismo, hasta que en la edad moderna el racionalismo surgido con la revolución francesa echó a perder esta buena y constructiva relación y, alegando una inexistente "incompatibilidad de caracteres", expidió, en nombre de la ciencia, carta de divorcio contra la teología y la filosofía reclamando la independencia de la ciencia respecto de aquellas y dando lugar a tal antagonismo entre ellas que ha terminado enfrentándolas como si, en efecto, fueran incompatibles entre sí.

Así, las hostilidades mutuas no se han hecho esperar y a los ataques formulados contra la religión y la teología desde las toldas científicas, han seguido respuestas igualmente virulentas por parte de aquellas, que cometen el error de tratar de ridiculizar a la ciencia desde la fe, cuestionando sus logros al enfatizar los peligros y el innegable lado oscuro de los avances científicos, sin reparar en que de este modo se agudiza un enfrentamiento en principio inexistente e innecesario, además de que la religión y la fe terminan ambas perdiendo y, en lo que respecta a la religión, brindando un espectáculo lastimoso y escandaloso al promover la fe de carbonero entre sus fieles, echándose la soga al cuello al renunciar al ejercicio de la razón rectamente entendida al asociarla y dejársela servida en bandeja a la ciencia, como si sólo los científicos o los filósofos estuvieran en condiciones de razonar con corrección.

Con este proceder se termina oficializando en la iglesia el llamado "fideísmo", definido como la fe que se atribuye en exclusiva el conocimiento de la verdad, y excluye del proceso a cualquier otra facultad humana, tal como la razón, de donde para poder creer sería preciso no intentar siquiera razonar lo que creemos, pues la razón sería una amenaza contra la fe, abonando el terreno para el surgimiento de los cultos o grupos sectarios y heréticos en los que sus miembros renuncian prácticamente al ejercicio de la razón y no osan cuestionar desde ella nada de lo que sus dirigentes hacen y les ordenan a ellos hacer o creer.

Para evitar este escándalo la Biblia fomenta en el creyente un sano escepticismo, en el sentido etimológico del término. Porque etimológicamente la palabra "escéptico" deriva de "examinar", de donde, como lo sostiene Fred Heeren: *"si a un escéptico lo definimos como aquella persona que examina cada creencia en vez de dejar a otros que piensen* [por él]*, tenemos un escepticismo sano que se aviene tanto con la ciencia como con la Biblia"*. En efecto, la Biblia promueve en el creyente el ejercicio de un saludable escepticismo o capacidad de examen que sirva de salvaguarda para no convertir la sana y auténtica fe en credulidad supersticiosa e irracional, advirtiéndonos para no dejarnos llevar, entre otros, por enseñanzas engañosas, por tradiciones humanas sin fundamento, por maestros fraudulentos, o por nuestras propias emociones desbordadas. No podemos olvidar que, si bien el Señor Jesucristo ponderó la fe de los que sin ver creen, no por eso condenó el escepticismo del apóstol Tomás, sino que le otorgó las evidencias que requería para poder creer. Por eso la Biblia nos da la siguiente instrucción: *"Antes bien, examínenlo todo cuidadosamente, retengan lo bueno"* (1 Tesalonicenses 5:21 NBLH), y elogia la nobleza escéptica de los judíos de Berea, que no impidió, sin embargo, que muchos de ellos creyeran: *"Estos eran de sentimientos más nobles que los de Tesalónica, de modo que recibieron el mensaje con toda avidez y todos los días examinaban las Escrituras para ver si era verdad lo que se les anunciaba. Muchos... creyeron..."* (Hechos 17:11-12).

Por eso, aunque el conocimiento no conduzca necesariamente a la fe, la fe sí debe conducir al conocimiento que caracteriza al creyente maduro que está en condiciones de presentar defensa de lo que cree, en obediencia a la exhortación apostólica: *"Más bien, honren en su corazón a Cristo como Señor. Estén siempre preparados para responder a todo el que les pida razón de la esperanza que hay en ustedes"* (1 Pedro 3:15), confiando en que el Espíritu Santo ponga en orden sus conocimientos más o menos numerosos de la manera más conveniente cuando sea oportuno, conforme a la promesa de Cristo: *"porque en ese momento el Espíritu Santo les enseñará lo que deben responder.»"* (Lucas 12:12), anuncio ratificado y complementado por el apóstol Pablo con estas palabras: *"Compórtense sabiamente con los que no creen en Cristo, aprovechando al máximo cada momento oportuno. Que su conversación sea siempre amena y de buen gusto. Así sabrán cómo responder a cada uno"* (Colosenses 4:5-7)

De hecho el evangelio tiene el potencial de convertir a los simples e inexpertos en gente sabia e inteligente con una gran agudeza mental, dejando sin piso la equivocada caracterización que los no creyentes hacen de los cristianos como personas crédulas e ignorantes para poder descartar así al cristianismo con ligereza, cuando lo cierto es que un muy solvente y representativo número de cristianos a lo largo de la historia ha sobrepujado de forma notoria la inteligencia de la que el mundo hace gala, no solo al argumentar sino al exhibir un carácter consecuente con lo que creen, facultándolos como al salmista para decir: *"Mi boca hablará con sabiduría; mi corazón se expresará con inteligencia"* (Salmo 49:3).

Una vez más C. S. Lewis, antiguo ateo y erudito académico convertido a Cristo y que, en virtud de su fe llegó a ser tal vez el más grande defensor del cristianismo del siglo XX, da en el punto al declarar, basado, entre otros, en su propia experiencia: *"La persona que está intentando de corazón ser un cristiano pronto descubrirá que su inteligencia se ha afilado"*, añadiendo luego: *"Una de las razones por las que ser cristiano no necesita de educación especial es porque el cristianismo es una educación en sí"*. El cristianismo es, pues, más allá de sus aspectos éticos y morales o los espirituales y propiamente religiosos, una doctrina que agudiza las facultades intelectuales de quienes lo profesan con la seriedad del caso, rescatando y reorientando el ejercicio eficaz de nuestro pensamiento, nuestro intelecto o nuestra razón para enfocarlos en la contemplación, consideración y comprensión de la verdad y en su bien fundamentada y solvente divulgación y defensa en todos los ámbitos de la cultura humana.

El conocimiento es, entonces, una consecuencia ineludible de la fe cristiana rectamente entendida y vivida y no propiamente la causa de ella y quienes manifiestan una fe de carbonero no han entendido la naturaleza del evangelio. Es célebre la acertada declaración de otro gran erudito y piadoso cristiano, precursor de la llamada escolástica medieval, el gran Anselmo de Canterbury, quien estableció el orden correcto de causa y efecto en este asunto al decir: *"... no busco comprender para creer, sino que creo para llegar a comprender"*. Un orden que no debe invertirse, pero que si se honra como corresponde, le garantiza a la persona de fe una agudeza intelectual que le permitirá alcanzar una comprensión tal de las cosas que nunca hubiera llegado a obtener al margen de la fe. Una fe que no sólo enciende el corazón, sino que también ilumina el intelecto y que no debería excluir ninguno de estos dos aspectos, como espero dejarlo bien establecido en los siguientes capítulos en los que veremos los problemas a los que conduce un desbalance marcado en este delicado equilibrio que la iglesia debería guardar entre el sentimiento y el pensamiento, entre la pasión y la razón. Mirémoslo, entonces, con mayor precisión.

5.
El pentecostalismo

"Cuando llegó el día de Pentecostés, estaban todos juntos en el mismo lugar. De repente, vino del cielo un ruido como el de una violenta ráfaga de viento y llenó toda la casa donde estaban reunidos. Se les aparecieron entonces unas lenguas como de fuego que se repartieron y se posaron sobre cada uno de ellos. Todos fueron llenos del Espíritu Santo y comenzaron a hablar en diferentes lenguas, según el Espíritu les concedía expresarse"

Hechos 2:1-4

La experiencia de Pentecostés marcó en el primer siglo el inicio formal de la iglesia cristiana, conforme a la promesa del Señor de dotarla con la presencia y el poder del Espíritu Santo para testificar de Cristo con eficacia, anunciada momentos antes de su ascensión: *"Pero, cuando venga el Espíritu Santo sobre ustedes, recibirán poder y serán mis testigos tanto en Jerusalén como en toda Judea y Samaria, y hasta los confines de la tierra"* (Hechos 1:8). Los efectos milagrosos externos de esta experiencia, como el hablar en lenguas por ejemplo, fueron declinando rápidamente a partir del siglo II hasta casi desaparecer en el curso de los poco menos de dos milenios de su historia, pero a comienzos del siglo XX resurge con fuerza en la iglesia un movimiento basado en lo que se ha considerado como una reedición de esta experiencia original que brindó a la iglesia actual un compromiso, un entusiasmo y un impulso renovado que se tradujo en su crecimiento inusual a lo largo de todo el mundo. Rasgos que las iglesias pentecostales todavía exhiben, siendo de lejos las de mayor crecimiento en la actualidad.

Tanto que, como lo señala el pastor Darío Silva-Silva: *"En algunos países la definición de evangélico ha llegado a refundirse y confundirse a menudo con el estilo pentecostal, sin tomar en cuenta que no todos los evangélicos se identifican con él, sino, por el contrario, muchos no lo comparten, aun cuando lo respeten en general"*. Sin embargo, sin perjuicio de los beneficios y el favorable balance general que el pentecostalismo del siglo XX pueda mostrar en cuanto a la innegable vitalidad que le imprimió a la iglesia y al margen de las discusiones teológicas alrededor de la legitimidad o no de esta experiencia con posterioridad a la era apostólica; lo cierto es que el pentecostalismo también ha sido caldo de cultivo para particulares excesos que han terminado escandalizando y alejando a quienes manifiestan interés en el cristianismo y desearían suscribirlo de corazón, pero sienten rechazo hacia las formas extremas de él que el pentecostalismo manifiesta, como si éstas fueran las manifestaciones normativas del cristianismo evangélico y no existieran opciones más moderadas, sensatas, centradas y equilibradas dentro de toda la gama de denominaciones protestantes.

El primer aspecto en que el pentecostalismo escandaliza es en el desorden y en la aparatosidad de muchas de sus reuniones que rozan o incurren de lleno en el campo de la extravagancia, en especial al promover el ejercicio público de la glosolalia, más conocida como el don de lenguas, tal vez el rasgo más distintivo y central del pentecostalismo, haciendo caso omiso de la advertencia del apóstol: *"Así que, si toda la iglesia se reúne y todos hablan en lenguas, y entran algunos que no entienden o no creen, ¿no dirán que ustedes están locos?"*(1 Corintios 14:23). Evidentemente, como Pablo lo señala, esta es la impresión que muchas reuniones pentecostales transmiten al no creyente. Por eso él mismo marcó el derrotero: *"Doy gracias a Dios porque hablo en lenguas más que todos ustedes. Sin embargo, en la iglesia prefiero emplear cinco palabras comprensibles y que me sirvan para instruir a los demás que diez mil palabras en lenguas"* (1 Corintios 14:18-19).

No se trata de descalificar lo sobrenatural y milagroso en la iglesia cuando tiene lugar como iniciativa divina, pues definitivamente la resistencia a los milagros no puede provenir de la propia iglesia; sino de no querer inducir, imitar o manipular lo sobrenatural de manera artificial y ostentosa para robarle el crédito a Dios, terminando en el proceso con grotescas caricaturas del cristianismo que lo desprestigian ante las personas medianamente pensantes en el mundo. Porque si existe un rasgo que caracteriza lo milagroso es su carácter extraordinario. Por eso las manifestaciones milagrosas en la iglesia, con todo y ser una posibilidad siempre abierta en el marco de la fe cristiana, no pueden nunca llegar a ser el pan de todos los días, como lo pretenden un buen número de iglesias pentecostales en la actualidad. Porque el milagro deja de ser milagro si se convierte en algo cotidiano. La responsabilidad de la iglesia no es, pues, garantizar milagros en nombre de Dios, sino proclamar su verdad sin temor alguno, dejando a criterio divino el hacer los milagros requeridos para confirmar el mensaje.

Por eso, sin perjuicio del hecho de que Dios pueda hoy, de manera soberana, seguir haciendo milagros mediados eventualmente a través de los creyentes, lo cierto es que la taumaturgia o facultad de hacer milagros ha degenerado en milagrerismo en el seno de muchas iglesias de marcado corte pentecostal, que hacen un despliegue sistemático y ostentoso de "milagros a la carta" mediante puestas en escena tipo espectáculo por medio de las cuales pretenden divulgar el evangelio de una manera más eficaz. Pero en su intención de atraer al no creyente mediante este recurso se está obteniendo en muchos casos el efecto contrario, es decir alejar a mucha gente del evangelio ya sea porque la impresión que se termina proyectando es la de un manifiesto montaje; o porque las personas que se acercan a la iglesia esperando el milagro que se les ha prometido y garantizado, no lo obtienen finalmente; o porque aún de obtenerlo, esto por sí sólo sigue siendo una muy endeble motivación para llevarlos a comprometerse de lleno con la causa del evangelio de Cristo en sus aspectos doctrinales, cultuales y éticos, pues: *"... 'Si no les hacen caso a Moisés y a los profetas, tampoco se convencerán aunque alguien se levante de entre los muertos'»"* (Lucas 16:31), constituyéndose así en las iglesias multitudes numerosas pero también volubles de personas que profesan una fe superficial, siguiendo a Cristo sólo por razón del poder y no de la verdad que él vino a revelarnos en sí mismo. Ya hablaremos de esto con más detalle en el capítulo siguiente.

Cerremos, más bien, este aspecto recordando lo dicho por Martín Lutero con todo el peso de la lógica de su lado al afirmar: *"Dios no hará milagro alguno, mientras el asunto pueda resolverse mediante otros bienes otorgados por él"*, complementado por el científico y creyente en Cristo, Francis Collins, al sostener que: *"La única cosa que matará la posibilidad de los milagros más rápidamente que un materialista convencido es asignar el estado de milagro a hechos cotidianos para los que ya existe una explicación natural"*, algo que debería ser tenido en cuenta por las iglesias pentecostales para bajarle el tono a este escandaloso exceso de su parte. De hecho, el énfasis en los milagros puede hacer de su búsqueda un distractor que desvía la atención del creyente del encuentro directo con Jesucristo en el interior de su ser. Encuentro que transforma verdaderamente y de la mejor manera al creyente que lo experimenta, más allá de la ocurrencia o no de milagros que modifiquen favorablemente sus circunstancias inmediatas, pero que no cambian necesariamente sus actitudes negativas interiores. La apelación a los milagros se convierte así en un subterfugio que evita al individuo la confrontación personal con Cristo en lo íntimo, que es justamente en donde Jesucristo se revela por excelencia a los hombres, como lo afirma el rey David: *"Yo sé que tú amas la verdad en lo íntimo; en lo secreto me has enseñado sabiduría"* (Salmo 51:6).

Relacionado estrechamente con el capítulo anterior, las iglesias pentecostales han sido también muy inclinadas a condenar el conocimiento al menospreciarlo con desdén, cuando no con una actitud de sospecha y desconfianza hacia él, glorificando la ignorancia y alimentando así el estereotipo de la fe de carbonero bajo la tácita creencia de que el interés en el conocimiento es una traición a la fe o, por lo menos, un preocupante síntoma de enfriamiento y gradual abandono de ella. Ahora bien, es cierto que la Biblia advierte contra el estudio que lo único que persigue es promover la vanidad ostentosa de los eruditos y no el fomentar un ilustrado temor de Dios y una obediencia a sus mandamientos que sea producto de una cada vez más arraigada convicción al respecto. Pero al mismo tiempo y sin perjuicio de lo anterior, la Biblia también recomienda y promueve el estudio diligente, no sólo de las Escrituras, sino de todos los aspectos de la cultura humana que busquen honrar la verdad y da por sentado que el creyente maduro estará siempre dispuesto a confrontar desde este conocimiento y de manera reflexiva toda enseñanza y todo tipo de experiencia emocional para evaluar su fundamento y corrección.

Justamente, el pentecostalismo es el campo más propicio para el cultivo casi sistemático de las manifestaciones emocionales de la fe que no requieren el esfuerzo de pensar sino tan sólo, sentir, explotando así las inclinaciones hacia el cálido pero siempre peligroso romanticismo desbordado que muchos manifiestan hoy como reacción contra el frío racionalismo moderno que a partir de la revolución francesa quiso imponer su agenda sobre el mundo. Pero enfatizar la búsqueda de experiencias intensamente emocionales de carácter extático y sobrenatural procedentes, presuntamente, de Dios, renunciando de paso al conocimiento, da lugar a una fe disfuncional y peligrosamente desbalanceada, muy apasionada (¿o más bien pasional?), pero completamente ignorante, desarticulada y, por lo mismo, extraviada. En realidad, sentimiento y pensamiento, emoción y conocimiento son, ambos, derroteros de la vida cristiana correctamente vivida que no riñen entre sí, sino que se complementan y enriquecen mutuamente y hacen de salvaguarda contra los excesos escandalosos en que amplios sectores de la iglesia de la órbita pentecostal están incurriendo.

Sin embargo, los anteriores excesos escandalosos: el desorden, el milagrerismo y la glorificación de la ignorancia en beneficio de las emociones intensas y desbordadas, convergen y dimanan de lo que sería tal vez la mayor y más escandalosa problemática presente en el pentecostalismo: el culto a la personalidad de sus carismáticos dirigentes. Porque la llamada "autoridad carismática" ejercida por estos personajes contrasta con la autoridad tradicional en la que el respaldo institucional y la verificada y reconocida capacitación formal del dirigente eclesiástico de turno juega un papel determinante, mientras que la primera obedece exclusivamente a una vocación personal producto del llamado de Dios sobre la vida del dirigente y de la "unción" especial que reposa sobre él. Así, todo lo que les acontece a estos dirigentes se interpreta como señales del cielo, incurriendo en una condenable manipulación como la que distingue a los grupos sectarios y heréticos, haciendo del correspondiente "ungido" el ejemplo normativo para todo lo que se hace o se debería hacer en su respectiva comunidad, quienes aprovechan esta circunstancia para imponer su voluntad de manera arbitraria y sin discusión sobre los fieles, manipulando sus conciencias y profiriendo amenazas y maldiciones mediante textos bíblicos sacados de contexto sobre cualquiera que ose cuestionarlos.

Este fenómeno encuentra expresión concreta en la autopromoción que estos dirigentes hacen de sí mismos como "profetas" y "apóstoles", pues títulos bíblicos tradicionales como "pastor", "maestro" o "evangelista", e incluso "obispo", les quedan pequeños. Autopromoción respaldada por sus seguidores que refuerza, entonces, el carácter incuestionable que su líder reclama para sí. En consecuencia, estos dirigentes afirman una conexión tan directa con Dios que Él les habla a diario al oído y de manera audible, y lo hace con frecuencia al margen de las Sagradas Escrituras, al punto que cuando las supuestas revelaciones que el Espíritu Santo presumiblemente les da de manera directa, contradicen lo escrito en la Biblia, ellos prefieren darle crédito a su revelación particular y no a la Biblia, dando como resultado que en la práctica las palabras de un "profeta" o "apóstol" viviente terminan siendo más importantes y recibiendo mayor crédito que las de los profetas y apóstoles bíblicos, liberando a estos personajes de cualquier control, restricción o supervisión diferente de sí mismos, con el peligro inminente de llegar a convertirse en un grupo sectario y herético apartado de la sana doctrina.

No es casual que sea en el contexto pentecostal en el que surgen con más facilidad este tipo de grupos y en el que también los escándalos por mala conducta sexual y malos manejos del dinero por parte de sus líderes sean más frecuentes, pues dicho sea de paso, muchos de estos dirigentes llegan a acumular tal cantidad de riqueza personal sin cuestionamientos por parte de sus seguidores, que este hecho por sí sólo ya constituye una fuente de escándalo para los no creyentes que captan fácilmente la contradicción entre este estado de cosas y el mensaje y estilo de vida cristiano que estos personajes están llamados a predicar, aspecto que ya hemos tocado y volveremos a tocar más adelante en otros capítulos. De hecho algunos sociólogos de la religión están llegando a la conclusión de que las iglesias pentecostales ya no forman parte de la rama protestante evangélica dentro de la que surgieron, pues ya no honran el principio de *"Sola escritura"* que dio origen al protestantismo, sino que toda su actividad gira alrededor de la glosolalia (el hablar en lenguas), la taumaturgia (el hacer milagros) y el exorcismo (la liberación de demonios), algo tal vez exagerado y discutible, pero que no carece del todo de fundamento.

Por último, unido a lo anterior y en gran medida a causa de ello, las iglesias pentecostales también han glorificado la improvisación, pues suelen ver la planificación y preparación previa como una restricción o camisa de fuerza para la libre y espontánea acción del Espíritu Santo en la iglesia. Para ellos la preparación y la planificación "apagan el Espíritu" de manera invariable. Así, en nombre y defensa de la "unción" todo se improvisa sobre la marcha. Apoyados, entonces, en la presunta "espiritualidad" de la improvisación se justifica la mediocridad y falta de esfuerzo de muchos predicadores pentecostales que no estudian ni preparan sus sermones siempre que pueden hacerlo, sino que suben al púlpito confiando en que la "unción" será de sobra suficiente y terminan así inadvertidamente atribuyendo al Espíritu Santo las faltas propias de su pobre, superficial y plano sermón. Con los agravantes que trataremos en el siguiente capítulo.

6.
Magia y superstición

"Sacrificó en el fuego a sus hijos en el valle de Ben Hinón, practicó la magia, la hechicería y la adivinación, y consultó a nigromantes y a espiritistas. Hizo continuamente lo que ofende al Señor, provocando así su ira"

2 Crónicas 33:6

Siguiendo muy de cerca al pentecostalismo encontramos a la magia y la superstición en la iglesia. Y aunque es cierto que éstas prácticas no respetan ninguna rama ni denominación cristiana; por las razones ya expuestas el pentecostalismo tiene una especial proclividad a ellas. De hecho algunos sociólogos de la religión sostienen que si el pentecostalismo ha hallado tanta acogida en países de larga y mayoritaria tradición católica, es porque sustituye prácticas típicas del catolicismo como el culto a los santos y a las reliquias y los presuntos milagros atribuidos y asociados a ellos, por otras prácticas que si bien son formalmente diferentes, en el fondo están motivadas por las mismas actitudes mágicas y supersticiosas que se encuentran detrás de las primeras.

Sea como fuere, lo cierto es que las actitudes mágicas siempre rondan a la fe saludablemente ejercida y amenazan con distorsionarla y pervertirla debido a que la línea que separa a la una de la otra es tan delgada que un significativo número de creyentes la traspasan en perjuicio propio y sin darse cuenta, con el agravante de que muchos de los no creyentes que observan desde afuera sí perciben cuando los creyentes están viviendo su fe de manera mágica y supersticiosa y se encuentran muy atentos a señalárselo de manera acusadora, por lo que aquí encontramos algunas conductas adicionales por parte de la iglesia que escandalizan igualmente a la sociedad secular.

Para entender lo anterior debemos definir en primer lugar qué es magia, o mejor, cuál es el principio o la actitud común que se encuentra en la base de todas las prácticas mágicas y supersticiosas. Así, pues, la actitud mágica es aquella intención típicamente humana de utilizar a Dios para nuestros propios fines en vez de reconocerlo y someternos humildemente a Él de manera desinteresada, confiada e incondicional. Al decir de Patrick Glynn la magia, al contrario de la auténtica y sana espiritualidad, *"... consiste en utilizar las herramientas del otro mundo para lograr los objetivos de éste"*. Dicho de otro modo, la magia, más que desear sinceramente estar del lado de Dios, quiere más bien que Dios esté de nuestro lado en el sentido de poder manipular sutilmente los poderes espirituales a voluntad y a nuestro favor.

La magia comienza, entonces, cuando los creyentes acuden a la iglesia con el propósito de oír lo que *quieren* oír y no de escuchar lo que *necesitan* escuchar. Adicionalmente, una buena forma de diagnosticar si estamos viviendo la fe con actitud mágica consiste en identificar si al decir: *"... ¡Que se haga la voluntad del Señor!"* (Hechos 21:14) lo hacemos con resignada impotencia o con rendida confianza, pues lo primero es un síntoma de la aparición de la actitud mágica en las prácticas de fe. Actitud que da lugar al surgimiento de ciertas conductas concretas que hacen carrera en las iglesias, sin que ninguna de ellas pueda arrojar la primera piedra al respecto como si se encontrara por encima del bien y del mal en este tema en particular.

La primera, más antigua y tal vez más clásica forma que la magia ha adquirido en la iglesia es el ritualismo, que consiste en atribuir a los ritos por sí mismos un mayor efecto del que en realidad tienen. El catolicismo romano es con mucha probabilidad y en virtud de su característico sacramentalismo, la rama de la cristiandad más vulnerable a este tipo de magia al institucionalizar ceremonias tan variadas, estereotipadas y acompañadas de una parafernalia tan excesivamente cargada de elementos externos que terminan asfixiando la actitud interior que debería animar a la fe en toda su sencillez, honestidad y espontaneidad; cuando lo que el rito rectamente entendido debería hacer más bien es subordinarse a la fe para servirla y facilitar su sana y más constructiva manifestación. En este aspecto podríamos decir que, siempre y dondequiera que se presente, cuando la forma es más importante que el fondo estamos actuando de manera mágica en la iglesia, sin perjuicio de la práctica del bautismo y la santa cena que los protestantes reconocemos como ritos obligatorios y completamente legítimos establecidos y ordenados en la Biblia para la iglesia. Sin mencionar la legitimidad de las liturgias y solemnidades básicas propias del culto debido a Dios en los servicios y reuniones cristianas formales.

En segundo lugar debemos mencionar las actitudes marcadamente pragmáticas y utilitaristas en las que puede caer la fe, una forma de magia mucho más extendida de lo que estaríamos dispuestos a reconocer. Es cierto que la fe involucra un importante aspecto pragmático y utilitario en el sentido de que nuestra creencia en Dios debe tener efectos prácticos favorables y concretos que la respalden (aquí está la parte pragmática de la fe) y debe, por tanto, brindarnos algún tipo de utilidad evidente que podamos exhibir a favor de ella (aquí está la parte utilitaria de la fe). Pero de aquí a creer que todo lo que de algún modo funcione es, entonces, por fuerza verdad y que todo lo nos preste alguna utilidad palpable y evidente es por fuerza bueno, hay mucho trecho. Pero muchos cristianos viven su fe bajo criterios meramente pragmáticos y utilitarios y no bajo criterios éticos procedentes de la Biblia.

Es decir que para muchos cristianos las creencias y las prácticas derivadas de ellas que demuestren funcionar y nos brinden algún tipo de utilidad, son buenas y ciertas, así la Biblia afirme que no son correctas. En este orden de ideas, muchos creyentes consideran que toda experiencia o vivencia en el marco de la fe que los haga sentir bien, funciona y, por lo tanto, queda automáticamente autenticada como buena y correcta, sin necesidad de confrontarla con lo que la Biblia, la razón y el mismo sentido común digan al respecto. Sobre todo teniendo en cuenta que, como lo señalamos en relación con el pentecostalismo, muchos creyentes quieren ante todo sentir y no pensar.

Del mismo modo y dado que la petición es un elemento común, tanto a la oración como al conjuro mágico; hay creyentes que formulan sus peticiones de manera mágica, exigiendo prácticamente de Dios su cumplimiento, sin tener en cuenta las condiciones y salvedades establecidas por Él para su favorable respuesta, y sin considerar tampoco la posibilidad de que sean peticiones equivocadas, inconvenientes y egoístas que Dios en su bondad, sabiduría y soberanía no tendría entonces por qué concederles.

Fue ante este tipo de espectáculos en los que los creyentes establecen con Dios una relación meramente utilitarista que el filósofo ateo alemán Federico Nietzsche se pronunció diciendo: *"Si tuviéramos una cierta dosis de piedad, por muy pequeña que fuera, un Dios que nos cura a tiempo un resfriado, o que nos hace encontrar un taxi cuando se pone a llover, había de ser para nosotros un Dios tan absurdo que, si existiera, habría que eliminarlo. Se acaba así, convirtiendo a Dios en un criado, en un cartero, en un mercader ambulante"*. Esta actitud utilitarista y censurablemente pragmática halla forma concreta en la nefasta "teología de la prosperidad", una versión simplista, superficial e interesada del evangelio muy difundida hoy en la iglesia que afirma que al venir a Cristo obtendremos de manera invariable riquezas materiales y prosperidad económica, como si esto último fuera la finalidad de la vida, de tal modo que el favor de Dios sobre los suyos debería darse siempre en estos términos.

Ahora bien, la Biblia no niega los aspectos pragmáticos y utilitarios de la fe, pero no los considera los criterios finales y definitivos para afirmar la validez de nuestras creencias. Más bien nos exhorta a que, antes de preguntarnos si algo funciona o nos brinda alguna utilidad o beneficio inmediato, nos preguntemos primero si es correcto consultando lo dicho por Dios en la Biblia al respecto y lo confirmemos con una conciencia iluminada, pues el criterio ético en la Biblia, es decir el mandamiento, siempre tiene prioridad sobre el criterio pragmático que debe, por tanto, subordinarse a aquel para no incurrir en la magia pragmática y utilitarista vulgarmente interesada con la que muchos creyentes viven su fe.

Por otro lado, la superstición también forma parte de la actitud mágica en la iglesia y la acompaña de forma habitual, reforzándola. Muy relacionada con la magia, la superstición se define como la tendencia, derivada del temor o de la ignorancia, a atribuir carácter sobrenatural, sagrado u oculto a determinados acontecimientos o a creer en vanos presagios sin fundamento alguno. En este sentido lo dicho por el físico

Robert Park es muy oportuno: *"Hace doscientos años la gente culta imaginaba que la mayor contribución de la ciencia sería liberar al mundo de la superstición y la mentira. Pero eso no ha ocurrido. Las antiguas creencias en los demonios y en la magia siguen recorriendo el paisaje actual, vestidas ahora con el lenguaje y los símbolos de la ciencia"*, en lo que algunos llaman *ciencia vudú*, que no es otra cosa que la *seudociencia* o *falsa ciencia* contra la que nos advertía el apóstol Pablo al decir: *"... Evita las discusiones profanas e inútiles, y los argumentos de la falsa ciencia"* (1 Timoteo 6:20), tema al que también dedicaremos un capítulo más adelante.

La superstición surge cuando imaginamos y establecemos en nuestra mente relaciones de causa y efecto que no tienen ningún respaldo ni confirmación en los hechos examinados con el debido rigor, como cuando creemos que pasar por debajo de una escalera, abrir un paraguas dentro de la casa, tropezar con un gato negro que se nos cruza en el camino o romper un espejo nos traerá siete años de mala suerte y otras estupideces de este mismo estilo. La superstición está basada en el temor y no en el amor y la confianza, por lo que la magia supersticiosa, si se me permite la redundancia, hace presa de los creyentes siempre que su relación con Dios está basada más en el temor que en el amor y la confianza, algo que sucede entre los cristianos con relativa frecuencia y que no hace atractiva la fe a quienes nos observan desde afuera.

Continuando con esta enumeración de prácticas mágicas y vinculada estrechamente con la superstición y el culto a la personalidad que describíamos en el pasado capítulo en relación con muchas iglesias pentecostales, encontramos lo que podríamos llamar magia autoritarista, que es aquella fe mágica que cree a ojo cerrado y sin someter a ningún examen crítico todos los pronunciamientos hechos por sus carismáticos pastores y dirigentes desde su pedestal de autoridad, quienes no tienen muchas veces reparo en hacer declaraciones dogmáticas ligeras y con manifiesto descuido que revisten potencial peligro para quienes los escuchan como borregos y terminan de este modo extraviados debido al abuso consciente o inconsciente en el que sus líderes incurren desde su posición de autoridad, sin considerar el alcance y las consecuencias que muchas de sus declaraciones pueden tener en la vida y en la fe de los miembros de la iglesia.

Un a buso más condenable todavía cuando se hace con plena conciencia, como en el caso de los pastores que pretenden dirigir y controlar la vida de los fieles mediante presuntas profecías personales para que hagan tal o cual cosa, relegando en ellos el saludable y responsable ejercicio de la libertad de examen y de conciencia tan apreciada en el protestantismo, a propósito de la respuesta dada por Martín Lutero a sus autoridades cuando le exigían retractarse de su posición en la Dieta de Worms: *"A menos que se me convenza por las Sagradas Escrituras o por razones evidentes, no puedo retractarme. Mi conciencia está cautiva en la Palabra de Dios y obrar contra la conciencia no es recto ni seguro. Dios me ayude"*.

En realidad, la magia y la superstición se apoyan siempre en una actitud cómoda, facilista e inmadura por parte del creyente que le permita sacarle el cuerpo a su propia responsabilidad en el asunto. En este sentido la magia también puede definirse como el intento de utilizar lo divino como solución fácil a problemas que reclaman soluciones humanas. Así, una diferencia más entre la petición mágica y la oración auténtica es que en esta última el creyente que lleva su necesidad a Dios no ignora los medios naturales para suplirla, ni le pide que lo exima del esfuerzo en este sentido, pues esta pretensión es la que caracteriza a la magia. Al contrario, la fe sana y madura predicada por Jesucristo es aquella que nos vincula a Dios en una relación de amor más depurado y menos dependiente, que nos ayude a desarrollar a plenitud todos los dones y capacidades recibidos de Él, en el propósito de resolver por nosotros mismos de manera satisfactoria los problemas que se nos presentan de manera cotidiana, siguiendo para ello las pautas que Dios nos ha trazado en su Palabra. El sermón del monte nos recuerda en Mateo 6:26: *"Fíjense en las aves del cielo: no siembran ni cosechan ni almacenan en graneros; sin embargo, el Padre celestial las alimenta. ¿No valen ustedes mucho más que ellas?"*, pero a su vez el proverbio sueco complementa lo anterior al recordarnos también que: *"Dios le da una lombriz a cada pájaro, pero no se la lleva hasta el nido"*. La fe del creyente que espera que todo le caiga del cielo sin esfuerzo y sin asumir su responsabilidad al respecto es una fe mágica que es mal vista por quienes se encuentran al margen del evangelio.

Por último, la forma más sofisticada y sutil de magia que se da en la iglesia es, paradójicamente, aquella que es producto del estudio y la erudición que caracteriza a la teología académica (aquí está una de las razones por las que dije en el prefacio que, a pesar de gustarme la academia, no soy ni quiero ser académico). En este caso se trata de ministros y creyentes estudiosos que, por lo mismo, terminan cayendo en la tentación del erudito, que consiste en envanecerse a causa de su conocimiento y pretenden, de este modo, abarcar a un Dios infinito dentro de su propia mente finita y terminan así, además, reduciendo el cristianismo en el mejor de los casos a simple conocimiento acerca de Cristo, en perjuicio de la relación vital y personal con Él que debe caracterizar al creyente sano y maduro.

Muchos teólogos académicos con prestigiosas credenciales convierten así a Dios en un objeto de estudio, perdiendo de vista que Él es ante todo Sujeto. El Sujeto por excelencia, es decir que Dios es antes que nada un Ser de carácter personal con el cual podemos y debemos, por tanto, relacionarnos personalmente. Este tipo de magia prescinde entonces de la relación interpersonal con Dios y pretende, más bien, dominar a Dios por medio de la explicación cabal de su naturaleza y de sus actos. En otras palabras estos personajes piensan que, si no es posible forzarlo a hacer lo que queremos, entonces podemos, por lo menos, explicar las razones de todo lo que hace. No en vano muchos teólogos académicos presumiblemente cristianos no oran ni se congregan para adorar a Dios en el contexto de la comunión de la iglesia, pues en virtud de su conocimiento ellos están por encima de esas exigencias que obligan a los creyentes rasos y de las que ellos estarían eximidos. Ya hablaremos más de esto en el capítulo que dedicaremos a la teología liberal.

7.
Las megaiglesias

"Así que Jonatán le dijo a su escudero: –Vamos a cruzar hacia la guarnición deseos paganos. Espero que el Señor nos ayude, pues para él no es difícil salvarnos, ya sea con muchos o con pocos"

1 Samuel 14:6

Megaiglesias es el nombre que reciben las iglesias con una membresía muy numerosa, de miles y decenas de miles de miembros. Como tales, suelen ser iglesias con abultados recursos económicos. Y lo cierto es que ninguna de las dos cosas: la gran cantidad de miembros ni su gran solvencia económica, en particular si es bien administrada, son malas ni criticables por sí mismas. Los evangelios dan cuenta de las multitudes de miles de miembros que seguían al Señor Jesucristo sin que Él nunca tuviera una palabra de censura contra esto y el libro de los Hechos de los Apóstoles nos informa del crecimiento exponencial que la iglesia experimentaba mediante el testimonio personal y la evangelización llevada a cabo por sus miembros en cumplimiento de las instrucciones al respecto dadas por su fundador, Jesucristo; generando regocijo entre los creyentes por el respaldo que Dios les brindaba mediante la buena recepción del evangelio entre muchos de los evangelizados y el hecho de que tantas personas del imperio romano obtuvieran la salvación, se reconciliaran con Dios y se comprometieran con la causa de Cristo para transformar favorablemente su entorno y ser de bendición para sus semejantes.

Pero aún sin ser en sí mismo condenable, si no se toman medidas al respecto, el crecimiento numérico de la iglesia la expone a ciertas problemáticas y tentaciones particulares que convierten a su vez a muchas megaiglesias en fuente de escándalo para el mundo. La primera de ellas es la excesiva confianza en los números que arroja a estas iglesias a la ostentación arrogante y triunfalista y en muchos casos a una autosuficiencia e independencia respecto de Dios como la denunciada por el apóstol Juan en relación con la iglesia de la ciudad de Laodicea, a la que dirige estas proféticas palabras: *"Dices: 'Soy rico; me he enriquecido y no me hace falta nada'; pero no te das cuenta de cuán infeliz y miserable, pobre, ciego y desnudo eres tú. Por eso te aconsejo que de mí compres oro refinado por el fuego, para que te hagas rico; ropas blancas para que te vistas y cubras tu vergonzosa desnudez; y colirio para que te lo pongas en los ojos y recobres la vista. Yo reprendo y disciplino a todos los que amo. Por lo tanto, sé fervoroso y arrepiéntete. Mira que estoy a la puerta y llamo. Si alguno oye mi voz y abre la puerta, entraré, y cenaré con él, y él conmigo"* (Apocalipsis 3:17-19), dando como resultado una iglesia que había expulsado y le había cerrado la puerta al propio Cristo que se dirigía ahora a ella en estos sentenciosos términos.

Por eso las megaiglesias, sin tener que restringir su natural crecimiento producto de su saludable vitalidad, deberían implementar la salvaguarda a la que hace referencia de este modo James A. Steward: *"No podemos viajar con Dios por mucho tiempo a menos que seamos salvos de los números. Es tristemente posible pensar más en las cifras que en Cristo"*. Porque en la medida en que Dios no está sometido a la estadística ni al cálculo de probabilidades, los números no son, por tanto, determinantes para establecer el "éxito" o el fracaso de una congregación cristiana. Al fin y al cabo en la iglesia no todos los que están, son; pues la misma Biblia nos advierte con la figura de la "mala hierba" contra la inquietante proporción de infiltrados que siempre habrá en ella, así como también simpatizantes no convertidos, junto con una notable cantidad de creyentes sin compromiso evidente y únicamente un reducido grupo de verdaderos discípulos comprometidos con la causa del evangelio de Cristo. Por eso es lamentable confirmar que, como lo declaran Dave Hunt y T. A. McMahon: *"El nombre del juego, actualmente, es éxito... y cuanto más grande sea una iglesia, tanto más éxito se considera que ha logrado"*.

Lo peor es que al amparo de este fenómeno ya han hecho carrera en la iglesia las cifras "evangelásticas" mentirosas y poco confiables caracterizadas, cuando menos, por la exageración que tiende a "inflar" las cantidades, como al descuido, llevando a P. E. Billheimer a declarar: *"la falta de cuidado e informes exagerados en cuanto a conversiones y milagros, puede estar haciendo retardar el gran derramamiento que el mundo está esperando, debido al contristamiento del Espíritu Santo".* Por todo lo anterior las megaiglesias deberían tener presente que, si bien es cierto que es bueno saber con quién se cuenta, de tal modo que los datos estadísticos fieles no deben reprobarse; el propósito en la mención de cifras referidas a personas en la Biblia, es hacer énfasis en la calidad de los contados más que en la cantidad de ellos, tal como sucedió con los 300 de Gedeón comparados con la totalidad de su ejército; los valientes de David frente al resto de sus tropas; y los 120 en el aposento alto, en contraste con las multitudes de miles de personas que, según los evangelios, seguían a Jesucristo durante su ministerio terrenal. De lo contrario se promueve la actitud ostentosa que funda la confianza más en los números que en Dios mismo, olvidando que, después de todo, la iglesia verdadera siempre será minoría: *"Porque muchos son los invitados, pero pocos los escogidos"* (Mateo 22:14).

Otra de las problemáticas que afectan a las megaiglesias es la tendencia a convertir o sustituir los sermones y la predicación del evangelio por espectáculos, incurriendo en lo que el poeta Juan Manuel Roca llamó la "farandulización de la cultura", uno de cuyos principales síntomas es, justamente, el hecho de que la principal palabra descriptiva que muchos utilizan hoy es: "espectacular". Algo que ha terminado afectando no sólo a la cultura secular sino a la eclesiástica, con todos los perjuicios que esto trae al evangelio, en la medida en que la iglesia se deja influir por esta tendencia, optando por hacer de la predicación un espectáculo farandulero en franca competencia con la industria del espectáculo en el mundo. Y es de manera especial en las megaiglesias –con todos los recursos para invertir en esto lo que se requiera y, por lo mismo, también con amplio acceso a los medios masivos de comunicación– en donde se termina confundiendo a estos últimos con el púlpito, optando por sustituir el sermón con "puestas en escena" con cantantes, artistas y motivadores más que predicadores, junto con toda la parafernalia que suele acompañarlos en donde, más que evangelizar, se busca es impresionar, divertir y distraer con propósitos claramente efectistas que buscan alimentar más las emociones que las convicciones.

Con estas iniciativas se da la impresión de que el evangelio careciera por sí mismo de su propio y especial atractivo, pues quienes así proceden dan a entender que creen que para presentar el evangelio de manera atrayente deben adornarlo o modificarlo sutil o abiertamente para conferirle un atractivo artificial, tipo espectáculo, que en últimas lo que termina haciendo es traicionándolo y pervirtiéndolo de manera culpable. Y la ya mencionada "teología de la prosperidad" y su habitual acompañante: el "movimiento de la fe" –distorsionado enfoque que hace de la fe el elemento central de la vida cristiana sin importar en qué o en quién esté colocada, haciendo de Dios algo meramente instrumental, incidental o anecdótico a ella–, además de fomentar las actitudes mágicas tratadas en el capítulo anterior, son también un estímulo para presentar el evangelio de manera simplista y superficialmente atractiva al adornarlo con elementos llamativos tangenciales o ajenos a él.

Recordemos que Cristo nunca se prestó a este tipo de manipulaciones como si fuera un payaso de circo, llevando a cabo milagros por pedido, como cuando compareció ante el rey Herodes y éste esperaba que Él efectuara algún milagro simplemente para su gratificación personal: *"Al ver a Jesús, Herodes se puso muy contento; hacía tiempo que quería verlo por lo que oía acerca de él, y esperaba presenciar algún milagro que hiciera Jesús"* (Lucas 23:8-11), sin que Cristo le siguiera el juego. Justamente, el pastor Darío Silva-Silva identifica dentro de lo que él llamó "El imperio de la extravagancia" en el que muchas iglesias se convierten, a "la iglesia como circo" como una de estas extravagancias, una designación muy ilustrativa de lo que venimos diciendo.

Otro de los peligros que acechan a las megaiglesias, debido precisamente a su gran tamaño numérico es la tentación de la política. Nicolás Gómez Dávila ya denunció esta tendencia por parte del catolicismo al decir: *"La Iglesia contemporánea practica preferencialmente un catolicismo electoral. Prefiere el entusiasmo de las grandes muchedumbres a las conversiones individuales"*. Pero lo que él denunciaba en el catolicismo romano se ha vuelto también realidad en las megaiglesias de la órbita protestante. En este contexto, el cristianismo evangélico se ha politizado a tal punto que muchos pastores ven a sus congregaciones como su propio y particular capital electoral del cual servirse para llegar "en paracaídas", es decir como caídos del cielo y sin saber de dónde salieron, al campo de la política, únicamente para ceder y convertirse allí en "idiotas útiles" ingenuos y manipulables al servicio de la maquiavélica y taimada clase política tradicional, pretendiendo pasar, sin romperse y sin mancharse, del púlpito a la curul, cuando no, mezclando el púlpito y la curul. Estos movimientos de masas generan hoy más entusiasmo en muchos pastores que las conversiones individuales. Se termina así transformando la evangelización en una suerte de campaña electoral que da lugar a montoneras momentáneamente entusiastas pero sin compromisos de fondo. Ya volveremos también sobre esto.

Para evitar estos problemas que obran en perjuicio del cristianismo ante el mundo, las megaiglesias harían bien en tener en cuenta que la iglesia es más un organismo vivo –el cuerpo de Cristo, del cual Él es cabeza, según el Nuevo Testamento–, que una organización empresarial o proselitista y debería entonces caracterizarse porque crece y se multiplica mediante la división natural y ordenada de las células de los tejidos y órganos que lo conforman. De hecho en el campo de la biología este proceso de multiplicación es señal de buena salud en el organismo. Del mismo modo la iglesia está llamada a crecer mediante una vital y planificada reproducción o división celular. Con mayor razón por cuanto no todo crecimiento es saludable en el campo biológico con el que estamos comparando con justicia a la iglesia. El crecimiento desbordado y desordenado de las células es, de hecho, patológico, como sucede con todos los tipos de cáncer.

Es por eso que las megaiglesias se vuelven ineficaces y ven truncado y atrofiado su saludable crecimiento si no se multiplican por división celular. División celular que implica la fundación de nuevas iglesias, hijas de la iglesia madre y en comunión con ella, pero con un suficiente grado de autonomía, como lo establece el ejemplo del apóstol Pablo al fundar iglesias subordinadas a los apóstoles pero confirmadas con su propio cuerpo de dirigentes. Asimismo, cada iglesia local que crece debe generar al interior de su estructura células o grupos de conexión que reúnan a creyentes con afinidades y perfiles similares, promoviendo y facilitando la comunión entre ellos. Células que, al crecer y multiplicarse, contribuyan a su vez al crecimiento de la iglesia local de la que forman parte. La iglesia apostólica ilustra lo anterior al trabajar de manera simultánea y complementaria para toda la iglesia, en el templo, y para los grupos más pequeños y específicos, por las casas:

"Y día tras día, en el templo y de casa en casa, no dejaban de enseñar y anunciar las buenas nuevas de que Jesús es el Mesías" (Hechos 5:42), sin que esto signifique que el modelo de grupos pequeños *en las casas* sea el más recomendable hoy en vista de la dificultad que existe para supervisarlos de la manera adecuada.

Finalmente, existe una tentación adicional que acecha a las megaiglesias y es el peligro de que sus miembros terminen sacrificando la práctica de una ética individual según su conciencia, por una moral social de masas, pasando por alto que, como lo dijo Thomas E. Schmidt: *"Los números en sí no confieren moralidad a una actividad"* en relación con el incremento numérico y la cada vez mayor aceptación de la conducta homosexual y el constante crecimiento de personas con estas inclinaciones que "salen del closet" y dejan de resistirse a ellas, aceptándolas como algo normal y hasta natural.

En efecto, "pero si todos lo hacen" suele ser el pretexto con el que muchas personas justifican sus actos éticamente cuestionables, como si esto brindara por sí solo validez y legitimidad a sus acciones por encima de lo que indica la razón o las normas establecidas. Del mismo modo, la moralidad de los miembros de una megaiglesia puede fácilmente caer en esta inercia de los números, nivelándose por lo bajo en la medida en que las autoridades eclesiásticas toleren, hagan la vista gorda o no logren ejercer la disciplina bíblica establecida para combatir conductas pecaminosas que se vayan convirtiendo en algo generalizado al interior de sus voluminosas congregaciones, dando pie a una impunidad como la que termina fomentando los delitos en la sociedad secular cuando las autoridades civiles no logran castigarlos como se debe. En estos casos la conciencia individual de los creyentes, por efecto de la masificación en la que pueden caer en las megaiglesias, se vuelve cada vez más ineficiente y hasta inoperante.

La ética eclesiástica se termina definiendo entonces en estos casos por lo que haga la mayoría, dándole la razón al aforismo que dice que: "la moral es la conciencia de quienes no tienen conciencia". Pero lo que la iglesia debe hacer no cambia al vaivén de los números, como sucede en la sociedad secular en la que la ley sigue a la costumbre cuando ésta última es practicada por un número mayoritario de sus ciudadanos y sus gobernantes no están en condiciones de corregirla. Y es que también en las megaiglesias se puede volver mucho más difícil, por la presión o el ejemplo del muy numeroso grupo, ir en contra de la corriente de las mayorías cuando así se requiera, alineándose con Dios, aunque se deba hacer eventualmente en solitario siguiendo los dictados de nuestra conciencia en conformidad con los contenidos éticos de la Biblia, que se diluye entonces en medio de la opinión del grupo, librándonos del esfuerzo de reflexionar nosotros mismos al respecto en comunión e intimidad con Dios.

Porque como lo estableció el apóstol Pablo al declarar: *"¿Qué busco con esto: ganarme la aprobación humana o la de Dios? ¿Piensan que procuro agradar a los demás? Si yo buscara agradar a otros, no sería siervo de Cristo"* (Gálatas 1:10), para un cristiano será preferible en toda circunstancia contar con la aprobación de Dios y su conciencia que con la de los hombres en general, incluyendo a sus hermanos en la iglesia que siguen la filosofía popular que dice: "¿Para dónde va Vicente? ¡Para dónde va la gente!". Dejamos así esbozado aquí el marco de referencia en el que abordaremos las problemáticas que nos restan en todos los capítulos que faltan de la primera parte del libro.

8.
Casas de oración o cuevas de ladrones

*"«Escrito está –les dijo–: 'Mi casa será llamada casa de oración',
pero ustedes la están convirtiendo en 'cueva de ladrones'»"*

Mateo 21:13

La cita de arriba recoge las palabras de censura dirigidas por el Señor Jesucristo a la clase dirigente y sacerdotal de Israel, encargados de la custodia y administración del segundo templo, el templo de Herodes, cuya finalidad principal era la de ser una casa de oración, en cumplimiento del anuncio hecho por el profeta Isaías: *"los llevaré a mi monte santo; ¡los llenaré de alegría en mi casa de oración! Aceptaré los holocaustos y sacrificios que ofrezcan sobre mi altar, porque mi casa será llamada casa de oración para todos los pueblos.»"* (Isaías 56:7), pero que había llegado a convertirse para la época en una "cueva de ladrones", conforme a la advertencia del profeta Jeremías: *"¿Creen acaso que esta casa que lleva mi nombre es una cueva de ladrones? ¡Pero si yo mismo lo he visto! –afirma el Señor–"* (Jeremías 7:11)

Esta censura estaba justificada en la manera en que los dirigentes de Israel habían permitido que los atrios del templo se hubieran transformado en una ruidosa plaza de mercado en donde los comerciantes traficaban con la fe del pueblo enriqueciéndose fraudulentamente a costa de ellos y anticipándose cerca de dos mil años a un mal vigente en nuestro tiempo: la comercialización y explotación de la fe. Desde la grosera y descarada venta de misas, indulgencias y demás por parte de la Iglesia de Roma durante la Edad Media, que fue el detonante de la Reforma; hasta la aparente pero nada inocente venta de "souvenirs" y estampas del santo patrono correspondiente, o de sus presuntas reliquias en muchos de los templos y santuarios actuales consagrados por el catolicismo romano como especiales lugares de culto, sin que el protestantismo pueda lanzar tampoco la primera piedra en vista del escándalo que constituye la vida fuelle y ostentosa de pastores inescrupulosos al frente de megaiglesias, que incluso alardean de sus fortunas personales amasadas con los diezmos y ofrendas de los fieles, en lo que no dista mucho del enriquecimiento ilícito.

Lo primero que viene a nuestra mente al escuchar la expresión "cueva de ladrones" es, por supuesto, los malos, fraudulentos y corruptos manejos del dinero. Al respecto el apóstol Pablo instruye a la iglesia con las siguientes palabras que se caen de su peso: *"El que robaba, que no robe más, sino que trabaje honradamente con las manos para tener que compartir con los necesitados"* (Efesios 4:28), ampliando así el alcance del octavo mandamiento del decálogo que dice escuetamente: *"No robes"* (Éxodo 20:15). Con todo, la iglesia como institución ha sido siempre especialmente susceptible o vulnerable a estas prácticas, debido al papel que la Biblia asigna a los diezmos (que significa la décima parte de los ingresos) y las ofrendas en el sostenimiento y expansión del evangelio. Esto por sí mismo ya ha brindado un flanco fácil por el que los detractores de la iglesia y del cristianismo pueden atacarlo gratuita e injustamente, con ligereza y mala intención, al acusar a las iglesias en general de ser negocios para esquilmar a los incautos y crédulos y a sus dirigentes de ser personas que quieren enriquecerse a costa de la fe cándida de sus miembros. Acusación sin fundamento en la medida en que generaliza casos de excepción, pero que se vuelve procedente cuando los dirigentes de la iglesia abusan de esta circunstancia y dan pie a estos señalamientos.

Por eso, sin dejar de combatir las injustas generalizaciones que este tipo de acusaciones conllevan, no puede negarse que a lo largo de la historia estos cuestionamientos se pueden aplicar con justicia a un número significativo de iglesias del pasado y de la actualidad que incurren en estas prácticas y deben, por tanto, ser denunciadas, pues refuerzan estos prejuiciosos estereotipos que escandalizan y le dan mala prensa a toda la iglesia ante el mundo.

Sin embargo, desde una perspectiva estrictamente racional y de sentido común, ambos, los que critican de oficio a la iglesia desde el mundo en este aspecto en particular y los dirigentes eclesiásticos que, con sus abusos, dan pie a estas críticas, están por igual equivocados. Porque el sostenimiento de la iglesia mediante los diezmos y ofrendas de sus miembros no sólo es bíblico, sino que antes que nada, es totalmente razonable y legítimo y los malos manejos de estos recursos por parte de algunos, no despojan de legitimidad a esta práctica cuando se lleva a cabo de manera responsable y correcta, recaudando y administrando bien estos recursos y encauzándolos a las necesidades que el evangelio está llamado a suplir en el mundo. Al fin y al cabo, nadie descalifica ni promueve la eliminación de las corporaciones públicas, de las empresas privadas o de los clubes sociales, entre otros, por el hecho de que algunos de sus dirigentes sean personas corruptas que hacen mal uso de los recursos puestos bajo su cuidado y responsabilidad.

La actitud sistemáticamente escéptica hacia toda institución legítima que sea permeada por la corrupción, degenera en un cinismo que puede llegar a ser tanto o más destructivo que las conductas que pretende combatir y denunciar. Sin mencionar que quienes piensan mal y critican todo de manera sistemática desde sus pedestales de presuntos e impolutos guardianes morales de las buenas costumbres, no suelen en realidad ser mejores personas que aquellos a quienes critican, sino que sus críticas están muy a menudo motivadas en el fondo por aquello de que "el ladrón juzga por su condición" y que "el que las hace, se las imagina". Como alguien lo dijera, muchos de quienes hablan vehementemente contra la corrupción tan sólo están escupiendo el plato en el que no pudieron comer.

Por eso, a despecho de quienes critican y de quienes son justamente criticados, lo cierto es que el apoyo económico para la iglesia por parte de sus miembros con sus diezmos y ofrendas es no sólo algo completamente válido y razonable, sino un mandato divino cuyo incumplimiento convierte en ladrones a quienes hacen caso omiso de él, como lo denuncia el profeta: *"»¿Acaso roba el hombre a Dios? ¡Ustedes me están robando! »Y todavía preguntan: "¿En qué te robamos?" »En los diezmos y en las ofrendas. Ustedes… están bajo gran maldición, pues es a mí a quien están robando"* (Malaquías 3:8-9). Los que convierten, entonces, las casas de oración en cuevas de ladrones no son sólo sus dirigentes corruptos que comercializan la fe incurriendo en manejos ilegales o poco éticos del dinero para su enriquecimiento personal, sino los miembros de la iglesia que bajo este o cualquier otro pretexto se resisten a apoyarla como debieran para hacer su contribución al sostenimiento de la obra de Dios y la expansión del evangelio.

Paradójicamente, no sólo robamos por acción, sino también por omisión al resistirnos o negarnos a pagar nuestras deudas a quien corresponde, como nos instruye el apóstol a hacerlo en Romanos 13:7-8 *"Paguen a cada uno lo que le corresponda: si deben impuestos, paguen los impuestos; si deben contribuciones, paguen las contribuciones; al que deban respeto, muéstrenle respeto; al que deban honor, ríndanle honor. No tengan deudas pendientes con nadie, a no ser la de amarse unos a otros. De hecho, quien ama al prójimo ha cumplido la ley"*. Por lo anterior, me temo que muchos de quienes cuestionan a la iglesia en estos aspectos sean también evasores de impuestos que utilizan como pretexto para ello la cada vez más manifiesta corrupción que afecta a muchas de las instancias del gobierno civil y a quienes los tiene sin cuidado la muy razonable instrucción dada por el Señor cuando le presentaron la moneda del impuesto con la imagen del emperador, a lo cual respondió: *"... denle al césar lo que es del césar y a Dios lo que es de Dios"* (Mateo 22:21).

La polémica alrededor de la legitimidad de los diezmos y las ofrendas no involucra sólo la discusión entre creyentes y no creyentes al respecto, sino que se da también al interior de la iglesia entre creyentes, un sector de los cuales, tal vez sintiendo vergüenza ajena y con la loable intención de lavar el honor manchado de la iglesia por quienes hacen mal uso de los diezmos, se oponen rotundamente a ellos afirmando que estos ya no están vigentes en el Nuevo Testamento y restringiéndolos al Antiguo, dentro de lo que se conoce como la práctica de la ley mosaica reservada en todos sus detalles para los judíos, pero no para los paganos convertidos a Cristo en el seno de la iglesia. Sin entrar en esta discusión que excede el propósito de este capítulo y más allá de los aspectos y sutilezas teológicas que giran alrededor de la vigencia o no vigencia de la ley de Moisés para los cristianos; sí hay que señalar algunos aspectos que tienen detrás todo el peso de la lógica y la justicia, como lo señalan los escritores del Nuevo Testamento.

Basados, pues, en la lógica por la cual la tribu de Leví, siendo como era la tribu sacerdotal en Israel que había sido designada por Dios para este propósito con exclusividad −razón por la cual no había recibido asignación territorial como las otras once tribus para que pudiera consagrarse de lleno a su importante oficio sin distraerse ni dispersarse en otras labores diferentes−, y debía, por tanto, recibir como justa contraprestación de las tribus restantes que sí podían trabajar y cosechar la tierra asignada a ellas, una retribución a su servicio mediante los diezmos y ofrendas; así también los escritores del Nuevo Testamento concluyeron que los pastores podían vivir legítimamente de los diezmos y ofrendas, como lo sostiene Pablo al hablar de las ofrendas entregadas por las iglesias gentiles para los creyentes judíos de Jerusalén: *"Lo hicieron de buena voluntad, aunque en realidad era su obligación hacerlo. Porque si los gentiles han participado de las bendiciones espirituales de los judíos, están en deuda con ellos para servirles con las bendiciones materiales"* (Romanos 15:27), extractando de esto un principio expresado de este modo: *"El que recibe instrucción en la palabra de Dios, comparta todo lo bueno con quien le enseña"* (Gálatas 6:6).

El apóstol se dirige con mayor extensión a quienes cuestionan la justicia de este proceder preguntándoles: *"¿Qué soldado presta servicio militar pagándose sus propios gastos? ¿Qué agricultor planta un viñedo y no come de sus uvas? ¿Qué pastor cuida un rebaño y no toma de la leche que ordeña? No piensen que digo esto solamente desde un punto de vista humano ¿No lo dice también la ley? Porque en la ley de Moisés está escrito: 'No le pongas bozal al buey mientras esté trillando.' ¿Acaso se preocupa Dios por los bueyes, o lo dice más bien por nosotros? Por supuesto que lo dice por nosotros, porque cuando el labrador ara y el segador trilla, deben hacerlo con la esperanza de participar de la cosecha. Si hemos sembrado semilla espiritual entre ustedes, ¿será mucho pedir que cosechemos de ustedes lo material? Si otros tienen derecho a este sustento de parte de ustedes, ¿no lo tendremos aún más nosotros?... ¿No saben que los que sirven en el templo reciben su alimento del templo, y que los que atienden el altar participan de lo que se ofrece en el altar? Así también el Señor ha ordenado que quienes predican el evangelio vivan de este ministerio"* (1 Corintios 9:7-14). Es pues más que justo que quienes predican el evangelio vivan del evangelio. Lo cual es muy diferente, tanto a sobrevivir meramente, como a enriquecerse con el evangelio.

Valga decir que en el Antiguo Testamento los diezmos también debían ser destinados a suplir las necesidades de los pobres, en particular los huérfanos, las viudas y los extranjeros, por lo que una de las destinaciones que la iglesia debe dar a ellos en ejercicio de una buena administración de estos recursos es la justicia a través de la acción y el servicio social, de donde si no se asigna una significativa partida de estos ingresos a este tipo de iniciativas de manera regular y planificada, la iglesia comienza a ser sospechosa de no utilizar estos dineros correctamente y se puede llegar a hacer justamente merecedora de los señalamientos que el mundo le dirige. Más adelante nos ocuparemos con mayor amplitud de este punto.

En conexión con lo anterior, no deja de ser también sospechoso y preocupante que la motivación de los que rebaten el diezmo a capa y espada, ya sea desde afuera o desde adentro de la iglesia, sea simplemente tranquilizar su conciencia por su mala administración de sus ingresos y su poco o nulo espíritu de generosidad para con los menos favorecidos y para con la iglesia en que se congregan y en la que reciben su alimento espiritual. Porque muchos creyentes son como los nobles cristianos que iban a las cruzadas en la Edad Media, que cuando se bautizaban, se sumergían en el agua dejando por fuera su mano en alto con la espada empuñada, presumiendo que eso los eximiría de culpa por dar muerte a los "infieles", sólo que lo que hoy dejan por fuera es la billetera. Y en consecuencia, termina sucediéndoles lo del gran guerrero de la mitología griega: Aquiles, quien cuando fue sumergido por su madre en las aguas del mítico río Estigia para volverlo inmortal, lo suspendió del talón, que fue por tanto la única parte que no fue sumergida y se convirtió en el punto débil del guerrero, muriendo por una flecha lanzada sin dirección fija que se le clavó allí. Así les sucede a muchos creyentes. Su "talón de Aquiles" es el bolsillo.

Por eso, sin tener que tomar partido en la polémica al interior de la iglesia sobre la vigencia o no de los diezmos en el Nuevo Testamento, basta citar a Theo Donner, un teólogo cristiano que no cree en la vigencia de los diezmos en el Nuevo Testamento, a pesar de lo cual dice lo siguiente: *"No quisiera hablar sólo en forma negativa del diezmo. Para muchos creyentes ha resultado una buena disciplina para cambiar su actitud hacia el dinero. Todos vivimos tan apretados que la plata nunca alcanza para todo lo que necesitamos. Practicar el diezmo voluntariamente... nos muestra que sí es posible dar una porción fija de nuestro ingreso y sobrevivir. Es un primer paso para reconocer que yo no soy el dueño de mi plata, apenas soy administrador. Nos ayuda a reconocer que el Señor en efecto puede suplir toda mi necesidad, aun cuando tenga que vivir con menos que antes. Es una forma de asumir mi responsabilidad frente al ministerio de la iglesia donde me enseñan de la Palabra, donde me ayudan a seguir al Señor. Y una vez que empezamos con el diezmo y reconocemos que todo nuestro dinero es del Señor, querremos dar cada vez más -según nuestras fuerzas y más allá de nuestras fuerzas... Si no tiene la práctica de dar, considere la posibilidad de empezar por el diezmo".*

Un buen consejo. Porque es un hecho que en el sermón del monte el Señor Jesucristo hizo a la iglesia en todos los aspectos demandas más elevadas que las que la misma ley contemplaba, llegando a afirmar: *"Porque les digo a ustedes que no van a entrar en el reino de los cielos a menos que su justicia supere a la de los fariseos y de los maestros de la ley"* (Mateo 5:20), que eran sobre el papel reconocidos por ser los cumplidores más estrictos y meticulosos de todas las prescripciones contenidas en la ley de Moisés, lo cual pone para la iglesia la vara en un punto más alto que el indicado para el judaísmo del Antiguo Testamento, ceñido a la misma ley que consagraba el diezmo como una obligación para todos sus miembros. Saquemos, pues, conclusiones.

9.
Sola gracia y sola fe

"Porque por gracia ustedes han sido salvados mediante la fe; esto no procede de ustedes, sino que es el regalo de Dios, no por obras, para que nadie se jacte"

Efesios 2:8-9

En el lema de la Reforma Protestante se destaca la expresión "Sola gracia y sola fe" como rasgo distintivo de todas las iglesias evangélicas surgidas de ella en oposición al catolicismo romano. En este orden de ideas, los reformadores rompieron con la iglesia de Roma porque consideraron que el catolicismo no honraba estas fundamentales doctrinas bíblicas como debería, ni sobre el papel ni en la práctica. Y si bien esta es –tal como las que siguen casi hasta el final de la primera parte– una controversia al interior de la iglesia que no inquieta ni interesa a los habituales acusadores externos del cristianismo; sí se convierte en un motivo de escándalo cuando es la misma iglesia, y particularmente la protestante evangélica por razones obvias, la que termina traicionando su propia herencia al negar en la práctica estas doctrinas, sometiendo de nuevo a quienes se acercan a ella a los yugos opresivos y a las nociones engañosas de las que buscan librarse mediante el evangelio, constituyendo así en la iglesia una suerte de "cueva de ladrones" de la gracia y de la fe.

Ya el apóstol Pablo denunció a estos ladrones diciendo de forma tajante: *"Aquellos de entre ustedes que tratan de ser justificados por la ley, han roto con Cristo; han caído de la gracia"* (Gálatas 5:4). Con base en esta oposición mutuamente excluyente entre la gracia y las obras de la ley, el protestantismo ha sostenido siempre que la salvación y el favor de Dios se obtienen por gracia. Es decir que son un regalo, un don divino inmerecido que debe aceptarse con humildad y profunda gratitud, renunciando al mismo tiempo al intento de alcanzarlo por nuestros propios y precarios esfuerzos o méritos humanos. Pero expliquémoslo con algo más de detalle.

Los ladrones de la gracia en la iglesia son, pues, los moralistas que tratan de justificarse y obtener el favor de Dios por obras. Porque si lo miramos con atención, tenemos que coincidir con Timothy Keller cuando dijo con incuestionable contundencia que: *"Si existe un Dios, le debes todo, literalmente. Si existe un Dios, le debes mucho más que una vida decente y moral"*. Los moralistas son, entonces, los que tratan de hacerse merecedores de lo que solo puede obtenerse y recibirse humildemente como un regalo. Porque entre la gracia y las obras existe una oposición tan drástica que llevó a Pablo a afirmar: *"Y si es por gracia, ya no es por obras; porque en tal caso la gracia ya no sería gracia"* (Romanos 11:6).

La gracia siempre se encuentra amenazada en la iglesia por el orgullo humano que se resiste a aceptar como regalo algo que considera, engañosamente, que puede ganárselo con sus propios esfuerzos y logros, al mejor estilo del general sirio Naamán, dispuesto a comprarle al profeta Eliseo la sanidad de su lepra al precio que fuera, pues acudió a él llevando: *"... treinta mil monedas de plata, seis mil monedas de oro y diez mudas de ropa..."* (2 Reyes 5:5), enfureciéndose y sintiéndose ofendido por la sencilla y gratuita instrucción recibida del profeta para ser sanado de su lepra: *"... «Ve y zambúllete siete veces en el río Jordán; así tu piel sanará y quedarás limpio.»"* (2 Reyes 5:10).

Finalmente, a regañadientes accedió y, como resultado, recibió su anhelada sanidad. Sin embargo, aun así y motivado ya en este caso por la gratitud: *"... Naamán volvió con todos sus acompañantes y, presentándose ante el hombre de Dios, le dijo: —Ahora reconozco que no hay Dios en todo el mundo, sino sólo en Israel. Le ruego a usted aceptar un regalo de su servidor. Pero Eliseo respondió: —¡Tan cierto como que vive el Señor, a quien yo sirvo, que no voy a aceptar nada! Y por más que insistió Naamán, Eliseo no accedió"* (2 Reyes 5:15-16). La firme negativa de Eliseo tenía como propósito dejar en claro que la gracia no puede comprarse. Algo que reviste la mayor importancia, al punto de llevar a Pablo a declarar: *"No desecho la gracia de Dios. Si la justicia se obtuviera mediante la ley, Cristo habría muerto en vano"* (Gálatas 2:21). Desechar, pues, la gracia para optar por tratar de ganarnos el favor de Dios con nuestros esfuerzos, equivale entonces a afirmar que Cristo murió en vano.

Pero la gracia también es desechada en la iglesia por todos aquellos que se resisten a perdonar. Y una iglesia que no perdona es, sin lugar a dudas, un motivo de escándalo para el mundo, pues si los cristianos no perdonan, ¿quién más va, entonces, a hacerlo? La Biblia nos revela que la falta de perdón da lugar a una raíz amarga que termina corrompiéndolo y contaminándolo todo y a la que el autor sagrado se refirió en estos términos: *"Asegúrense de que nadie deje de alcanzar la gracia de Dios; de que ninguna raíz amarga brote y cause dificultades y corrompa a muchos"* (Hebreos 12:15). La amargura y el resentimiento de quienes se niegan a perdonar a quienes los han ofendido cierra el acceso a la gracia, no sólo para el ofendido, sino para muchos de quienes los rodean que se ven también afectados negativamente por esta situación. Después de todo el Señor dijo con claridad en el cierre del Padre Nuestro que: *"... si no perdonan a otros sus ofensas, tampoco su Padre les perdonará a ustedes las suyas"* (Mateo 6:15).

Y en cuanto a la fe, que es el medio para acceder a la gracia, su importancia también es señalada en el Nuevo Testamento con estas palabras del apóstol: *"De hecho, en el evangelio se revela la justicia que proviene de Dios, la cual es por fe de principio a fin..."* (Romanos 1:17). Pero la fe también está siendo relegada dentro de la iglesia por aquellos que han devaluado el verbo "creer" y no lo entienden de la manera en que lo entendieron y consignaron los apóstoles en los escritos del Nuevo Testamento. Los ladrones de la fe son, pues, en primer lugar, los que la entienden superficialmente y llegan a pensar que ésta consiste tan solo en suscribir un credo o una declaración doctrinal particular, desde el punto de vista intelectual, y que eso es todo lo que hay que hacer para llegar a ser un creyente, sin necesidad de cultivar una relación personal de afectiva comunión y obediencia a Dios o de mostrar una conducta que sea consecuente con lo que se cree. Este tipo de fe, por cierto, no impresiona a nadie ni reviste ningún atractivo especial para quienes observan desde afuera, por lo que esta fe devaluada también puede convertirse en un argumento en contra del cristianismo que no ve al respecto una diferencia significativa entre el estilo de vida de los creyentes y de los que no lo son.

Este tipo de fe fue denunciada con incisiva mordacidad por Santiago en su epístola: *"¿Tú crees que hay un solo Dios? ¡Magnífico! También los demonios lo creen, y tiemblan"* (Santiago 2:19). En otras palabras, los demonios también tienen una fe de esta muy cuestionable clase, al afirmar y reconocer, a su pesar, la existencia de un único Dios, y la naturaleza divina de Cristo en declaraciones de este tipo: *"Además, los espíritus malignos, al verlo, se postraban ante él, gritando: «¡Tú eres el Hijo de Dios!»"* (Marcos 3:11). Pero a pesar de esto, los demonios tiemblan, conscientes como son de su inminente y segura condenación. Santiago afirma, entonces, que si nuestra fe no es diferente a la de los demonios, no estamos en mejor posición que ellos. Y el hecho es que en la iglesia encontramos a muchos creyentes profesantes que dicen creer en Dios y estar de acuerdo con los aspectos doctrinales fundamentales del cristianismo, pero no han experimentado un transformador encuentro personal y definitivo con Cristo, por lo que la práctica de su fe no refleja tampoco la presencia de una cultivada relación de permanente y rendida confianza y obediencia a Él.

Por eso es que, hoy por hoy, es más apropiado referirse a la fe legítima con otro verbo: confiar. Éste expresa mejor la auténtica fe bíblica que el verbo creer. Confiar es creer verdaderamente. Existe una anécdota que ilustra esta situación. Se cuenta que en cierta ocasión un equilibrista tendió un cable de metal de un extremo a otro de las cataratas del Niágara para llevar a cabo allí su acto. Ante la atónita y cada vez más entusiasmada multitud que se agolpaba para observar y aclamar de manera creciente sus habilidades, procedió a cruzar con éxito en tres ocasiones la distancia que separaba una orilla de la otra, caminando sucesivamente sobre el cable, a manos libres, con una carretilla vacía y, por último, cargando en ella un saco del peso de una persona adulta. A estas alturas la muchedumbre se encontraba delirante y, aprovechando el momento, el hombre formuló la siguiente pregunta a su público: —¿Cuántos de ustedes *creen* que puedo llevar a salvo a una persona adulta, acomodada sobre la carretilla, de un lado a otro de las cataratas?— Como era de esperarse en estas circunstancias, la mayoría de las personas presentes alzaron su mano en señal de que *creían* que podía hacerlo. Pero cuando, acto seguido, el equilibrista señaló repentinamente a uno de los que tenía la mano levantada y le dijo: −¿Entonces, qué espera? ¡Súbase, por favor!−, todas las manos que se encontraban en alto cayeron súbitamente. He aquí la diferencia entre el que tan sólo *cree*, y el que verdaderamente *cree* y *confía*. Este último se *compromete* y apuesta a ello su vida, mientras que el primero se mantiene al margen sin asumir ningún riesgo.

En segundo lugar, quienes fundamentan la fe en el temor, también terminan traicionándola y negándola, confirmando la acusación de los no creyentes que rechazan la fe y se niegan a profesarla y ejercerla, por el papel dominante que muchos creyentes le asignan al temor a la hora de creer. El temor es un ladrón de la fe y quienes son víctimas de él nunca marchan con decisión por el camino trazado por la fe confiada en Cristo, pues el temor los paraliza. El contraste entre la auténtica fe confiada y la fe permanentemente temerosa lo expresa así Phillip Gulley: *"El temor es capaz de mantenernos despiertos toda la noche, pero la fe es una magnífica almohada"*. Valga decir que en la Biblia se distingue entre el temor de Dios −que es el principio de la sabiduría− y los temores serviles, compulsivos e irracionales que paralizan y dominan todavía la vida de muchos creyentes. Lo cual no significa, tampoco, volvernos temerarios, pues el instinto de conservación también viene acompañado de forma natural por temores sanos; ni mucho menos poner a prueba a Dios de manera imprudente. Pero hechas estas salvedades, el temor es inversamente proporcional a la fe al destruir y atacar la confianza que Dios nos merece y puede llegar a convertirse en una patología de tipo psicológico y espiritual.

En tercer lugar, hay creyentes que idolatran la fe, pues hay iglesias en las que se habla mucho de la fe, pero poco o nada de Dios. La fe parece más importante que Dios. Sería de esperar que cuando en la iglesia se habla de la fe, en la misma proporción se hablara también de Dios. Pero no siempre sucede así. Por eso no deja de ser inquietante el renovado interés que hoy se está concediendo a la fe en numerosas iglesias. Y es inquietante, porque preocupa ver como esta labor de recuperación de la fe no hace referencia necesariamente a la fe en Dios, sino a la fe a secas. Y si lo único que se requiere es fe, sin importar su objeto o su término, todos cumplen el requisito, pues al final todos los seres humanos manifiestan fe en algo o alguien en algún sentido. Las iglesias y el cristianismo no tendrían, entonces, nada de singular y podrían eliminarse sin perjuicio para la fe, como lo da a entender el movimiento de auto ayuda y auto superación con su desbordada promoción de la autoestima y la fe en nosotros mismos. Un movimiento que viene infiltrando cada vez más a la iglesia de manera evidente.

Esta exaltación de la autoestima y de la fe en nosotros mismos es muy peligrosa, pues se parece mucho a la promesa de ser como Dios que la serpiente le vendió a nuestros primeros padres en el Jardín del Edén y que los condujo a la desobediencia y la caída en pecado, con todas las nefastas consecuencias que esto ha tenido para la especie humana, la naturaleza y el universo entero. Es oportuno, entonces, puntualizar que la autoestima se define hoy como ese amor que profesamos hacia nuestro propio ser y que gira y converge en el *yo* y en sus más inmediatas y prioritarias necesidades e intereses. En la iglesia es preferible el término "amor propio", pues tiene además fundamento bíblico, por el uso indebido que la psicología moderna y las diferentes variantes populares del ya mencionado movimiento de autoayuda ha venido haciendo de la "autoestima", convirtiéndola en el santo grial de la vida humana, arrojando a las personas al individualismo egoísta y egocéntrico que busca "triunfar" a toda costa, levantando un altar a la autoestima y al yo, para postrarse luego en adoración delante de él, en perjuicio del lugar central que el Dios vivo y verdadero revelado en Jesucristo reclama con toda justicia en nuestras vidas.

Por eso, si como cristianos hemos de devolverle a la fe el lugar que le corresponde, no podemos hacerlo simplemente estimulando una idolatría de la fe, como la que caracteriza al ya mencionado y creciente "movimiento de la fe" que gana fuerza en la iglesia de la mano de los llamados "motivadores" que vienen sustituyendo en el púlpito a los antiguos predicadores. Definitivamente, en el cristianismo la fe no es algo desarticulado, ambiguo y sin dirección, sino que, por el contrario, tiene un término y un contenido claramente definido, como lo indicó el Señor Jesucristo: *"Tengan fe en Dios"* (Marcos 11:22). Debemos, pues, denunciar y combatir la promoción de una fe sin contenido específico que se viene haciendo en la actualidad en círculos cristianos, como si la fe fuera un molde que funciona por sí mismo, independiente de lo que contenga. Una fe que puede prescindir de Dios impunemente o, peor aún, que hace de Dios nuestro sirviente, obligado a concedernos todas las cosas en las que creamos con la fuerza suficiente. Esta no es fe en Dios, sino fe en la fe. No sobra entonces especificar un poco el contenido exacto de la fe cristiana: *"Esta es la obra de Dios: que crean en aquel a quien él envió–les respondió Jesús"* (Juan 6:29), ampliada con mayor detalle en el cierre de este mismo evangelio por el apóstol Juan: *"Jesús hizo muchas otras señales milagrosas en presencia de sus discípulos, las cuales no están registradas en este libro. Pero estas se han escrito para que ustedes crean que Jesús es el Cristo, el Hijo de Dios, y para que al creer en su nombre tengan vida"* (Juan 20:30-31). Porque ante este panorama, la pregunta abierta que el Señor Jesucristo nos dirige adquiere toda su vigencia: *"... cuando venga el Hijo del hombre, ¿encontrará fe en la tierra?"* (Lucas 18:8).

10.
Plagios, parcialidades e indolencias

"Así está escrito: «No hay un solo justo, ni siquiera uno; no hay nadie que entienda, nadie que busque a Dios. Todos se han descarriado, a una se han corrompido. No hay nadie que haga lo bueno; ¡no hay uno solo!... pues todos han pecado y están privados de la gloria de Dios"

Romanos 3:10-12, 23

Justicia es el gran clamor y el mayor anhelo de las más sensibles conciencias humanas –e incluso de las no tan sensibles– a lo largo de la historia. Y la iglesia tiene el potencial para ser una de las instituciones que más la promueve. Por eso, cuando la iglesia no honra la justicia como podría y debería, está despojando a sus miembros de una de sus más valiosas posesiones e incubando en su seno una nueva "cueva de ladrones", en este caso de la justicia, y brindando también ocasión a quienes no forman parte de ella de señalarla por esta causa. Y es que desde el punto de vista teológico, la justicia es tal vez el tema que abarca y cobija el mayor número de asuntos abordados en la Biblia y provee la clave para la comprensión de una gran cantidad de doctrinas propias del cristianismo, estrechamente relacionadas con la justicia.

Comencemos por establecer que la justicia es tanto algo que se *es*, como algo que se *hace*. En cuanto a lo primero, hablamos entonces de ser justos. Y acerca de lo último, se trata de determinar si actuamos o no con justicia. Las preguntas que debemos formularnos en este punto son:

¿es posible actuar con justicia sin ser justo, o viceversa? Y si la respuesta a ambas es negativa, ¿cuál es, pues, el orden correcto? ¿ser primero justo para poder actuar con justicia o actuar con justicia para llegar a ser justo? Y aquí es donde comienzan a aparecer los malentendidos que terminan haciendo las veces de "ladrones de la justicia" en la iglesia. Porque en realidad, no estamos aquí frente al típico dilema de ¿qué fue primero: el huevo o la gallina?, pues en la Biblia el orden es claro: hay que ser primero justo para actuar con justicia de manera consistente y auténtica.

Por eso, las primeras traiciones a la justicia en la iglesia corren por cuenta de quienes invierten los términos y plagian de este modo la genuina justicia al pensar de manera ingenua, engañosa y contraria a las Escrituras, que se puede llegar a ser justo realizando actos de justicia. Los griegos así lo creían. Aristóteles dijo que: *"La excelencia moral es resultado del hábito. Nos volvemos justos realizando actos de justicia"*. Y los judíos del Antiguo Testamento también pensaban así; circunstancia que llevó al apóstol Pablo a referirse a sus propios compatriotas con estas palabras de censura: *"Hermanos, el deseo de mi corazón, y mi oración a Dios por los israelitas, es que lleguen a ser salvos. Puedo declarar a favor de ellos que muestran celo por Dios, pero su celo no se basa en el conocimiento. No conociendo la justicia que proviene de Dios, y procurando establecer la suya propia, no se sometieron a la justicia de Dios"* (Romanos 10:1-3).

El apóstol alude aquí al infructuoso pero obsesivo intento del pueblo judío de llegar a ser declarados justos practicando la justicia conforme a lo establecido en la ley, ignorando y negándose así a obtener la condición de justos recibiéndola de Dios de forma gratuita y humilde mediante la fe en Cristo Jesús, el mesías prometido. Intento que a lo único que contribuyó fue a fomentar el orgullo, la ostentación y los alardes de afectada justicia de los que hacían ya gala los fariseos del primer siglo. Alardes tan fastidiosos y repelentes que le dan la razón a Miguel de Unamuno cuando dijo: *"Los que se creen justos suelen ser unos arrogantes que van a deprimir a otros con la ostentación de su justicia... si no su gloria les resultaría insípida"*. Una justicia que deja mucho que desear y que está muy lejos de alcanzar la norma establecida en el evangelio, que como ya lo vimos, colocó la vara mucho más alta de donde la había puesto el judaísmo del Antiguo Testamento.

Para poner las cosas en orden hay que puntualizar antes que nada, que los seres humanos somos injustos desde que nacemos por causa de la propensión o inclinación al pecado y la desobediencia –o lo que es lo mismo: a la injusticia– con la que todos nacemos, que nos lleva a pecar de muchas formas más temprano que tarde, en lo que la teología cristiana ha designado como la doctrina del pecado original. Sin entrar en profundidades teológicas, basta observar el comportamiento de un niño durante un tiempo prudencial para corroborar lo anterior. Tanto que para refutar a Pelagio, monje británico de la antigua Roma que negó la doctrina del pecado original, John Ortberg dijo simplemente: *"Pelagio, por supuesto, no tuvo hijos"*, pues cualquier padre medianamente razonable estaría en desacuerdo con Pelagio. Se hacen, incluso, bromas al respecto, como la anécdota de un conferencista sin hijos que dictaba una charla titulada *Reglas para criar a los hijos.* Tan pronto tuvo hijos cambió el título de la conferencia, llamándola *Sugerencias para criar a los hijos.* Y cuando los hijos llegaron a la adolescencia canceló la conferencia.

Es por esta deficiencia endémica padecida por toda la raza humana en el planeta Tierra que no podemos llegar a ser justos simplemente llevando a cabo actos de justicia. Con eso a lo sumo podremos parecer justos, pero nunca seremos verdaderamente justos. Sin embargo, antes de mirar la alternativa: esto es, ser justos para poder actuar con justicia; veamos una manera diferente en que la iglesia–o por lo menos un significativo número de creyentes–, traiciona también la justicia ofreciendo un espectáculo deplorable a los no creyentes que los observan de forma inquisitiva. Esta no es otra que la actitud vengativa, asociada muy de cerca con la ya mencionada falta de perdón. Porque la actitud vengativa está en clara oposición al espíritu del evangelio, en vista del ejemplo provisto por Cristo, y también en abierto enfrentamiento con la justicia, así pretenda obrar en nombre de ella.

Y es que en el cristianismo ni siquiera el hecho de ser víctimas de las injusticias de otros nos autoriza para tomar la justicia en nuestras manos. Más bien, desde la perspectiva cristiana, es preferible padecer la injusticia que cometerla, como lo expresó el apóstol al revelarnos que en la iglesia es mejor un mal arreglo que un buen pleito:: *"En realidad, ya es una grave falla el solo hecho de que haya pleitos entre ustedes. ¿No sería mejor soportar la injusticia?¿No sería mejor dejar que los defrauden? Lejos de eso, son ustedes los que defraudan y comete injusticias, ¡y conste que se trata de sus hermanos!"* (1 Corintios 6:7-8). De hecho, en la tradición jurídica del Occidente cristiano nociones como "la presunción de inocencia" y "el beneficio de la duda" son expresiones concretas de esta convicción, como lo dijo Karl Popper: *"Preferimos un orden que garantice una plena protección legal incluso de los criminales de forma que no sean castigados en los casos en que existe duda... a otro en el cual incluso aquellos que son inocentes... no puedan encontrar la protección legal y sean castigados incluso cuando su inocencia es manifiesta".*

Pablo aborda ya el tema de manera directa e inequívoca cuando dice: *"No paguen a nadie mal por mal. Procuren hacer lo bueno delante de todos. Si es posible, y en cuanto dependa de ustedes, vivan en paz con todos. No tomen venganza, hermanos míos, sino dejen el castigo en las manos de Dios, porque está escrito: «Mía es la venganza; yo pagaré», dice el Señor. Antes bien, «Si tu enemigo tiene hambre, dale de comer; si tiene sed, dale de beber. Actuando así, harás que se avergüence de su conducta.» No te dejes vencer por el mal; al contrario, vence el mal con el bien"* (Romanos 12:17-21). El vengativo nunca actúa con justicia, pues, como lo complementa Santiago: *"... la ira humana no produce la vida justa que Dios quiere"* (Santiago 1:20) y, debido a sus inevitables excesos, desemboca en un círculo vicioso de venganzas y contravenganzas que, como una bola de nieve, crece cada vez más sin detenerse.

Y si bien ya lo habíamos identificado en el capítulo 2 como uno de los motivos de escándalo que ofrecen los cristianos, acudiendo precisamente a la epístola de Santiago, debemos volver a denunciar aquí también a los creyentes parcializados. Los que hacen acepción de personas y ejercen favoritismos arbitrarios en el trato con sus semejantes. La Biblia es clara a este respecto: *"Porque con Dios no hay favoritismos"* (Romanos 2:11). Esto no se trata, sin embargo, de que no haya lugar para las afinidades, simpatías, afectos o preferencias personales; sino que se trata más bien de no favorecer arbitrariamente a alguien, en perjuicio de otros a quienes se perjudica o no se les da el trato digno que merecen, sin que haya ninguna causa justificada para hacerlo. La corrupción, una pandemia de la clase política de las naciones tercermundistas que lo contamina todo sin respetar ni siquiera a la iglesia es, de hecho, una de las formas más indignantes de parcialidad que pone en evidencia la injusticia de quienes, mediante el pago de sobornos, cohechos, desfalcos, peculados y malversaciones de todo tipo, favorecen a unos pocos en perjuicio de muchos.

Vale la pena mencionar una clase muy particular y sutil de parcialidad que puede estar afectando a muchos creyentes, como lo es la negativa a compartirles el evangelio con generosidad y sin discriminaciones a todos aquellos a quienes tenemos la oportunidad de hacerlo. El apóstol Pedro fue, en principio, víctima de este sesgo cuando se negaba a hablarles del evangelio a los gentiles y sólo lo hacía con los judíos, pero Dios lo condujo sin darle opciones a la casa de un gentil, el centurión romano Cornelio, para que le anunciara también a él y a su familia el evangelio de Cristo y sólo mediante esta experiencia Pedro pudo comprender y corregir este injusto sesgo, como él mismo lo reconoció en su momento: *"... -Ahora comprendo que en realidad para Dios no hay favoritismos, sino que en toda nación él ve con agrado a los que le temen y actúan con justicia"* (Hechos 10:34-35).

La parcialidad es, además, el caldo de cultivo de otro tipo de injusticia que reviste mayor gravedad en la iglesia y que se tocó tangencialmente en el capítulo 8: la indolencia social. Es decir, los que son indiferentes a la justicia social. El protestantismo evangélico ha sido especialmente vulnerable a este mal debido a su característico énfasis en la evangelización, en la fe y en la conversión personal y su correspondiente condenación de las buenas obras como medio de salvación. En un contexto como éste es fácil que lleguen a ignorarse las implicaciones sociales del evangelio, tales como el servicio y la acción social, imprescindibles para establecer la tan anhelada justicia social tal y como aparece repetidamente en las arengas y denuncias de los profetas del Antiguo Testamento. La acción y el servicio social se terminan viendo con sospecha y recelo pues se teme equivocadamente que al practicarlos estamos cayendo de nuevo en el error de pensar que la salvación es por obras.

No olvidemos que la indolencia social de amplios sectores de una iglesia que hacía al mismo tiempo ostentación de sus riquezas, fue una de las motivaciones y de los pretextos que abonaron el surgimiento de ideologías seculares como el marxismo y el comunismo ateo, a la par con sus equivalentes eclesiásticos en movimientos como la teología de la liberación que, para resolver las injusticias sociales a las que la iglesia ha sido indiferente, optan por la revolución armada en la que el remedio termina siendo peor que la enfermedad. Y si bien es cierto que no se puede alcanzar la justicia social por medio de la guerra, también lo es que tampoco se puede lograr la paz sin justicia social. Por eso la impunidad en todas sus formas, desde la que ampara a la corrupción y al desgreño administrativo en las altas esferas de gobierno, hasta la que hace la vista gorda ante infracciones menores, fomenta el delito y la injusticia social. Haríamos bien, pues, en atender a lo dicho por el profeta: *"El producto de la justicia será la paz; tranquilidad y seguridad perpetuas serán su fruto"* (Isaías 32:17).

La alternativa que el evangelio nos brinda ante este patético panorama de una humanidad injusta tratando de parecer justa, honrando en la superficie la justicia de manera necesariamente precaria y engañosa; es transformarnos en gente justa para que únicamente así podamos comenzar a practicar la justicia de forma consistente y coherente con nuestro nuevo y recién adquirido carácter de justos. Leámoslo en la pluma del apóstol Pablo: *"Pero ahora, sin la mediación de la ley, se ha manifestado la justicia de Dios, de la que dan testimonio la ley y los profetas. Esta justicia de Dios llega, mediante la fe en Jesucristo, a todos los que creen. De hecho, no hay distinción, pues todos han pecado y están privados de la gloria de Dios, pero por su gracia son justificados gratuitamente mediante la redención que Cristo Jesús efectuó. Dios lo ofreció como un sacrificio de expiación que se recibe por la fe en su sangre, para así demostrar su justicia. Anteriormente, en su paciencia, Dios había pasado por alto los pecados; pero en el tiempo presente ha ofrecido a Jesucristo para manifestar su justicia. De este modo Dios es justo y, a la vez, el que justifica a los que tienen fe en Jesús"* (Romanos 3:21-26). Concluyendo un poco más adelante de manera sintética: *"En consecuencia, ya que hemos sido justificados mediante la fe, tenemos paz con Dios por medio de nuestro Señor Jesucristo"* (Romanos 5:1).

¡Hemos sido justificados! No se trata tan sólo de ser absueltos de culpa, o declarados inocentes en el tribunal divino, sino de ser constituidos y declarados justos, para ahora sí, habiendo cumplido la previa y necesaria condición de ser justos, poder practicar con toda ventaja actos de justicia acordes con nuestra nueva condición, no ya para tratar o aparentar ser justos, sino como consecuencia de serlo, puesto que: *"Al que no cometió pecado alguno, por nosotros Dios lo trató como pecador, para que en él recibiéramos la justicia de Dios"* (2 Corintios 5:21); o mejor aún: *"Porque Cristo murió por los pecados una vez por todas, el justo por los injustos, a fin de llevarlos a ustedes a Dios..."* (1 Pedro 3:18). Después de todo, el nuevo pacto suscrito por Dios con la humanidad entera y no sólo con los judíos en el evangelio, fue ya descrito con estas palabras por el profeta Jeremías: *"Haré que haya coherencia entre su pensamiento y su conducta, a fin de que siempre me teman, para su propio bien y el de sus hijos"* (Jeremías 32:39). Porque coherencia es de lo que carecen los injustos tratando de obrar con superficial justicia. Pero al justificarnos o declararnos justos por la fe en Cristo, podemos entonces actuar con coherencia, pues al actuar con justicia estaremos obrando ahora en concordancia con lo que ya somos.

Este es, en consecuencia, el enfoque correcto de la justicia en la iglesia y todo planteamiento diferente no le hace justicia a la justicia. Por eso, con todo esto en mente, se entiende el deseo expresado por el apóstol Pablo al declarar: *"... No quiero mi propia justicia que procede de la ley, sino la que se obtiene mediante la fe en Cristo, la justicia que procede de Dios, basada en la fe"* (Filipenses 3:9). Deseo que todo creyente debería compartir y suscribir personalmente para llegar a ser lo más coherente posible en su práctica de la justicia y ofrecer así un ejemplo digno de imitar a quienes se hallan al margen del evangelio, estimulándolos a no quedarse allí sino a acogerse a él por medio de la fe que nos justifica y nos capacita para actuar con consistente justicia en nuestro diario vivir.

11.
Respondiendo por nuestros actos

"Así que cada uno de nosotros tendrá que dar cuentas de sí a Dios"

Romanos 14:12

El Dr. Alfonso Ropero dijo en cierta oportunidad que: *"El cristianismo es un ejercicio de responsabilidad. Se distingue el verdadero del falso precisamente en su grado de responsabilidad".* Ciertamente, si el ser humano es, dentro de toda la creación material de Dios: *"el único ser que es libre en el sentido de deliberación, decisión y responsabilidad"* en palabras de Paul Tillich; con mayor razón los cristianos, a quienes el conocimiento de la verdad nos ha hecho verdaderamente libres conforme al anuncio evangélico de Juan 8:32 y 36, debemos reconocer la responsabilidad como el primero y principal de nuestros deberes y ser un ejemplo del correcto ejercicio de ella. Pero aquí también hemos dado motivo de escándalo permitiendo que los ladrones de la responsabilidad transformen nuestras casas de oración en cuevas de ladrones.

Comencemos por dejar constancia que el mundo en general padece una crisis de responsabilidad. Veamos los síntomas. Vivimos hoy en "sociedades de derecho". Esto significa, en la práctica, que ya no se habla de *deberes* sino de *derechos*. En efecto, ya no nos interesa lo que *debemos* hacer sino de lo que *podemos* hacer. Ya no respondemos, sino que nos quejamos. Ya no rendimos informes, sino que formulamos pliegos de peticiones. Ya no ofrecemos disculpas, sino que esgrimimos excusas. Nos preocupa más el mundo que le vamos a dejar a nuestros hijos que los hijos que le vamos a dejar al mundo. Y si bien es cierto que los gobiernos no pueden imponer deberes sin garantizar derechos, también lo es que los individuos no podemos reclamar derechos sin cumplir deberes. A manera de ejemplo, las leyes federales de bancarrota de los EE.UU. están diseñadas para *"empezar de nuevo libres de las obligaciones y responsabilidades derivados de los infortunios financieros"*, siendo, por tanto, muy controvertidas, pues ponen sobre la mesa: *"el choque entre valores estadounidenses opuestos: el derecho a empezar de nuevo contra la idea de que la gente debe responsabilizarse de sus actos"*.

Por eso, sin dejar de sostener que, como lo revela la Biblia y lo ratificó en su momento el Señor Jesucristo, Dios es misericordioso; no podemos olvidar que eso no lo convierte en un alcahuete y si bien la conversión y el nuevo nacimiento nos permiten comenzar de nuevo, esto no nos autoriza para eludir las responsabilidades que hemos adquirido antes de la conversión, pues en último término nadie podrá huir de sus responsabilidades tratando de evadirlas. Es ilustrativa la instrucción dada por Cristo a los apóstoles para que llevaran a cabo un gesto simbólico indicando con él que habían salvado su responsabilidad en todo lugar al que llegaban, así no hubieran sido bien recibidos: *"Si no los reciben bien, al salir de ese pueblo, sacúdanse el polvo de los pies como un testimonio contra sus habitantes"* (Lucas 9:5). Este gesto daba, pues, a entender que habían cumplido su deber y tenían su conciencia tranquila delante de Dios, de modo que si los habitantes de ese pueblo se condenaban, no se debería a la irresponsabilidad de los apóstoles sino a la de los mismos habitantes del pueblo que los había rechazado. Ellos salvaban su responsabilidad sin tratar de eludirla al sacudir el polvo de sus pies.

Pero los ladrones de la responsabilidad de hoy en la iglesia ya no la salvan sacudiendo el polvo de sus pies, como los apóstoles; sino que procuran eludirla sin éxito, lavando sus manos como Pilato: *"Cuando Pilato vio que no conseguía nada, sino que más bien se estaba formando un tumulto, pidió agua y se lavó las manos delante de la gente. −Soy inocente de la sangre de este hombre −dijo−. ¡Allá ustedes!"* (Mateo 27:24). En consecuencia, hay básicamente dos clases de ladrones de la responsabilidad que, aún en las iglesias, terminan conformando su muy particular y siempre escandalosa "cueva de ladrones". Estos son, entonces, los que se lavan las manos culpando a los otros y los que se lavan las manos culpando a Dios.

Comencemos por los primeros: los que culpan a otros. Tal vez quien mejor resumió esta postura en la reciente modernidad fue el filósofo francés Juan Jacobo Rousseau con su conocida frase: *"El hombre nace puro y la sociedad lo corrompe"*. Es decir que la sociedad es la responsable, no nosotros. Los culpables entonces pueden ser los padres, los gobernantes, los cónyuges, los jefes, etc., o todos ellos juntos; pero nunca nosotros. Nosotros únicamente hemos sido víctimas inocentes de las circunstancias que nos ha tocado vivir. Desde que Adán culpara a Eva y ésta, a su vez, a la serpiente cuando Dios les pidió cuentas de sus actos, esta forma de lavarse las manos ha estado a disposición de todos los hombres. Pero fueron los judíos quienes inauguraron esta postura dentro del pueblo de Dios a la manera de Rousseau y mucho antes de él. Ellos citaban repetidamente un refrán que se había vuelto muy popular para eludir su responsabilidad: *"Los padres comieron uvas agrias, y a los hijos se les destemplaron los dientes"* (Ezequiel 18:1). De este modo culpaban a sus padres de su suerte y del estado de cosas en que les había tocado vivir y no asumían su responsabilidad para tratar de cambiarlo favorablemente.

Ahora bien, Éxodo 20:5 nos revela que: *"... Cuando los padres son malvados y me odian, yo castigo a sus hijos hasta la tercera y cuarta generación"*, pasaje que seguramente había sido interpretado por los judíos de manera cómoda y equivocada para indicar que los responsables de todo no eran ellos sino sus padres y que no había nada que hacer al respecto. Pero Dios es justo y con esto nunca quiso dar a entender que "los justos pagan por los pecadores" –como muchos lo afirman– o, en otras palabras, que los hijos sean *culpables* o *responsables* de los pecados de sus padres, ni tampoco que la *culpabilidad* o *responsabilidad* de los padres exima a sus hijos de asumir su propia *culpabilidad* respondiendo de manera personal por sus propios actos. Más bien lo que este pasaje nos revela es que las *consecuencias* de los pecados de los padres afectan a sus hijos y descendientes por varias generaciones.

Esto explica por qué muchas prácticas moralmente censurables se repiten con frecuencia de generación en generación y dan la impresión de que fuera un destino o maldición inmodificable en la que se encontraran atrapadas todas las generaciones de una saga, como si sus pecados fueran un asunto de familia. Pero a pesar de que, sin lugar a dudas, el ejemplo de los padres determina en buena medida la repetición de estos mismos actos por sucesivas generaciones de hijos o descendientes; no por esto los hijos pueden excusarse señalando el ejemplo de sus padres, escudándose en una mal entendida solidaridad de familia, como intentaron sin éxito hacerlo los judíos de la época de Ezequiel con el amañado refrán, pues el Señor lo dejó sin piso estableciendo sin atenuantes la responsabilidad individual y personal: *"Pero ustedes preguntan: «¿Por qué no carga el hijo con las culpas de su padre?» ¡Porque el hijo era justo y recto, pues obedeció mis decretos y los puso en práctica! ¡Tal hijo merece vivir! Todo el que peque, merece la muerte, pero ningún hijo cargará con la culpa de su padre, ni ningún padre con la del hijo: al justo se le pagará con justicia y al malvado se le pagará con maldad"* (Ezequiel 18:18-20), concluyendo con esta desafiante y esperanzadora verdad: *"... la maldad del impío no le será motivo de tropiezo si se convierte"* (Ezequiel 33:18).

Porque lo cierto es que los seres humanos no nos encontramos atrapados en un destino rígido e inmodificable, sino que si nos volvemos a Dios podemos romper los esquemas que se nos hayan impuesto a pesar del poder determinante que estos tengan en nuestra vida y ejercer nuestra responsabilidad como corresponde, con toda la solvencia del caso. De hecho, basta señalar la evidencia abundante de personas sometidas a condiciones similares pero con rumbos diametralmente diferentes en la vida para echar por tierra la frase de Rousseau: *"el hombre nace puro y la sociedad lo corrompe"*. En otras palabras, no todos los que estuvieron sometidos a circunstancias y ambientes similares a los de la niñez y juventud de Adolfo Hitler, se convirtieron cuando adultos en desquiciados y crueles dictadores, tiranos y déspotas.

Y a propósito de Hitler, Viktor Frankl, psiquiatra judío sobreviviente de los campos de concentración nazis se dio a la tarea de observar y registrar desde una perspectiva científica la conducta de los hombres sometidos a las inhumanas condiciones de un campo de concentración y llegó al convencimiento de que *"Al hombre se le puede arrebatar todo salvo...la última de las libertades humanas la elección de la actitud personal ante un conjunto de circunstancias– para decidir su propio camino"*. En efecto, continua diciendo Frankl que *"o bien se reconoce la libertad decisoria del hombre a favor o contra Dios,... o toda religión es un espejismo"*. Concluye Frankl diciendo que: *"En los campos de concentración,... aquel laboratorio vivo,... observábamos y éramos testigos de que algunos de nuestros camaradas actuaban como cerdos mientras que otros se comportaban como santos. El hombre tiene dentro de sí ambas potencias; de sus decisiones y no de sus condiciones depende cuál de ellas se manifieste... hemos llegado a saber lo que realmente es el hombre. Después de todo, el hombre es ese ser que ha inventado las cámaras de gas de Auschwitz, pero también es el ser que ha entrado en esas cámaras con la cabeza erguida y el Padrenuestro o el Shema Yisrael en sus labios".*

Por otro lado, uno de los abusos en que incurren los cristianos apoyados en la soberanía de Dios por la cual nada puede suceder sin que Él lo determine o permita, es terminar trasladando y proyectando sutilmente en Dios sus propias culpas. Este sesgo no toma en cuenta que la Biblia sostiene igualmente que al margen de que nuestros actos deban concurrir final e inevitablemente con la voluntad soberana de Dios; cada uno de nosotros debe responder por sus acciones y decisiones y puede ser legítimamente inculpado y condenado por obrar mal. Es decir que, aunque sea un misterio cabalmente incomprensible para la razón humana; todos quienes obran mal pueden ser justamente condenados por ello, a pesar de que Dios lo hubiera previsto y decidiera servirse de esos males para el cumplimiento de sus buenos propósitos, pues de cualquier modo lo hicieron de manera consciente y voluntaria.

No podemos culpar a Dios para eludir nuestra responsabilidad, a la manera de aquellos a quienes Pablo se dirige diciendo: *"Pero tú me dirás: «Entonces, ¿por qué todavía nos echa la culpa Dios? ¿Quién puede oponerse a su voluntad?» Respondo: ¿Quién eres tú para pedirle cuentas a Dios? «Acaso la dirá la olla de barro al que la modeló: "¿Por qué me hiciste así?"» ¿No tiene derecho el alfarero de hacer del mismo barro unas vasijas para usos especiales y otras para fines ordinarios?"* (Romanos 9:19-21). No podemos, entonces, utilizar la soberanía de Dios como excusa para justificar el pecado humano, apelando así a sofismas de distracción para no reconocer que estamos convirtiendo nuestros templos en cuevas de ladrones de la responsabilidad con todo el escándalo que esto conlleva para el carácter de Dios y para la iglesia ante el mundo.

Lamentablemente, ciertos sectores de la ciencia también han terminado brindando argumentos a los ladrones de la responsabilidad, pues no puede negarse que con sus estudios sobre el comportamiento humano, la psicología y la neurología han logrado explicar con acierto algunos de los procesos internos que tienen lugar en el cerebro y que dan como resultado una conducta humana determinada. De ahí que el conductismo, una escuela psicológica que mantiene mucha vigencia, afirme que cualquier conducta deseada se puede desencadenar automáticamente si la persona es sometida a ciertos estímulos externos debidamente controlados, como si fuéramos animales de laboratorio que responden siempre del mismo modo a las manipulaciones del científico de turno, de modo que el comportamiento humano podría llegar a programarse mediante algoritmos, como se programa un computador.

Es obvio que en un contexto como éste la responsabilidad desaparece, pues actuamos sencillamente de la manera en que fuimos programados para hacerlo, sin que exista responsabilidad de nuestra parte. Asimismo, otros estudios neurológicos llevados a cabo en la mente de criminales seleccionados han llegado a afirmar que estos personajes tienen cierta predisposición congénita al crimen, pues el funcionamiento de sus cerebros es presuntamente diferente al de las personas normales, por lo cual no serían responsables de haber violado o asesinado a sus víctimas, pues su predisposición congénita al delito prácticamente los "predestinaría" de manera determinista y fatalista a cometer crímenes. Pero cabe preguntarse si no se estarán confundiendo en estos casos los síntomas y los efectos con las verdaderas causas. Dicho de otro modo, ¿no será que el funcionamiento particular de los cerebros de los criminales es el síntoma, la consecuencia o el resultado de su decisión de ser criminales y no la causa de ello? Alternativa que es desestimada por ciertas corrientes de pensamiento supuestamente científico como el llamado "darwinismo social" y la "sociobiología" con su absurda teoría del "gen egoísta" que afirma que aunque nos parezca que podemos decidir sobre nuestros actos, en realidad estamos engañados, pues no somos nosotros quienes decidimos sino nuestros genes que nos controlan y nos utilizan como idiotas útiles para sus propios propósitos e intereses oscuros de supervivencia evolutiva en lo que parece más bien la trama de un "thriller" de ficción de Hollywood o de la novela distópica de Aldoux Huxley *Un Mundo Feliz*.

Ahora bien, la Biblia nos revela que cuando estamos alejados de Cristo el pecado nos domina y esclaviza, pero en el evangelio no importa cuán determinantes puedan llegar a ser las influencias que tienden a definir nuestro ser, puesto que cuando nos volvemos arrepentidos y de manera consciente, voluntaria y resuelta a Cristo como respuesta a su llamado, encontramos en él todo el poder para romper el dominio del pecado sobre nuestras vidas. La conversión opera en la persona un cambio drástico y favorable facultándonos para asumir con ventaja nuestra responsabilidad en la historia. Por lo tanto, a partir de Cristo no hay excusa para seguir siendo ladrones de la responsabilidad, pues aunque no podamos conciliarlos mediante las limitadas capacidades de nuestra razón, la absoluta soberanía de Dios y el libre albedrío humano no son incompatibles, sino complementarios, pero por obvias razones el libre albedrío siempre debe estar subordinado a la soberanía de Dios, como lo veremos de nuevo más adelante.

Sin embargo, las transformaciones favorables que la conversión a Cristo trae aparejadas no significa que los creyentes ya están por encima del bien y del mal y no pecan de ningún modo, algo no sólo contrario a la experiencia, sino a la revelación en las Escrituras, por lo que quienes pretenden que la iglesia no tiene ya relación con el pecado están muy equivocados y le prestan, por tanto, un muy flaco servicio al cristianismo, constituyendo un nuevo foco de escándalo al generar expectativas irreales que se ven frustradas a las primeras de cambio y que terminan confundiendo conceptos fundamentales en el evangelio como integridad e impecabilidad, confusión que conduce a muchos a pensar que si se logra desmentir la impecabilidad de la iglesia, entonces su integridad y credibilidad también queda en entredicho, algo de lo que nos ocuparemos en el siguiente capítulo.

12.
¿Integridad o impecabilidad?

*"Hazme justicia, oh SEÑOR, porque yo en mi integridad he andado, y
en el SEÑOR he confiado sin titubear"*

Salmo 26:1 (LBLA)

La declaración del rey David en el encabezado parece una manifestación de descarado cinismo de su parte si tenemos en cuenta, entre otros, su conocido pecado de adulterio con Betsabé y su autoría intelectual en el asesinato de su esposo Urías el hitita. Esta impresión surge del hecho de que siempre asociamos la integridad con la impecabilidad. Pero integridad no es por necesidad un sinónimo de impecabilidad. Ahora bien, en algunos contextos el significado primario –pero no exclusivo ni excluyente– de la palabra "integridad" es, ciertamente, probidad, honradez, rectitud o entereza moral. Pero en otros puede significar ante todo la calidad de íntegro por la cual algo está completo, con todas las partes en su lugar, sin que le falte nada de lo que es propio de su ser. En estos casos integridad es, pues, sinónimo de totalidad y no de impecabilidad. Una persona íntegra no es, entonces de manera fundamental, alguien intachable en el sentido de no cometer ningún pecado, sino una persona cabal, completa, sensata, equilibrada y madura. Alguien de una sola pieza.

Así, ni el rey David ni ningún ser humano diferente a Jesucristo a lo largo de la historia, puede afirmar integridad absoluta en el primer sentido de la palabra. Pero los cristianos deben estar en condiciones de declarar integridad junto con el rey David en el segundo de sus sentidos, sin perjuicio de una sobresaliente pero siempre relativa integridad moral que nunca puede, no obstante, igualarse sin más a una absoluta impecabilidad. La confusión al respecto ha llevado a algunos de los detractores del cristianismo a pensar que, si pueden demostrar que la iglesia en general y los creyentes en particular no son impecables –algo que no es para nada difícil– podrán también despojarla de su integridad y credibilidad para todos los efectos.

En realidad, la iglesia puede ser más motivo de escándalo cuando carece de integridad en el segundo de los sentidos de la palabra que en el primero de ellos, pues dado el universal reconocimiento de que en nuestras actuales condiciones nadie es perfecto y que errar es humano, nadie puede, por tanto, exigirle a la iglesia perfección absoluta en un sentido moral, sino tan sólo una moralidad ejemplar significativamente superior a la de los no creyentes y nada más. Por eso, más que pretender ser íntegros en cuanto a ostentar una utópica y por lo pronto inalcanzable impecabilidad absoluta, lo que debemos es exhibir una integridad por la que los miembros de la iglesia se muestren sobrios, equilibrados, balanceados, moderados, sensatos y maduros en todo lo que hacen, sin pretender por ello ser impecables. Porque si caemos en el juego de confundir integridad con impecabilidad no sólo terminaremos a la postre escandalizando al mundo con nuestros inevitables pecados, sino también con nuestra carencia de integridad, que sí es algo alcanzable y por lo mismo, imperativo para todos los cristianos. Y de este modo estaremos contribuyendo a configurar una nueva cueva de ladrones en la iglesia: los ladrones de la integridad.

La integridad tiene que ver siempre con alejarnos de los excesos y de las posturas extremas. Sobre todo en estos tiempos en que, a pesar del discurso a favor de la tolerancia y la inclusión por parte de las corrientes que alimentan el llamado "pensamiento políticamente correcto" que trataremos en su momento; las polarizaciones, radicalizaciones y descalificaciones rotundas y ofensivas hacia quienes no piensan como nosotros y se ubican, por lo mismo, en el otro extremo del espectro están siempre a flor de piel, fomentadas por el fácil acceso de todo el mundo a las redes sociales para opinar y pontificar desde allí sobre lo humano y lo divino de manera muchas veces agresiva, en una época en que, a pesar del fácil acceso a todo tipo de información sin ningún criterio, proliferan por esta causa las "fakenews" o noticias falsas, dando lugar a un periodo de nuestra historia caracterizado por tal desinformación y confusión generalizada que muchos lo designan ya como la "era de la posverdad".

Veamos, entonces, las actitudes y conductas típicas mediante las cuales los creyentes terminan incubando en la iglesia la cueva de los ladrones de la integridad y escandalizando por la misma causa al mundo. Y es que han sido justamente los excesos, los extremos y los puntos ciegos en nuestra visión los que han ocasionado problemas y mala prensa al cristianismo a lo largo de la historia y han dado lugar, incluso, a muchas de las herejías más conocidas. Los creyentes que frecuentan o se ubican en los extremos en la práctica de su fe terminan tan concentrados en el tema de su interés que, a la par, descuidan casi por completo y de manera culpable otros aspectos complementarios de la fe tan importantes como aquel, pero ubicados en el polo opuesto sin que por ellos sean incompatibles ni mucho menos. Son, pues, las actitudes extremistas y descalificadoras hacia quienes no las comparten por igual las que sacrifican la necesaria integridad de la iglesia con todo lo que esto implica para su credibilidad.

Uno de estos extremos lo ocupan aquellos a quienes podríamos llamar los literalistas. Es decir aquellos que se concentran en la letra y se olvidan del Espíritu, pasando por alto que: *"Él nos ha capacitado para ser servidores de un nuevo pacto, no el de la letra sino el del Espíritu; porque la letra mata, pero el Espíritu da vida"* (2 Corintios 3:6). Y es que existe un representativo número de creyentes que citan la Biblia de memoria con mucha facilidad, pero ni la entienden ni la viven realmente. Conocen y recitan las Escrituras e incluso las doctrinas fundamentales del cristianismo, pero aun así su vivencia de la fe suele ser fría, apagada, rígida, acartonada, carente de poder, de entusiasmo, y con mucha frecuencia, viven en derrota. Tienen la letra y la conocen, pero carecen del poder para cumplirla y obtener sus beneficios. Muchas iglesias y denominaciones históricas dentro del protestantismo encajan en esta descripción, fieles sobre el papel a la Biblia y a la sana doctrina, pero languideciendo y carentes de vitalidad, decreciendo numéricamente día a día y viviendo en muchos casos de las glorias pasadas y nada más, ajenos a la integridad que debería existir entre la letra y el Espíritu.

Pero por el otro lado encontramos a los espiritualistas que, en nombre de la libertad del Espíritu, se declaran por encima e incluso al margen de la letra de la ley, pasando también por alto lo dicho por el Señor: *"»No piensen que he venido a anular la ley o los profetas; no he venido a anularlos, sino a darles cumplimiento. Les aseguro que mientras existan el cielo y la tierra, ni una letra ni una tilde de la ley desaparecerán hasta que todo se haya cumplido"* (Mateo 5:17-18). Creyentes entusiastas que, en nombre del Espíritu, pretenden pasarse por alto la letra de la ley y no la toman en consideración con la seriedad que requiere. Para ellos, como ya lo señalábamos en relación con el pentecostalismo, lo importante es tener experiencias místicas y sobrenaturales intensamente emocionales atribuibles directamente al Espíritu de Dios; pero no estudiar la Biblia para conocerla y obedecerla todos los días.

Los espiritualistas son, pues, románticos perdidos y empedernidos que quieren sentir a toda costa y no tener que pensar, estudiar y aprender con esfuerzo y disciplina. Y lo que los creyentes espiritualistas necesitan es, justamente y como ya lo dijimos, sentir menos y pensar más. Pensar conforme a la letra de la Biblia. Sólo así obtendrán convicciones firmes, como Dios quiere, asumiendo toda emoción, experiencia o vivencia sobrenatural con beneficio de inventario, como un valor agregado, como una ganancia adicional a nuestras convicciones bíblicas que, sin embargo, no le añaden ni quitan nada de lo esencial a nuestras creencias. De lo contrario, pueden llegar a convertirse en veletas movidas únicamente por lo que sienten, susceptibles de ser extraviados con facilidad de la fe: *"... por todo viento de enseñanza y por la astucia y los artificios de quienes emplean artimañas engañosas"* (Efesios 4:14) convirtiéndose en potenciales e inadvertidos herejes, cuando no en apóstatas que abandonan la fe a la menor dificultad que tengan que enfrentar por causa de ella.

El pastor Darío Silva-Silva utiliza dos gráficas ilustraciones para promover la integridad cristiana a este respecto: La primera compara La Biblia (la letra) con un tren y al Espíritu Santo con los rieles. El tren sin rieles se descarrila. Los rieles sin tren no conducen a ningún lado. La segunda compara la Biblia con la chimenea y al Espíritu Santo con el fuego. La chimenea sin fuego no calienta a nadie, pero el fuego por fuera de la chimenea puede causar un incendio. Estas imágenes nos

¿INTEGRIDAD O IMPECABILIDAD?

muestran que la relación correcta entre la letra y el Espíritu no es de enfrentamiento sino de complementaridad y armonía entre sí. Dios no nos pone a escoger entre los dos. Debemos unir la letra con el Espíritu de manera equilibrada, íntegra e integral, puesto que la letra y el Espíritu están indisoluble e íntimamente relacionados. El Espíritu Santo inspira la letra y la letra es el producto de la inspiración del Espíritu Santo. Por eso no podemos separarlos en la práctica cristiana, pues no hay oposición entre ellos. La letra sin el poder del Espíritu no sirve de mucho, pues lo único que logra es hacernos conscientes y convencernos de que somos transgresores de ella; pero no nos da el poder para obedecerla, pues este poder sólo lo puede otorgar el Espíritu.

Una variante de esta cueva de ladrones de la integridad que también escandaliza al mundo la constituye la tendencia extrema de muchos creyentes a la contemplación o al activismo. Los contemplativos nos recuerdan en buena hora que debemos incorporar la contemplación en la práctica cristiana, como lo declara el rey David: *"Una sola cosa le pido al Señor, y es lo único que persigo: habitar en la casa del Señor todos los días de mi vida, para contemplar la hermosura del Señor y recrearme en su templo"* (Salmo 27:4). Pero por importante que sea, la contemplación no es lo único que el cristiano debe hacer. Los cristianos contemplativos son ladrones de la integridad cristiana porque permanecen todo el tiempo divagando en contemplaciones místicas y no actúan nunca de manera decidida y diligente. Son expertos en oración, pero unos absolutos incapaces para la acción.

El teólogo alemán Dietrich Bonhoeffer sostenía que todo cristiano equilibrado, íntegro y maduro debería ser consciente del potencial que Dios le ha entregado y oponerse, entonces, a ese recurso perezoso, fácil, mágico e irracional que requiere la ayuda de un Dios paternalista en todo y no hace nunca nada por sí mismo. El Dios tapa-agujeros y remedia-todo que utilizamos como pretexto para no actuar como se debe. Pero entrados en madurez, Dios desea que resolvamos nuestros problemas actuando en el momento y de la manera en que debemos hacerlo. No proceder de este modo y esperar que Dios supla nuestro esfuerzo nos arroja a vivir nuestra fe de manera mágica, como ya lo veíamos en el capítulo correspondiente en relación con las expectativas legítimas o equivocadas que la oración de petición puede llegar a despertar en los creyentes.

La contemplación sin acción es religiosidad mal entendida, por muy reflexiva que pueda ser esa contemplación, pues reflexionar en algo de manera excesiva es también nocivo para poder actuar correctamente en el momento justo. Ya lo dijo Salomón: *"Quien vigila al viento, no siembra; quien contempla las nubes, no cosecha"* (Eclesiastés 11:4), o como lo parafrasea la Biblia al Día: *"Si esperas condiciones perfectas, nunca realizarás nada"*. De hecho, posponer indefinidamente las decisiones y acciones que debemos emprender es ya de por sí una decisión que acarrea consecuencias en nuestra vida. El filósofo de la acción, el francés Maurice Blondel decía con gran acierto que: *"No tengo el derecho de esperar o dejo de tener el poder de elegir"*, agregando luego que: *"Si no actúo con mi propio movimiento, hay algo en mí o fuera de mí que actúa sin mí. Y lo que actúa sin mí, lo hace de ordinario contra mí"*. En este mismo orden de ideas, el psiquiatra austríaco Viktor Frankl señalaba como la "hiperreflexión", o excesiva reflexión antes de actuar puede reducir drásticamente nuestras opciones en la vida e incluso llegar a convertirse en un trastorno psicológico.

En conexión con esto encontramos la "procrastinación", nombre que recibe la inclinación a esperar demasiado y a dejarlo todo para última hora, cuando ya no tenemos alternativas y otros o las mismas circunstancias hayan ya decidido por nosotros en contra nuestra. Así, pues, planificar y reflexionar en oración y comunión con Dios sobre los posibles cursos de acción es algo siempre recomendable y necesario para no equivocarnos por apresurarnos en el proceso de forma impulsiva y atolondrada, pero no podemos caer tampoco en el extremo opuesto por el que nos quedamos en la contemplación, la reflexión y la planificación sin llegar a actuar nunca como corresponde. Es por eso que Dios nos desafía por intermedio de Josué en estos perentorios términos: *"Así que Josué los desafió: «¿Hasta cuándo van a esperar para tomar posesión del territorio que les otorgó el SEÑOR, Dios de sus antepasados?"* (Josué 18:3)

Por último encontramos en el otro extremo del espectro a los activistas enfrentados a los contemplativos. El problema con estos ladrones de la integridad no es que no actúen, sino que siempre actúan, prescindiendo en muchos casos, si no de la reflexión, sí de la oración y contemplación que deberían surtir siempre los creyentes. Son expertos en la acción —incluyendo la saturación de programas y actividades en la iglesia—, y en especial en la acción ruidosa, vociferante y pública, pero no siempre en la acción correcta debido justamente a que suelen ser extremadamente perezosos −cuando no orgullosos y excesivamente confiados en sí mismos y en su manera de ver las cosas− para recurrir a la oración y la contemplación. Porque en aras de la integridad cristiana, la acción debe ser el valor agregado de la oración, pero no su sustituto. Ya lo dijo Charles Spurgeon en frase memorable denunciando tanto a contemplativos como a activistas por igual en la medida en que ambos despojan a la iglesia de su necesaria integridad: *"Medios sin oración −¡Presunción! Oración sin medios− ¡hipocresía!"*. Lo cual equivale a decir que el que actúa y no ora (el activista), es un presuntuoso, mientras que el que ora y no actúa (el contemplativo) es un hipócrita.

Tal vez el mejor derrotero para combatir todas las actitudes extremas que obran en contra de la integridad en la iglesia es poner en práctica en todos los asuntos de la vida cristiana la sencilla recomendación que el Señor Jesucristo les dio a los fariseos en su momento cuando se refirió a la práctica del diezmo por contraste con la práctica de la justicia, la misericordia y la fe, indicando que ambas eran necesarias y no debía privilegiarse una de ellas por encima de la otra, diciendo entonces: *"... Debían haber practicado esto sin descuidar aquello"* (Mateo 23:23). Porque para ser creyentes íntegros que estemos en condiciones de constituir iglesias integrales que no den motivo de escándalo al mundo debemos, entonces, practicar esto, sin descuidar aquello en todos los aspectos legítimos, necesarios y característicos de la vida cristiana, dando así un ejemplo que sea digno de imitar por quienes nos observan.

13.
El ceño fruncido y la cara adusta

"Alégrense siempre en el Señor. Insisto: ¡Alégrense!... Estén siempre alegres"

Filipenses 4:4; 1 Tesalonicenses 5:16

Este imperativo, esta orden impartida por Pablo a los creyentes podría sonarles a algunos extraña, fuera de lugar y algo arbitraria, puesto que sería como pretender mandar sobre los sentimientos, algo que a todas luces no podemos hacer, pues son al fin de cuentas las mismas circunstancias de la vida sobre las que no tenemos pleno control las que suscitan indistintamente estos sentimientos o emociones en las personas. Pero aunque no podamos decidir a voluntad lo que queremos sentir en toda circunstancia o situación, la voluntad si puede determinar en buena medida la actitud fundamental que queremos tener ante la vida. Y el apóstol nos dice entonces que esta actitud fundamental por parte del creyente debe ser la alegría, dada la naturaleza misma del evangelio, que como bien sabemos, significa "buenas noticias" y las buenas noticias siempre despiertan alegría y celebración entre quienes las reciben.

En la Biblia abundan las referencias que no dejan duda en cuanto a la relación directa de causa y efecto que existe entre la experiencia única de salvación por medio de la fe en Jesucristo y la alegría como actitud fundamental ante la vida, destacándose el hecho de que la alegría es uno de los primeros y principales aspectos del fruto del Espíritu en la vida del creyente y que es, además, un elemento constitutivo fundamental del reino de Dios en la tierra: *"Porque el reino de Dios no es cuestión de comidas o bebidas sino de justicia, paz y alegría en el Espíritu Santo"* (Romanos 14:17). Una alegría que se experimenta incluso en medio de circunstancias adversas, como lo declara el profeta: *"Aunque la higuera no dé renuevos, ni haya frutos en las vides; aunque falle la cosecha del olivo, y los campos no produzcan alimentos; aunque en el aprisco no hay ovejas, ni ganado alguno en los establos; aun así, yo me regocijaré en el Señor, ¡me alegraré en Dios, mi libertador!"* (Habacuc 3:17-18).

Es que el evangelio nos ofrece fuentes suplementarias extrañas y ajenas al mundo por las cuales podemos estar alegres, a pesar de todo, tales como: el disfrute de la revelación de Dios en las Escrituras: *"Al encontrarme con tus palabras, yo las devoraba; ellas eran mi gozo y la alegría de mi corazón…"* (Jeremías 15:16), o la certeza de que nuestros nombres se encuentran escritos en el cielo: *"Sin embargo, no se alegren de que puedan someter a los espíritus, sino alégrense de que sus nombres están escritos en el cielo"* (Lucas 10:20), entre muchas otras. Por todo esto y más Xabier Pikaza, concluía que: *"La misma salvación se explicita como… alegría de vivir… La experiencia de Dios en la vida es placer integral… Descansar en la alegría de la vida, compartir la paz gozosa con los otros: tal es el culmen de la experiencia religiosa… Aprender a gozar en cuerpo y alma… es la primera y más grande de todas las tareas religiosas… Quien no sepa gozar será difícilmente un ser religioso"*.

La alegría debería ser, entonces, uno de los principales distintivos del creyente ante al mundo, pero por cuenta de las cuevas de ladrones que despojan a la iglesia de lo que debería caracterizarla, también la alegría se pierde en muchos creyentes que, en vez de atraer con su actitud alegre a quienes no forman parte de la iglesia, lo que hacen es alejarlos y escandalizarlos. Entre estos encontramos en primer lugar a los sufrientes. Porque si bien es cierto que el cristianismo es sufrido en el sentido en que, cuando el sufrimiento aparece, el creyente lo asume con entereza y la mejor buena cara, eso no significa que el cristianismo sea sufriente, pues no es lo mismo sufrido que sufriente. Los creyentes sufridos no pierden del todo su alegría aunque estén sufriendo, mientras que los creyentes sufrientes no se alegran, aún en ausencia del sufrimiento. De hecho para estos personajes, aun cuando no estén sufriendo, debe parecer que sí lo están, lo cual logran mediante ejercicios ascéticos voluntarios, extremos e innecesarios, al mejor estilo de los monjes solitarios del desierto de la temprana historia de la iglesia, practicando ayunos heroicos y cosas similares, censuradas por la Biblia con estas palabras del profeta: *"¿Acaso el ayuno que he escogido es sólo un día para que el hombre se mortifique? ¿Y sólo para que incline la cabeza como un junco, haga duelo y se cubra de ceniza?..."* (Isaías 58:5). El punto aquí es que los creyentes sufridos no andan buscando el sufrimiento, mientras que los sufrientes si lo buscan todo el tiempo.

El censurable "cristianismo sufriente" hizo aparición desde épocas tempranas en la historia de la iglesia y refleja la equivocada creencia de que para alcanzar el favor de Dios debemos buscar voluntariamente el sufrimiento, como si el de Cristo no hubiera sido finalmente suficiente para expiar todos nuestros pecados en la cruz. Muestras de esta tendencia fueron los llamados "espontáneos": creyentes que, sin ser denunciados ni arrestados, se ofrecían espontáneamente para ser mártires en las arenas de los circos romanos, muchos de los cuales terminaban negando su fe en el momento final a causa de las torturas a las que eran sometidos. En la actualidad tenemos a los flagelantes que se fustigan a sí mismos durante las procesiones de la semana mayor en los países de Hispanoamérica o, de manera más popular, los que pagan promesas innecesariamente sacrificiales en los modernos santuarios en los lugares altos del catolicismo romano.

A despecho de los cristianos sufrientes, el sufrimiento no añade por sí mismo y de manera automática un mayor nivel de espiritualidad a quien lo padece. Es cierto que el apóstol Pablo advierte a su discípulo Timoteo que: *" Así mismo serán perseguidos todos los que quieran llevar una vida piadosa en Cristo Jesús"* (2 Timoteo 3:12), pero esto no es una justificación para legitimar el cristianismo sufriente, sino una advertencia al creyente de que, si es necesario, tendrá que asumir tarde o temprano en mayor o menor grado una porción inevitable de sufrimiento por la causa de Cristo, sin perjuicio de la alegría que se halla presente aun en el trasfondo del sufrimiento, como el apóstol Pedro lo indicó: *"En lo cual vosotros os alegráis, aunque ahora por un poco de tiempo, si es necesario, tengáis que ser afligidos en diversas pruebas"* (1 Pedro 1:6 RVR). Evidentemente, el sufrimiento será necesario e inevitable en algunas oportunidades, pero no por ello debe convertirse en el fin de la vida cristiana o en señal de una piedad superior.

Además de los sufrientes, encontramos también entre los ladrones de la alegría a los que podríamos designar como los trascendentales. Estos son los que asumen la vida cristiana de forma tan solemne y ceremoniosa, como si todo en ella fuera rito religioso, que piensan que todo acto de espontánea y desenfadada alegría significa perder la compostura que el evangelio exigiría de sus seguidores y divulgadores. Mark Twain pronunció una frase memorable típica de su proverbial ingenio irreverente: *"La vida es demasiado importante como para ser tomada en serio",* algo que les vendría bien tener en cuenta a los cristianos trascendentales que andan por la vida sin sonreír siquiera, con la cara adusta y el ceño fruncido, examinándolo y juzgándolo todo arqueando la ceja del ojo y evaluándolo de manera filosófica, dándole trascendencia hasta al vuelo de una mosca, confiriéndole a todo más importancia de la que merece.

Ahora bien, la actitud seria, solemne, ceremonial, respetuosa y reverente tiene su momento oportuno y su lugar adecuado en la vida cristiana. Pero esto no significa que la gravedad de semblante y el rígido acartonamiento deba ser la tónica en la vida del creyente. Por el contrario, la Biblia fomenta en el cristiano la actitud festiva y alegre, el buen humor, la espontaneidad, la autenticidad y el disfrute de las cosas sencillas y cotidianas que no tienen precio, el deleite y el placer sano y responsable en la vida, sin que todo esto llegue a confundirse equivocadamente con el hedonismo, la relajación, las costumbres disolutas y la laxitud libertina e irresponsable de los que asumen el conocido lema: *"¡Comamos y bebamos, que mañana moriremos!"* (Isaías 22:13), presumiendo que esta vida es todo lo que podemos esperar. Porque la revelación hecha por Cristo de la vida eterna o venidera no suprime la sana alegría de esta vida sino que la promueve e intensifica de la manera más sana y constructiva posible.

En este sentido el libro de Eclesiastés abunda en recomendaciones al respecto, basado en el siguiente hecho contundente e innegable: *"... Entre los vivos hay esperanza, pues vale más perro vivo que león muerto. Porque los vivos saben que han de morir, pero los muertos no saben nada ni esperan nada, pues su memoria cae en el olvido. Sus amores, odios y pasiones llegan a su fin, y nunca más vuelven a tener parte en nada de lo que se hace en esta vida"* (Eclesiastés 9:4-6) Y es por esta razón que Salomón nos aconseja: *"¡Anda, come tu pan con alegría! ¡Bebe tu vino con buen ánimo, que Dios ya se ha agradado de tus obras! Que sean siempre blancos tus vestidos, y que no falte nunca el perfume en tus cabellos. Goza de la vida con la mujer amada cada día de la fugaz existencia que Dios te ha dado en este mundo. ¡Cada uno de tus absurdos días! Esto es lo que te ha tocado de todos tus afanes en este mundo. Y todo lo que te venga a la mano, hazlo con todo empeño; porque en el sepulcro, adonde te diriges, no hay trabajo ni planes ni conocimiento ni sabiduría"* (Eclesiastés 9:7-10).

No es casual que la Biblia asigne una gran importancia a las fiestas en aras de promover un espíritu festivo entre su pueblo. Entre los judíos siempre se destacaron las fiestas de Pentecostés, Pascua y los Tabernáculos: *"Tres veces al año harás fiesta en mi honor. La fiesta de los Panes sin levadura la celebrarás en el mes de aviv que es la fecha establecida. Fue en ese mes cuando ustedes salieron de Egipto. De acuerdo con mis instrucciones, siete días comerán pan sin levadura. Nadie se presentará ante mí con las manos vacías. La fiesta de la cosecha la celebrarás cuando recojas las primicias de tus siembras. La fiesta de recolección de fin de año la celebrarás cuando recojas tus cosechas. Tres veces al año todo varón se presentará ante mí, su Señor y Dios"* (Éxodo 23:14-17). Y no olvidemos que el ministerio público del Señor Jesucristo comenzó en una fiesta de bodas, las de Caná, en la cual, dicho sea de paso, realizó su primer milagro. Asimismo, la repetida alusión a la fiesta y la celebración es algo característico de las enseñanzas del Señor y constituyen el contexto frecuente de sus parábolas.

Celebrar es, pues, algo inherente al evangelio, pero la fiesta que Dios promueve se guía por parámetros diferentes y opuestos a los criterios elitistas, frívolos y discriminatorios del disoluto y licencioso carnaval del mundo que escoge sólo a "los bellos", los populares, los ricos, los famosos. La fiesta de Dios no discrimina a nadie. El espíritu festivo, alegre, espontáneo y natural de la iglesia se constituye así en un anticipo de la fiesta de bodas preparada para la iglesia en los últimos tiempos y debe, por tanto, caracterizar a los creyentes en su vida cotidiana. Los creyentes trascendentales son víctimas habituales del "síndrome de Mical", expresión que evoca la actitud que Mical, la hija de Saúl y esposa del rey David, manifestó hacia su esposo cuando él danzaba con alegría para Dios mientras transportaba el arca del pacto de la casa de Obed Edom hasta Jerusalén. Dice textualmente la Escritura que: *"Sucedió que, al entrar el arca del Señor a la Ciudad de David, Mical hija de Saúl se asomó a la ventana; y cuando vio que el rey David estaba saltando y bailando delante del Señor, sintió por él un profundo desprecio"* (2 Samuel 6:16).

Pero no todo terminó aquí, pues: *"Cuando David volvió para bendecir a su familia, Mical, la hija de Saúl, le salió al encuentro y le reprochó: −¡Qué distinguido se ha visto hoy el rey de Israel, desnudándose como un cualquiera en presencia de las esclavas de sus oficiales!..."* Represión a la que el rey respondió a su vez diciendo: *"...−Lo hice en presencia del Señor, quien en vez de escoger a tu padre o a cualquier otro de su familia, me escogió a mí y me hizo gobernante de Israel, que es el pueblo del Señor. De modo que seguiré bailando en presencia del Señor, y me rebajaré más todavía, hasta humillarme completamente. Sin embargo, esas mismas esclavas de quienes hablas me rendirán honores. Y Mical hija de Saúl murió sin haber tenido hijos"* (2 Samuel 6:21-23). Este síndrome lo padecieron también los fariseos cuando le pidieron a Cristo reprender a sus discípulos por recibirlo con actitud alegre y festiva el domingo de Ramos, a lo cual el Señor respondió: *"... −Les aseguro que si ellos se callan, gritarán las piedras"* (Lucas 19:40).

El apóstol Pablo resume el asunto que nos ocupa así: *"... Cristo, nuestro cordero pascual, ya ha sido sacrificado. Así que celebremos nuestra Pascua..."* (1 Corintios 5:7-8). Después de todo, aún la ciencia, específicamente la fenomenología de la religión, ha establecido ya que una de las más sanas y universales manifestaciones de la religiosidad humana es el "entusiasmo", término con que definen la atmósfera festiva y contagiosa que caracteriza cada reunión o asamblea de creyentes que debería extenderse de manera consistente a los demás aspectos de sus vidas y es por eso que, una vez más, el ya citado Xabier Pikaza, concluye que: *"El mundo no se pierde sólo por falta de conocimiento y carencia de justicia. Este mundo corre el riesgo de acabarse porque falta fiesta... falta buena religión abierta al gozo de la vida".*

Los creyentes que viven su fe con el ceño fruncido y la cara adusta despojan al evangelio de uno de sus más inherentes atractivos. Ahora bien, es cierto que éste está en la obligación de exponer, denunciar, incomodar, cuestionar, confrontar e incluso escandalizar a las personas que viven bajo el autocomplaciente y engañoso sistema de valores del mundo, diseñado exclusivamente para la inmediata gratificación del cuerpo y del ego. Pero también lo es que todo esto no es más que una cara de la moneda que hay que asumir y dejar atrás para poder apreciar la otra cara, es decir el atractivo propio y natural del evangelio y disfrutar del deleite de acceder finalmente a la alegría liberadora de la verdad por él proclamada.

Se equivocan, entonces, los creyentes que creen que, para ser fieles al evangelio, deben presentarlo como algo particularmente difícil, arduo y heroico, apto únicamente para personas de voluntad férrea y sufriente, resaltando y magnificando de tal modo sus exigencias que en vez de dejar que ejerza el atractivo que la verdad despliega y la alegría que su revelación, conocimiento y comprensión despiertan; terminan más bien ocultándolo para convertirlo en algo tan serio, trascendental y aburrido que repele y desestimula su aceptación por parte de quien lo escucha y lo asocia con la vida gris y hasta sombría que algunos de sus voceros y seguidores exhiben, debido a que resaltan de forma desproporcionada sus aspectos sufridos o trascendentales indistintamente, como si estos fueran la impronta o la característica principal de la vida cristiana que eliminan del todo el trasfondo permanentemente alegre que el evangelio de Cristo ostenta, aun en medio de la adversidad y las aflicciones que la vida nos depara a todos, creyentes y no creyentes por igual, como nos lo advirtió de cualquier modo el Señor Jesucristo al decir: *"En este mundo afrontarán aflicciones, pero ¡anímense! Yo he vencido al mundo"* (Juan 16:33).

14.
¿Libertad o libertinaje?

"Y conocerán la verdad, y la verdad los hará libres... Así que si el Hijo los libera, serán ustedes verdaderamente libres"

Juan 8:32, 36

El cristianismo es libertad, verdadera libertad. El apóstol Pablo nos reveló que: *"... donde está el Espíritu del Señor, allí hay libertad"* (2 Corintios 3:17). Pero debido a que el concepto de libertad ha sido tergiversado y no ha logrado ser entendido por muchos, incluyendo a una significativa proporción de la iglesia, también aquí el ejercicio de la libertad por parte de los creyentes ha dejado qué desear, brindando un motivo más de justificado escándalo para quienes se encuentran fuera de la iglesia, dando origen de paso a una cueva de ladrones más en la iglesia: los ladrones de la libertad. Por eso, sin entrar por lo pronto en las profundidades conceptuales involucradas en la noción de libertad y la revelación dada por Cristo de que únicamente si el Hijo (es decir Cristo) nos libera, seremos verdaderamente libres; pasemos a enumerar los diversos tipos de ladrones de la libertad que hacen aparición en la iglesia, explicando al mismo tiempo en qué consisten.

Encontramos, en primer lugar a los libertinos, es decir a quienes confunden y sustituyen de manera culpable la libertad con el libertinaje. Estos hicieron temprana aparición en la iglesia, a juzgar por lo dicho por el autor sagrado: *"El problema es que se han infiltrado entre ustedes ciertos individuos que desde hace mucho tiempo han estado señalados para condenación. Son impíos que cambian en libertinaje la gracia de nuestro Dios…"* (Judas 4). Porque existe un buen número de ladrones de la libertad que hace precisamente esto. Todos ellos han recibido diversos nombres a través de la historia. En la antigüedad fueron conocidos como "nicolaítas" a causa de uno de sus primeros promotores, llamado Nicolás y fueron censurados en su momento por el apóstol Juan en sus represiones a la iglesia de Pérgamo: *"Toleras así mismo a los que sostienen la doctrina de los nicolaítas"* (Apocalipsis 2:13).

De hecho en la herejía gnóstica del primer siglo, que pretendía ser cristiana, también había una vertiente libertina que sostenía que, puesto que el cuerpo físico o material se corrompe y deshace de manera invariable, no importa lo que hagamos en la vida pues el espíritu al final será liberado de la cárcel del cuerpo para volver a unirse a su fuente de luz original. Posteriormente, en la época de la Reforma hubo cristianos que se opusieron a la ley de Dios como si los mandamientos ya no tuvieran ninguna vigencia para los creyentes y no estuviéramos, por tanto, obligados a obedecerlos; haciendo de la ética y la moral algo sin importancia en la vida cristiana. Lutero los llamó en su momento "antinomianistas" término que viene de las raíces *anti*, que significa "opuesto" y *nomos*, que significa "ley", es decir: opuestos a la ley. Y hoy por hoy hay sectas que pretenden ser cristianas y sostienen las mismas ideas, como la que se conoce con el nombre de "Creciendo en gracia". Todos ellos terminan rebajando, deformando y convirtiendo la libertad en un libertinaje por el cual ven una oposición inexistente entre la gracia y la ley, ignorando lo dicho con inequívoca contundencia por el apóstol: *"¿Qué concluiremos? ¿Vamos a persistir en el pecado, para que la gracia abunde? ¡De ninguna manera! Nosotros, que hemos muerto al pecado, ¿cómo podemos seguir viviendo en él?... Entonces, ¿qué? ¿Vamos a pecar porque no estamos ya bajo la ley sino bajo la gracia? ¡De ninguna manera!"* (Romanos 6:1-2, 15).

La epístola de Pablo a los Gálatas es conocida como "la carta magna de la libertad cristiana". Y en ella el apóstol nos amonesta para no confundir ni convertir nuestra libertad en libertinaje. Por una parte, nos exhorta a no negociar nuestra muy costosa libertad con nadie: *"Cristo nos liberó para que vivamos en libertad. Por lo tanto, manténganse firmes y no se sometan nuevamente al yugo de esclavitud"* (Gálatas 5:1). Pero al mismo tiempo nos advierte para que no la malinterpretemos transformándola en libertinaje: *"Les hablo así, hermanos, porque ustedes han sido llamados a ser libres; pero no se valgan de esa libertad para dar rienda suelta a sus pasiones"* (Gálatas 5:13).

Enfrentados a los libertinos y en el otro extremo del espectro encontramos a los legalistas a los que hicimos ya referencia en el capítulo 2. El legalismo es una plaga dentro de la iglesia. Y lo es porque, una vez que Cristo nos libera de todas las ataduras que nos impedían obedecerle, los legalistas entonces se inventan nuevas y elaboradas ataduras dentro de la Iglesia para robarnos esa libertad que tanto le costó a Cristo obtener para nuestro beneficio, y al hacerlo terminan espantando de paso a todos los que se acercan con curiosidad y expectativa al evangelio, llevándolos a desertar de manera definitiva de él. En realidad, la epístola a los Gálatas, más que contra los libertinos, fue escrita contra los legalistas que quieren reglamentar la vida cristiana hasta en sus más mínimos detalles y establecen una cantidad de normas y reglas rígidas y ridículas sin fundamento bíblico que quieren aplicar, no sólo a ellos mismos, —lo cual no sería problema, pues están en su derecho—, sino, —y aquí es donde surge el problema—, también a todos los demás en la iglesia.

Los legalistas son ascetas del evangelio. El problema es que no pueden limitarse a serlo a título personal, sino que siempre pretenden imponer su legalismo ascético a todos los demás. Ya lo dijo el Dr. Ropero: *"Al rigor del asceta para consigo mismo, corresponde el rigor del inquisidor para con los demás... a veces en la misma persona"*. Es decir que todo cristiano legalista es al mismo tiempo un inquisidor que vive juzgando y condenando a los demás por no imitarlo en su legalismo al que considera normativo para todos los cristianos. Pablo nos puso en guardia contra ellos con mayor detalle, con estas palabras: *"Si con Cristo ustedes ya han muerto a los principios de este mundo, ¿por qué, como si todavía pertenecieran al mundo, se someten a preceptos tales como: «No tomes en tus manos, no pruebes, no toques»? Estos preceptos, basados en reglas y enseñanzas humanas, se refieren a cosas que van a desaparecer con el uso. Tienen sin duda apariencia de sabiduría, con su afectada piedad, falsa humildad y severo trato del cuerpo, pero de nada sirven frente a los apetitos de la naturaleza pecaminosa"* (Colosenses 2:20-23).

Puede concedérseles que su intención sea buena en algunos casos: esto es, creer que le están prestando un calificado servicio a Dios. Pero no por eso dejan de estar equivocados ni tampoco de causar mayores perjuicios debido, precisamente, a que su motivación sea por lo general buena. Ya lo dijo Louis Brandeis: *"Los peligros más grandes para la libertad acechan en la insidiosa intrusión de los hombres de gran celo, bien intencionados pero poco iluminados"*. Los libertinos y los legalistas son, ya sea por defecto o por exceso, ladrones de la libertad en la iglesia, convirtiéndose ambos a su pesar en poderosos disuasivos para los no creyentes en su intención de llegar a formar parte de la iglesia y acoger el verdadero y bien balanceado cristianismo bíblico en toda su veracidad, corrección y pureza.

Continuando con nuestra enumeración, debemos llamar la atención sobre un tipo muy particular de ladrones de la libertad en la iglesia, a quienes podemos referirnos de manera escueta como los crédulos. A primera vista no se puede apreciar la relación de las personas crédulas con los ladrones de la libertad. Pero una vez que tenemos en cuenta que uno de los patrimonios irrenunciables de la Reforma y de todas las iglesias protestantes evangélicas surgidas de ella es la llamada "libertad de examen y de conciencia", esta relación se vuelve más evidente. Porque la credulidad es la actitud que renuncia al ejercicio de esta libertad que los reformadores ganaron de nuevo para la iglesia a precio de sangre en muchos casos, al poner la Biblia al alcance de todos en el idioma del pueblo para que pudieran leerla y examinar libremente y por sí mismos su contenido, iluminando así sus conciencias y despojando al alto clero del monopolio que ejercía en su interpretación, manipulando las conciencias de los creyentes rasos e ignorantes que no podían verificar la corrección de estas interpretaciones acudiendo a la fuente y ejerciendo su libertad de examen y de conciencia para combatir la ya denunciada "fe de carbonero". De hecho en los capítulos 4 al 6 ya se indicó que los creyentes maduros siempre deben ejercer un saludable escepticismo sobre lo que se les pide creer desde los púlpitos, lo cual no es más que mantener vigente la libertad de examen y de conciencia en las iglesias.

La libertad de examen y de conciencia, más que un derecho, es un deber de todos los creyentes que los capacita a su vez para salvar su responsabilidad a la hora de actuar con la libertad que Cristo nos ha otorgado en el evangelio, pues libertad y responsabilidad están indisolublemente ligadas en una relación directamente proporcional en la que a mayor libertad, también mayor responsabilidad. Responsabilidad que no podemos eludir por cuenta de la ya señalada masificación que amenaza a las megaiglesias. De hecho, la Biblia no contiene mandamientos ni prohibiciones para todas las circunstancias de la vida a los que podamos acudir en todo momento para saber exactamente y sin especial esfuerzo reflexivo lo que debemos hacer en cada situación. Más bien nos brinda unos lineamientos generales que nosotros, mediante la libertad de examen y de conciencia, debemos adaptar a cada situación.

Así, pues, todo lo que no esté expresamente ordenado o prohibido en las Escrituras cae en el amplio campo de la libertad de examen y de conciencia por la que el creyente asume cabalmente su responsabilidad en el asunto y rinde cuentas directamente a Dios de sus actos, afrontando las consecuencias que estos traigan aparejadas, teniendo en cuenta los criterios que el apóstol Pablo nos reveló para ejercer esta libertad con solvencia al declarar: *"«Todo me está permitido», pero no todo es para mi bien. «Todo me está permitido», pero no dejaré que nada me domine... «Todo está permitido», pero no todo es provechoso. «Todo está permitido», pero no todo es constructivo"* (1 Corintios 6:12; 10:23). Se sigue de esto que, si no es provechoso, constructivo y para nuestro bien, pero sobre todo si ejerce algún tipo de dominio compulsivo sobre nuestras vidas, debemos evitarlo en conciencia, así esté permitido. Toda omisión al respecto termina haciéndole el juego a los ladrones de la libertad en la iglesia y pasando por alto la expresa y puntual instrucción paulina que exhorta a todos los creyentes con estas solemnes palabras: *"sométanlo todo a prueba, aférrense a lo bueno"* (1 Tesalonicenses 5:21)

Asociados a los anteriores, resta por identificar a un grupo de ladrones de la libertad de examen y de conciencia que muy bien podrían ser una variante sofisticada de los crédulos que merece consideración aparte. Me refiero a los que podríamos designar como los tradicionalistas. El tradicionalismo es sin lugar a dudas una manera muy cómoda y aparentemente válida y respetable de sacrificar la libertad de examen y de conciencia rindiéndola a la masificación que hace presa de las iglesias históricas y de las megaiglesias con especialidad. No por nada el Señor Jesucristo sostuvo una polémica con el papel que la tradición está llamada a cumplir en lo que tiene que ver con la fe. Polémica que no condenó la tradición —como lo interpretaron algunos sectores muy radicales de las iglesias surgidas de la Reforma, en reacción al papel que la tradición desempeñaba en el catolicismo romano—, pero que sí la cuestionó, obligándonos a tener ciertas reservas hacia ella y a recibirla con beneficio de inventario.

Para entender mejor por qué los hemos incluido aquí, debemos recordar que la tradición es el legado cultural que se transmite de generación en generación por un pueblo o sociedad particular, incluyendo los usos y costumbres, es decir la manera en que esta sociedad hace determinadas cosas con base en la experiencia acumulada de las generaciones pasadas. Así, la tradición se traduce en ciertas normas y reglas seguidas por sucesivas generaciones en la manera en que llevan a cabo las cosas. El problema aquí, como lo señalan Paul Nelson y J. M. Reynolds es que: *"La elaboración de reglas puede llegar a ser una excusa para no pensar... Puede convertirse en un mal hábito intelectual"*. En otras palabras, las reglas heredadas de la tradición pueden llegar a ser una excusa para sacrificar la libertad de examen y de conciencia que deberíamos ejercer en muchas circunstancias en las que ya no lo hacemos, sino que seguimos fielmente y sin pensarlo lo que la tradición ha establecido.

Ahora bien, las reglas son necesarias para la sana y provechosa convivencia social, pero conllevan siempre el riesgo de que terminemos tan concentrados en las reglas en sí mismas, que perdemos de vista las razones de ser que dieron origen en su momento a las reglas en cuestión, al punto que éstas últimas adquieren más importancia que el motivo que las inspiró. Con el tiempo se llega así a una defensa cerrada de las reglas, desligadas por completo de las circunstancias, reflexiones e intenciones que les dieron origen, justificando la acusación dirigida por el Señor Jesucristo a los judíos de su época: *"»'Este pueblo me honra con los labios, pero su corazón está lejos de mí. En vano me adoran; sus enseñanzas no son más que reglas humanas'»"* (Mateo 15:9).

Este es, justamente, el gran problema del tradicionalismo en la iglesia: que cuando se le pregunta por qué se hacen las cosas de la manera en qué se hacen, ya no lo recuerda ni le importa y responde simplemente: "porque aquí las cosas siempre se han hecho de este modo" y nada más, sacrificando así la libertad de examen y de conciencia en el proceso. El tradicionalismo es, pues, la distorsión y pérdida de todo lo positivo que pudiera haber en la tradición, que como ya lo dijimos y contrario a lo que muchos piensan, no fue condenada por el Señor Jesucristo, salvo en los casos en que reclamara más autoridad que la misma Biblia y pretendiera contradecir los mandatos bíblicos: *"Jesús les contestó: —¿Y por qué ustedes quebrantan el mandamiento de Dios a causa de la tradición?... Así por causa de la tradición anulan ustedes la palabra de Dios"* (Mateo 15:3, 6).

De ahí que la tradición no sea necesariamente mala, pero el tradicionalismo sí. Porque es a la sombra de éste que surgen fenómenos negativos muy emparentados con él, como el ya mencionado legalismo en todas sus formas; fenómenos que han terminado ahogando los auténticos motivos e intenciones cristianas bajo un alud de reglas que lo que único que hacen es encubrir y hasta justificar motivaciones e intenciones censurables desde la óptica cristiana. Es tanto así que aún las normas establecidas directamente por Dios en su Palabra llegaron a perder su razón de ser al ser practicadas en forma mecánica o con propósitos muy diferentes a los que Dios tenía en mente cuando las estableció. Es por todo lo anterior que, también en relación con las normas que pretenden reglamentar la vida cristiana garantizándonos así la aprobación de Dios, debemos atender con cuidado la recomendación paulina: *"Reflexiona en lo que te digo, y el Señor te dará una mayor comprensión de todo esto"* (2 Timoteo 2:7).

15.
Sectarismo y herejía

"–Yo soy el camino, la verdad y la vida –Le contestó Jesús–. Nadie llega al Padre sino por mí"

Juan 14:6

Cristo hizo aquí una declaración revolucionaria, pues el debate alrededor de la verdad ya venía siendo abordado con intensidad desde los filósofos griegos sin resultados muy favorables ni satisfactorios, como lo deja entrever el breve diálogo que el Señor sostuvo con Pilato cuando, siendo interrogado por él, respondió: *"... Yo para esto nací, y para esto vine al mundo: para dar testimonio de la verdad. Todo el que está de parte de la verdad escucha mi voz"*, a lo cual Pilato replicó con sorna: *"–Y ¿qué es la verdad..."* (Juan 18:37-38). Así, con su declaración del encabezado, Cristo desmintió la creencia de que la verdad es un concepto que se descubre después de una ardua y calificada dedicación, sino que más bien la verdad es una persona que se revela a sí misma. La persona de Jesucristo, el Verbo de Dios encarnado como hombre.

Y la verdad sigue siendo importante, aún en esta era de la "posverdad" donde ya no parece importar, pues todo es cuestión de opinión personal y nada más. Pero este es un discurso que, más allá de la academia con sus presunciones, sutilezas, vanidades y sofisticaciones engañosas, no resiste la más mínima confrontación con la realidad de las cosas en la cotidianeidad del día a día en la que la verdad siempre se impone de tal modo que, quien se resiste a ella, termina como el fariseo Saulo de Tarso, estrellándose contra ella, como se deduce de su encuentro con Cristo en el camino de Damasco, quien lo interpeló con estas significativas y gráficas palabras ya citadas: *"... 'Saulo, Saulo, ¿por qué me persigues? ¿Qué sacas con darte cabezazos contra la pared?'"* (Hechos 26:14). De hecho, como lo vimos en el capítulo anterior, la verdadera libertad junto con su acertado ejercicio dependen de conocer y tener acceso a la verdad, de donde para despojar a la iglesia de la libertad que Cristo obtuvo para ella no se requieren necesariamente a los ladrones de la libertad ya identificados, sino que son los ladrones de la verdad los que hacen los mayores y más escandalosos estragos, tanto al interior de la iglesia, como más allá de ella, como podemos apreciarlo a lo largo de su historia por cuenta de los dos grupos de personajes que trataremos a continuación.

En primer lugar vamos a considerar a los sectarios. El sectarismo es esa actitud fanática, intolerante e intransigente hacia los que no piensan exactamente como nosotros y no forman parte de nuestro grupo. En la iglesia el sectarismo se manifiesta a través de las congregaciones o denominaciones que se creen poseedoras exclusivas de la verdad y que sólo conciben la posibilidad de que alguien pueda ser un legítimo creyente al formar parte de su grupo particular únicamente, suscribiendo sus doctrinas al detalle. El sectarismo hizo temprana aparición en la iglesia, como lo dejan ver los evangelios en el siguiente episodio protagonizado por el propio apóstol Juan, inclinado ya al sectarismo: *"– Maestro –dijo Juan–, vimos a uno que expulsaba demonios en tu nombre y se lo impedimos porque no es de los nuestros. –No se lo impidan –replicó Jesús–. Nadie que haga un milagro en mi nombre puede a la vez hablar mal de mí"* (Marcos 9:38-39).

En realidad los sectarios, más que ladrones de la verdad, lo que hacen es secuestrarla y tomarla como rehén para imponer sus propios puntos de vista sobre los demás desde un pedestal de superioridad. Por eso, sin perjuicio de la necesaria defensa de los aspectos doctrinales fundamentales de la fe designados en la Biblia como la sana doctrina, como creyentes tenemos que renunciar a la orgullosa presunción de poseer la verdad absoluta, pues la Verdad –es decir Cristo– siempre excederá los linderos de nuestro grupo, iglesia, escuela de pensamiento, etc. Más bien deberíamos acoger lo dicho por Tomás de Aquino al afirmar que *"Todo lo que constituya verdad viene del Espíritu Santo, no importa quién lo haya dicho"* y reconocer la verdad dondequiera que se manifieste. La iglesia debe tener la humildad para escuchar a quienes puedan hacer aportes a una mayor comprensión de la verdad, a pesar de que no sean cristianos o sean aun hostiles al cristianismo y estar dispuestos a darles la razón cuando la tienen, integrando en una unidad armónica todas las contribuciones que, sin importar su procedencia, puedan llegar a ser esclarecedoras para una fe bíblicamente bien fundamentada.

Comencemos, entonces, por no descalificar a la ligera a otras iglesias cristianas motivados en el fondo por el simple hecho de que no es nuestra iglesia. Nicolás de Cusa acuñó el concepto de "docta ignorancia" para indicar justamente el hecho de que, entre más conozcamos la verdad, más ignorantes debemos declararnos, a tal punto que al final sólo seremos doctos ignorantes y nada más. Y es que si somos honestos debemos reconocer la imposibilidad de alcanzar un conocimiento pleno y completo de la Verdad, por más que profundicemos en ella, pues siempre que avanzamos un paso, el horizonte de lo que todavía ignoramos se ensancha y genera nuevas preguntas de las que no estábamos conscientes previamente, terminando finalmente con el convencimiento de que, a pesar de que sabemos mucho más que al comienzo, –lo cual es bueno y deseable–, paradójicamente la extensión de lo que aún ignoramos también es mayor que la inicial. Después de todo, como lo dice Pablo: *"¡Qué profundas son las riquezas de la sabiduría y del conocimiento de Dios! ¡Qué indescifrables sus juicios e impenetrables sus caminos! «¿Quién ha conocido la mente del Señor, o quién ha sido su consejero?» «¿Quién le ha dado primero a Dios, para que luego Dios le pague?» Porque todas las cosas proceden de él, y existen por él y para él. ¡A él sea la gloria por siempre! Amén"* (Romanos 11:33-36), todo lo cual matiza el privilegio de los creyentes revelado también por el apóstol con estas palabras: *"... Nosotros, por nuestra parte, tenemos la mente de Cristo"* (1 Corintios 2:16), para que esto no se nos suba a la cabeza.

Y es que siempre tendremos puntos ciegos en nuestra visión y comprensión de la verdad. Nuestra perspectiva siempre será incompleta. Nuestro punto de vista, por verdadero que sea, por muy basado que esté en la Biblia, siempre será parcial. Nunca será total. La noción de la "docta ignorancia" sirve entonces como salvaguarda contra los sectarios que secuestran la verdad y se creen poseedores exclusivos de ella, así como también para contrarrestar el envanecimiento típico del erudito, junto con el peligro ya señalado de que en el cristianismo se termine reemplazando la *relación* vital y personal *con* Cristo por el *conocimiento acerca de* Cristo. Por eso, a la hora de dar a conocer la verdad del evangelio a quienes no la conocen en cumplimiento de la llamada "gran comisión", debemos tener en cuenta lo dicho por el gran predicador del siglo XIX Charles Spurgeon: *"Deseamos traer a los hombres a Cristo y no a nuestro concepto particular del cristianismo... Hacer prosélitos es buena labor para fariseos: guiar las almas a Dios es... el honorable propósito del ministro de Cristo".*

El dilema al que la iglesia se ha enfrentado siempre es, entonces, evangelización o proselitismo. Y los sectarios optan por el proselitismo. No podemos olvidar que Jesucristo habló duramente en contra del proselitismo judío que buscaba tan sólo ganar y formar adeptos para su secta particular: *"¡Ay de ustedes, maestros de la ley y fariseos, hipócritas! Recorren tierra y mar para ganar un solo adepto, y cuando lo han logrado lo hacen dos veces más merecedor del infierno que ustedes"* (Mateo 23:15). Por eso la iglesia debe tener presente que la conversión tiene a Cristo como término, y no a nuestra denominación particular. La exclusividad que Cristo reclama de nosotros paradójicamente no excluye a nadie de su círculo de influencia, sino que busca ampliar este círculo para incluirlo todo dentro de él. Luis F. Cano Gutierrez lo ha expresado muy bien al afirmar que: *"rechazamos a los teólogos que se creen poseedores exclusivos de la verdad, y aborrecemos a las iglesias que se creen únicas... Debemos rechazar la tendencia a reducir y no la de ampliar, no estar mirando hacia dentro para ver a quien quitar, sino hacia fuera, para ver quien falta".*

Porque cuando los no creyentes aciertan están, aún a su pesar, bajo el dominio de la Verdad, que no es otra que Cristo mismo. Solemos citar con frecuencia Mateo 12:30: *"El que no está de mi parte, está contra mi..."* para excluir, pasando por alto que las versiones de Marcos y Lucas son incluyentes: *"El que no está contra nosotros está a favor de nosotros"* (Marcos 9:40). Es decir que, al margen de que profesen o no el cristianismo, todos los no creyentes que de algún modo defienden, promueven e incluso sufren por la justicia, el derecho, la libertad, la compasión, la responsabilidad o, en síntesis, la verdad; están aún sin saberlo sirviendo a los intereses de Jesucristo, aunque no sean conscientes de ello y pueden incluso darnos ejemplo en cuanto a honrar la verdad con sus acciones, las cuales no podemos descalificar a la ligera.

El doctor Antonio Cruz sostiene que si escuchamos a los no creyentes antes de descalificarlos con altivez, tal vez podamos: *"aprender también del evangelizado"*, pues al escucharlo, *"es posible que el evangelizador pueda resultar evangelizado en algunos aspectos"*. Al fin y al cabo: *"... nada podemos hacer contra la verdad, sino a favor de la verdad"* (2 Corintios 13:8).

El otro grupo de ladrones de la verdad que la iglesia ha tenido que combatir en su interior desde sus comienzos son los herejes. Todos los autores sagrados del Nuevo Testamento nos advirtieron sobre ellos de muchas maneras, entre las que debemos recordar una vez más lo dicho por el apóstol Pedro: *"En el pueblo judío hubo falsos profetas, y también entre ustedes habrá falsos maestros que encubiertamente introducirán herejías destructivas, al extremo de negar al Señor que los rescató. Esto les traerá una pronta destrucción. Muchos los seguirán en sus prácticas vergonzosas, y por causa de ellos se difamará el camino de la verdad"* (2 Pedro 2:1-2). El problema es que los herejes suelen llegar a serlo de manera mucho más gradual que los sectarios y es por eso mismo que son más peligrosos. Pueden ser bien o mal intencionados. Los primeros, es decir los en principio bien intencionados pero no por eso menos equivocados, son creyentes en la iglesia que comienzan a distorsionar la verdad de manera sutil, soterrada e insidiosa. Los mal intencionados suelen entrar ya a la iglesia con ese claro propósito en mente.

La gradualidad en el proceso que culmina en la herejía puede entenderse y describirse mediante la siguiente clasificación utilizada para ubicar las creencias o sistemas de creencias que profesan ser cristianos: la ortodoxia, la heterodoxia y la herejía. La ortodoxia hace referencia a lo que hemos creído todos en todo tiempo y en todo lugar. Es decir, la opinión teológica común compartida por el grueso de la iglesia cristiana a través de su historia o lo que también se conoce, en términos bíblicos del Nuevo Testamento como "la sana doctrina". La heterodoxia son doctrinas que, a pesar de tener fundamento bíblico y una mediana coherencia, no gozan de la aceptación de una abrumadora mayoría de la iglesia cristiana en el mundo sino que se tornan sospechosas porque, llevadas hasta sus últimas consecuencias, sus implicaciones pueden llegar a amenazar algunas de las doctrinas fundamentales o esenciales del cristianismo y por eso deben ser vigiladas con cautela, concediéndoles a sus promotores el beneficio de la duda, pero evaluándolas también con beneficio de inventario. Sin embargo, no se pueden calificar como herejías declaradas, pues quienes las difunden muchas veces no han hecho afirmaciones directas y explícitas que se puedan interpretar de manera inequívoca como herejías, sino que tan sólo sugieren o insinúan ciertas interpretaciones teológicas que pueden tornarse problemáticas desde la perspectiva de la ortodoxia o sana doctrina. Y finalmente, las herejías sí son declaraciones que no admiten matices ni interpretaciones diversas y de manera manifiesta ponen en entredicho doctrinas fundamentales del cristianismo que no pueden ser matizadas ni negociadas de ningún modo.

Ahora bien, debemos condenar las herejías y no permitir que se difundan, pero no podemos condenar a los herejes pues esto es potestativo de Dios y excede las atribuciones de la Iglesia. Podemos llamarlos a orden, podemos disciplinarlos, podemos incluso expulsarlos de la iglesia, pero no podemos condenarlos pues no estamos en capacidad de determinar sus motivos e intenciones, ya que a pesar de todo, pueden ser buenos. No todos los herejes son malintencionados. Algunos tan sólo están equivocados, sinceramente equivocados, pero equivocados después de todo y por eso sus enseñanzas, sólo sus enseñanzas, deben condenarse y rechazarse, algo que a la iglesia le ha costado mucho trabajo entender.

No se trata, entonces, de perseguirlos y silenciarlos por la fuerza para alinearlos con la ortodoxia mediante extemporáneas y anacrónicas purgas al estilo de la inquisición con sus cacerías y quemas de brujas, sino de no permanecer en silencio ante los brotes de la herejía, pues aquí sí, como lo dice el dicho: *"el que calla otorga"*. El ecumenismo indiscriminado que busca unir a todas las religiones del mundo favorece y avala sin proponérselo la aparición de herejías, pues al restarle importancia a la doctrina bajo el engañoso lema de que: *"la doctrina divide mientras que el amor une"*, sacrifica la verdad en aras del amor, como si fueran mutuamente excluyentes y no plenamente compatibles y complementarios, como se deduce de la instrucción apostólica: *"sino que siguiendo la verdad en amor, crezcamos en todo en aquel que es la cabeza, esto es, Cristo"* (Efesios 4:15 RVR).

Hay dos circunstancias que favorecen la aparición de las herejías en la iglesia. La primera ya la tratamos con extensión, y no es otra que la ignorancia de los creyentes. Y la segunda es el esnobismo, es decir el culto a lo novedoso o lo que está de moda, rasgo que si bien es muy característico de nuestros tiempos, no es exclusivo de ellos, pues viene de tiempo atrás: *"Es que todos los atenienses y los extranjeros que vivían allí se pasaban el tiempo sin hacer otra cosa más que escuchar y comentar las últimas novedades"* (Hechos 17:21). Así, pues, desde la época de los griegos el esnobismo está acechando, siendo una amenaza que afecta también a los cristianos cuando, en su afán por posar de originales y ensalzar su ego, terminan por sacrificar la verdad en aras de la novedad. El teólogo Neil Anderson sostiene que *"Si es verdad no es nuevo, si es nuevo no es verdad"*. Después de todo, la Biblia afirma que, en sentido estricto, *"...no hay nada nuevo bajo el sol!... Hay quien llega a decir: '¡Mira que esto sí es una novedad!' Pero eso ya existía desde siempre..."* (Eclesiastés 1:9-10). Por eso en el cristianismo la fidelidad siempre será más importante que la innovación, pues el esnobismo engendra herejías con mucha facilidad. Sectarios y herejes son ambos por igual y por sí solos ladrones de la verdad y fuente de escándalo en la iglesia, con mayor razón cuando los sectarios incursionan también en la herejía o viceversa, pues estas dos problemáticas suelen reforzarse mutuamente y por esta causa pueden ser doblemente perjudiciales para la iglesia en particular y para la imagen que el mundo tiene del cristianismo. Pero continuemos ya con lo que nos resta.

16.
Lo sagrado y lo profano

"Sea alabado su nombre grandioso e imponente: ¡él es santo!...
Exalten al Señor nuestro Dios; adórenlo ante el estrado de sus pies:
¡él es santo!"

Salmo 99:3, 5

La santidad es la "marca de fábrica" de Dios. Es su atributo más característico. Quien no reconoce la santidad de Dios y no reacciona de una manera consecuente y apropiada ante ella, no conoce a Dios en realidad. Porque la santidad de Dios es más importante aún que su poder. Ahora bien, Dios puede ciertamente hacer milagros, pero como lo dice William Dembski: *"Un Dios que trasciende el universo tiene que ser más que un artista de efectos especiales".* Es decir que la capacidad de hacer milagros no puede ser el rasgo más distintivo de Dios. Tiene que haber algo más. Y ese "algo más" es la santidad. La santidad distingue a Dios de los ídolos. Es su credencial exclusiva.

Y la reacción adecuada a la toma de conciencia de la santidad de Dios es, a semejanza de Moisés ante la zarza ardiendo que no se consumía, quitarnos con reverencia el calzado de los pies. O la de Manoa, el padre de Sansón, ante el ángel del Señor: *"—¡Estamos condenados a morir! —le dijo a su esposa—. ¡Hemos visto a Dios!"* (Jueces 14:22). O mejor todavía, la del profeta Isaías ante la visión del santo: *"Entonces grité: «¡Ay de mí, que estoy perdido! Soy un hombre de labios impuros y vivo en medio de un pueblo de labios blasfemos, ¡y no obstante mis ojos han visto al Rey, al SEÑOR Todopoderoso!»"* (Isaías 6:5). Los apóstoles también fueron conscientes de la santidad de Dios en la persona de Cristo al reaccionar con lo que las ciencias de la religión llaman "temor numinoso", es decir temor ante lo sagrado, cuando Cristo calmó la tormenta mediante una orden en el Mar de Galilea, preguntándose qué clase de hombre podría hacer algo así: *"Ellos estaban espantados y se decían unos a otros: −¿Quién es este, que hasta el viento y el mar le obedecen?"* (Marcos 4:41). Y el apóstol Pedro, con ocasión de la pesca milagrosa, reaccionó también de este modo: *"Al ver esto, Simón Pedro cayó de rodillas delante de Jesús y le dijo: −¡Apártate de mí, Señor, soy un pecador!"* (Lucas 5:8)

Esta amplia gama de respuestas caen todas dentro de lo que el teólogo R. C. Sproul designó bien como "el trauma de la santidad", expresión que llama nuestra atención al impacto tremendo y fascinante al mismo tiempo que el ser humano experimenta al ser confrontado por un Dios santo, santo, santo. No por nada la fenomenología de la religión caracteriza a Dios como el Misterio tremendo y fascinante por excelencia. No podemos, pues, relacionarnos con Dios en términos que no incluyan por parte nuestra la humillación ante su santidad y la rendición incondicional a Él. El protestantismo ha sido especialmente susceptible a perder de vista lo anterior, pues la simplificación y sencillez ritual que lo caracteriza en contraste con los excesos ornamentales y sacramentales del cristianismo católico y del ortodoxo oriental (y en menor medida, la iglesia anglicana), si bien tiene fundamento bíblico, ha sido llevado a tales extremos de informalidad y familiaridad que ha terminado dando origen a una cueva de ladrones más: los ladrones de la santidad, que como tales son a semejanza de todos los anteriores, motivo de escándalo para quienes observan desde afuera las dinámicas de la iglesia, en este caso la protestante evangélica en particular, aunque lastimosamente, no con exclusividad.

Vamos a identificar a este grupo de creyentes con el término de "los profanos", pues profano es el sustantivo que corresponde al verbo profanar y que se aplica, entre otros, a aquellos que niegan el debido respeto a las cosas sagradas. Por supuesto, las personas no religiosas son las que en principio muestran de manera más marcada actitudes profanas, irreverentes e irrespetuosas ante lo sagrado, sin que eso deba causarnos extrañeza, por indignante que puedan verse estas conductas desde la óptica de la fe, pues es lo que habría que esperar de ellos. Lo que si sorprende es que sean los propios creyentes quienes manifiestan actitudes de este estilo al tratar con Dios, olvidando por momentos con quien están tratando, refiriéndose a Él con una familiaridad tal que raya con el irrespeto y la irreverencia.

Esto no significa dejar de valorar la cercanía y familiaridad que Dios nos concedió para aproximarnos a Él en la persona de Cristo. Una proximidad que nos faculta para llamarlo "Padre", pero no nos autoriza para perderle el respeto. Ese es el problema con la familiaridad: la irreverencia en el trato y la pérdida del respeto que puede llegar a generar. En el medio colombiano existe, por ejemplo, un ex sacerdote católico muy mediático que, tal vez con el fin de conectar más con los jóvenes en su discurso y en sus libros, decidió referirse a Cristo desenfadadamente como "el man", que más que hacer referencia a su condición humana, lo que busca es hacerlo tan familiarmente cercano a los jóvenes que lo vean simplemente como uno más de ellos, como su igual, y nada más.

La doctrina del sacerdocio universal de los creyentes es una doctrina bíblica rescatada en buena hora por el protestantismo que sostiene que todos los creyentes somos sacerdotes facultados para acercarnos a Dios directamente y sin mediaciones diferentes a la de Cristo, nuestro sumo sacerdote a quien todos, ministros ordenados o laicos indistintamente, podemos invocar y acudir con confianza para acceder al trono de Su gracia, apelar a Él, ofrecerle nuestra obediencia y adorarlo *"en espíritu y en verdad"* (Juan 4:23), sin relación con lugares sagrados específicos, junto con toda la parafernalia que suele acompañarlos. Pero en ejercicio de este sacerdocio hemos terminado yéndonos al extremo y nos hemos vuelto muy informales, improvisados y desordenados, perdiendo en gran medida la necesaria solemnidad y reverencia que de cualquier modo se requiere cuando nos dirigimos a un Dios santo que, no por ser Padre, deja de ser el Señor.

No se equivocó en este sentido el general Charles De Gaulle cuando dijo que: *"La familiaridad engendra el desprecio. Todas las religiones tienen sus tabernáculos y ningún hombre es un héroe para su criado"*. Tal vez sea ésta una de las razones por las cuales en todas las religiones los dioses están rodeados de un halo de misterio que tiene como propósito mantener la distancia y evitar la familiaridad en el trato con sus fieles. Con la excepción del cristianismo en donde, no obstante la gran distancia que nos separa del Dios absolutamente santo, vivo, único y verdadero y del misterio que le rodea; Él no teme que un trato familiar con nosotros pueda desengañarnos de algún modo, sino más bien producir de manera creciente una más rendida entrega y convencida admiración, junto con una adoración más natural y espontánea de nuestra parte que no elimina la posibilidad de relacionarnos y acceder a Él con una muy satisfactoria familiaridad en el trato, fomentada por Dios mismo al haberse hecho hombre como nosotros e identificarse así de manera superlativa con nuestra humana condición. La persona de Cristo constituye así la mejor invitación a un trato familiar, estrecho, íntimo y profundamente personal con el Dios del universo que no conlleva el peligro de perderle el respeto y hacernos olvidar con quien estamos tratando, sino que, por el contrario, debería acrecentar cada vez más la conciencia que tenemos de ello.

Así, pues, sin perjuicio de las denuncias dirigidas contra los excesos al respecto; las liturgias, los rituales y las solemnidades que los acompañan son, pues, necesarios también en el cristianismo para que no caigamos en tal grado de informalidad que raye ya con la irreverencia y el irrespeto en el que incurren los profanos. A propósito de esta informalidad, el pastor Darío Silva-Silva se pronunció al respecto diciendo: *"Existe también lo que podríamos llamar la religión informal, una franja lunática formada por personas que, sobre la base deleznable de cuatro o cinco porciones bíblicas, se lanzan a la osadía de pastorear grupos sin cobertura legal ni eclesial y con falta de conocimiento digno de lástima"*. La falta de cobertura legal y eclesial de las iglesias y la carencia de preparación de los pastores –muchos de ellos autonombrados u ordenados con ligereza, como producidos en serie– es, entonces, una de las manifestaciones de esa excesiva informalidad que ha hecho presa de las iglesias protestantes evangélicas y ha dado pie a la peyorativa expresión: "iglesias de garaje" con las que se alude a esta censurable y peligrosa improvisación, en especial en los países en vías de desarrollo.

Y en lo que tiene que ver con la manera en que nos dirigimos a Dios en oración también pueden verse brotes de esta misma actitud al acudir a Él con una familiaridad y una ligereza que cae ya en el irrespeto y la irreverencia. El uso del posesivo seguido del diminutivo ("mi diosito") para referirse a Dios es un ejemplo de lo anterior. Es cierto que los diminutivos son en ocasiones expresiones de cariño, pero a Dios no le quedan los diminutivos ni de cariño. De hecho, el uso de los diminutivos es cuestionable pues, contrario a lo que se piensa, la mayoría de las veces no suele ser una señal de cariño y de aprecio sincero, sino más bien de una insufrible actitud paternalista e incluso de menosprecio y de aires de superioridad por parte de quien los utiliza para con aquel a quien se los dirige.

Esto sin mencionar las ya denunciadas formas de magia por las que los creyentes apelan a Dios con fórmulas manipuladoras y con exigencias, declaraciones y reclamos como si Él fuera nuestro sirviente en una actitud que bordea la blasfemia. Debemos tener siempre presente, entonces, que a pesar de que Cristo sea el Siervo de Dios por excelencia que sirve a su Iglesia por amor, Él de ningún modo es el sirviente de nadie. ¡Él es el Señor! Él es el que manda y como tal nunca ha firmado una cláusula de cumplimiento para garantizarnos milagros a pedido. De hecho y no sobra decirlo, cuando vivimos nuestra fe de manera mágica, pretendiendo imponer nuestra voluntad sobre la de Dios, estamos siendo profanos e irreverentes ladrones de la santidad y convirtiendo nuestras casas de oración en cuevas de ladrones. El Señor Jesucristo, con todo y ser Dios, al encarnarse como hombre nos dio ejemplo de respeto, reverencia y humilde sujeción ante su Padre en la oración de Getsemaní cuando concluye diciendo: *"Padre mío, si es posible, no me hagas beber este trago amargo. Pero no sea lo que yo quiero, sino lo que quieres tú... Padre mío, si no es posible evitar que yo beba este trago amargo, hágase tu voluntad"* (Mateo 26:39, 42). Y como ya lo dijimos, la actitud detrás de la expresión: "hágase la voluntad de Dios" es la clave para saber si nuestra fe es saludablemente correcta o patológicamente mágica.

Finalmente, la actitud profana también se manifiesta en los creyentes que, tal vez con la mejor intención pero con poca sabiduría, hablan de manera indiscriminada del evangelio a todos los no creyentes, incluyendo a aquellos a quienes la Biblia llama "insolentes" o "escarnecedores" definidos así en el libro de Proverbios: *"Escarnecedor es el nombre del soberbio y presuntuoso que obra en la insolencia de su presunción"* (Proverbios 21:24 RVR). Porque a este tipo de personajes no es recomendable hablarles del evangelio de manera directa, pues, como lo volvemos a leer: *"No respondas al necio según su necedad, o tú mismo pasarás por necio. Respóndele al necio como se merece, para que no se tenga por sabio"* (Proverbios 26:4-6). Bien dice la sabiduría popular: "a palabras necias, oídos sordos". Algo que muchos creyentes no tienen en cuenta al hablar del evangelio con todos de manera indiscriminada, cayendo en provocaciones y entrando en discusiones acaloradas vanas y sin provecho alrededor del evangelio y que le prestan un muy flaco servicio, pues terminan exponiéndolo a un trato irrespetuoso en el que los no creyentes lo profanan y pisotean. En el evangelio ya el Señor nos advirtió para no profanar lo sagrado con estas claras palabras: *"No den lo sagrado a los perros... ni echen sus perlas a los cerdos..."* (Mateo 7:6)

Paradójicamente y para concluir este capítulo, el sacramentalismo también, pretendiendo honrar la santidad de Dios, lo que hace es ocultarla con tanto detalle y ornamento marginal e innecesario que termina convirtiéndose, si no en un obstáculo, si en un distractor para poder acceder a Él con la familiaridad que Cristo nos ofrece. Los rituales, las liturgias y solemnidades tienen, sin duda, su lugar en la fe, pero colocadas en su justo lugar y proporción. Al fin y al cabo, como lo dice al autor sagrado: *"... las ofrendas y los sacrificios... no tienen poder alguno... No se trata más que de reglas externas..."* (Hebreos 9:9-10). Ahora bien, dada la naturaleza humana, la religión y la sana espiritualidad en general requieren espacios y tiempos solemnes y ceremoniales de significación especial con sus correspondientes liturgias adecuadas al propósito que estos espacios y tiempos socialmente compartidos están llamados a cumplir. Sin embargo, el peligro con los ritos legítimos involucrados en la práctica saludable de la fe es que éstos, junto con los detalles que los acompañan, se vuelvan en sí más importantes que la función que deberían cumplir en quien participa en ellos, llegando a hacernos perderla de vista.

Eso fue lo que sucedió con el judaísmo, cuyas prácticas rituales solemnes, festivas y ceremoniales ordenadas en principio por Dios mismo, perdieron de tal modo su sentido y correcta orientación que condujeron al mismo Dios que las había instituido a ejercer una severa crítica sobre ellas por la manera en que eran llevadas a cabo por su pueblo, ocupado más en discusiones alrededor de los detalles en su práctica, que en el sentido y significado que ellas deberían tener para su vida en relación con Dios y sus responsabilidades para con Él. Algo similar sucedió con al catolicismo romano, rama histórica de la cristiandad en la que, al igual que en el judaísmo, se incorporaron en su tradición prácticas rituales ceremoniales y solemnes extrañas, sin ningún fundamento en la Biblia y en oposición a ella en muchos casos.

La Reforma reaccionó contra esto con acierto en principio, pero desplazándose peligrosamente hacia el otro extremo del espectro, haciendo de la práctica de la fe algo excesivamente natural, espontáneo e informal, como acabamos de explicarlo. Pero eso no exime de culpa al sacramentalismo en cuanto a su ocultamiento culpable de la santidad de Dios mediante prácticas ajenas a la Biblia que, apelando a la tradición, arrojan a los creyentes a la superstición y el oscurantismo, sacralizando realidades que no tienen carácter sagrado y sobrecargando al cristianismo con una enorme, ostentosa e intimidante parafernalia (sotanas, mantos, mitras, tiaras, estolas, anillos, sagrarios, reliquias, etc.) haciendo imprescindible la ya obsoleta y anacrónica mediación del sacerdote para conectar al creyente con Dios, como si éste no pudiera relacionarse directamente con Él apelando a la única mediación necesaria, que no es otra que la de Cristo, respondiendo a la revelación de Su santidad con humildad, sometimiento, rendición y temor reverente, pero también con la confianza, esperanza y convicción de quien se sabe aceptado, perdonado y adoptado por Él en el seno de la familia de Dios en virtud del evangelio.

17.
Los labios incendiarios

"Vale más el buen nombre que el buen perfume. Vale más el día en que se muere que el día en que se nace"

Eclesiastés 7:1

La honra, o el buen nombre, es algo que no tiene precio. Tanto, que aún después de morir nuestro buen nombre, si lo hemos forjado, nos acompaña. Pero el buen nombre es algo tan frágil que hay que cuidarlo con esmero, pues puede ser mancillado con mucha facilidad debido a que: *"... pesa más una pequeña necedad que la sabiduría y la honra juntas"* (Eclesiastés 10:1). Entre toda la especie humana, Cristo posee el buen nombre por excelencia de manera superlativa desde todo punto de vista, incluyendo por supuesto el de la autoridad moral, como lo afirma el apóstol: *"... Dios lo exaltó hasta lo sumo y le otorgó el nombre que está sobre todo nombre"* (Filipenses 2:9). Pero ni siquiera Él pudo evitar ser víctima en su momento de los ladrones de la honra: *"Entre la multitud corrían muchos rumores acerca de él. Unos decían: «Es una buena persona.» Otros alegaban: «No, lo que pasa es que engaña a la gente»"* (Juan 7:12). Porque los ladrones de la honra hablan mal hasta del mismo Bien encarnado. Y estos ladrones son mayor motivo de escándalo cuando surgen dentro de la iglesia, en donde si bien los pecados en general ceden de manera notoria y esperanzadora en comparación con el mundo, los pecados de la lengua parecen a veces exacerbarse de forma lamentable.

Al fin y al cabo: *"Todos fallamos mucho. Si alguien nunca falla en lo que dice, es una persona perfecta..."*, puesto que: *"... la lengua es un miembro muy pequeño del cuerpo, pero hace alarde de grandes hazañas. ¡Imagínense qué gran bosque se incendia con tan pequeña chispa! También la lengua es un fuego, un mundo de maldad. Siendo uno de nuestros órganos, contamina todo el cuerpo y, encendida por el infierno, prende a su vez fuego a todo el curso de la vida. El ser humano sabe domar y, en efecto, ha domado toda clase de fieras, de aves, de reptiles y de bestias marinas; pero nadie puede domar la lengua. Es un mal irrefrenable, lleno de veneno mortal. Con la lengua bendecimos a nuestro Señor y Padre, y con ella maldecimos a las personas, creadas a imagen de Dios. De una misma boca salen bendición y maldición. Hermanos míos, esto no debe ser así"* (Santiago 3:2, 5-10).

Sea como fuere y dadas las transformaciones favorables que el evangelio de Cristo opera en las actitudes y conductas de los creyentes cuando estos lo acogen de corazón, es de esperar que la iglesia sea un ámbito que facilite el cultivar un buen nombre por parte de quienes forman parte de ella. El creyente debe, pues, de manera natural estar inclinado a forjarse un buen nombre que corresponda con los saludables cambios que su fe propicia en él por medio de la provechosa acción del Espíritu Santo en su vida. La iglesia debería, entonces, ser un terreno fértil para el buen nombre de sus miembros, como el apóstol lo señalaba a los creyentes de Roma: *"En primer lugar, doy gracias a mi Dios por medio de Jesucristo por todos ustedes, pues en el mundo entero se habla bien de su fe"* (Romanos 1:8). Y debido precisamente a esto la iglesia es, a su vez, blanco de los ladrones de la honra que surgen muchas veces dentro de ella y que disparan sus dardos envenenados en todas las direcciones sin discriminar a nadie. Vamos a identificar, entonces, los diferentes tipos de ladrones de la honra en la iglesia.

El primer grupo es el de los calumniadores, a quienes Salomón se refirió de este modo: *"El de labios mentirosos disimula su odio, el que propaga calumnias es un necio"* (Proverbios 16:18). De hecho en muchas de las legislaciones del mundo occidental, la calumnia es un delito. Por supuesto, como estrategia política la calumnia ha sido un recurso maquiavélico para enlodar y desprestigiar a los rivales, pero en la iglesia también se incurre en ella con ligereza al pronunciar juicios sobre los demás en muchos casos y a la menor oportunidad. Y aunque no suela tener consecuencias legales, no deja por eso de ser un pecado y un censurable uso de la lengua por el que terminamos, como lo denunció antes el apóstol Santiago, maldiciendo, que no es otra cosa que decir mal de los demás. La calumnia es, pues, un juicio ligero y con frecuencia malintencionado, sin que exista un sustento objetivo para pronunciarlo, es decir sin pruebas que lo respalden.

Alguien dijo que la iglesia es el único ejército que mata a sus heridos, y esto se lleva a cabo principalmente propinándole a los caídos el tiro de gracia mediante los señalamientos calumniosos que roban la honra –o lo que queda de ella– de los creyentes, en cumplimiento de la condenable tendencia humana a hacer leña del árbol caído. Valga decir al respecto que los calumniadores se convierten por esta misma razón en abogados del diablo, justamente llamado *"el acusador de los hermanos"* (Apocalipsis 12:10), poniéndose así bajo su perverso dominio e influencia. El sermón del monte lo plantea con diáfana claridad: *"Ustedes han oído que se dijo a sus antepasados: «No mates, y todo el que mate quedará sujeto al juicio del tribunal.» Pero yo les digo que todo el que se enoje (sin causa) con su hermano quedará sujeto al juicio del tribunal. Es más, cualquiera que insulte a su hermano quedará sujeto al juicio del Consejo. Pero cualquiera que lo maldiga quedará sujeto al juicio del infierno"* (Mateo 5:21-22). El hablar contra el prójimo sin necesidad ni fundamento es sin duda alguna una fuente de escándalo para quienes observan desde la tribuna.

Los estragos de la calumnia son cabalmente irreparables, pues es como intentar recoger todas las plumas de una almohada que han sido esparcidas desde la azotea de un rascacielos. Sin embargo, las Escrituras nos brindan un inspirador consejo ante la posibilidad de ser víctimas de ellas: *"... Estén siempre preparados para responder a todo el que les pida razón de la esperanza que hay en ustedes. Pero háganlo con gentileza y respeto, manteniendo la conciencia limpia, para que los que hablan mal de la buena conducta de ustedes en Cristo, se avergüencen de sus calumnias"* (1 Pedro 3:15-16) Y a los calumniadores a su vez, Dios también los amonesta de este modo: *"No andes difundiendo calumnias entre tu pueblo, ni expongas la vida de tu prójimo con falsos testimonios. Yo soy el SEÑOR. No alimentes odios contra tu hermano, sino reprende con franqueza a tu prójimo para que no sufras las consecuencias de sus pecados"* (Levítico 19:16-17).

El segundo grupo de ladrones de la honra en la iglesia es más sutil, pero no por eso menos destructivo y censurable. Se trata de los murmuradores, algo así como un velado y ambiguo calumniador que, sin hacer afirmaciones expresas y puntuales, sí vive poniendo mantos de duda sobre todo y sobre todos al difundir rumores intencionalmente imprecisos. La murmuración no se dirige necesariamente contra alguien en particular, por lo menos no de manera directa, sino más vagamente, contra una institución, un grupo o una situación determinada. Pero finalmente siempre apunta a personas en particular, pues en última instancia alguien deber ser el culpable de la situación en cuestión, o el responsable de la institución que se critica, o el que está al frente del grupo que es objeto de la murmuración. Los murmuradores, a diferencia de los calumniadores que son más directos y frontales, se van por las ramas para llegar a la raíz como quien no quiere la cosa.

Los murmuradores son una clase particular de calumniadores que arrojan la piedra pero esconden la mano. La diferencia es que los calumniadores van de frente de manera directa y muchas veces descarnada, mientras que los murmuradores lo hacen siempre por los rincones de manera soterrada y subrepticia. Morris Mandel hizo una precisa descripción de la murmuración en estos términos muy gráficos e ilustrativos: *"La murmuración es el veneno de las personas con intelecto pequeño y gran complejo de inferioridad. Es... el microbio más mortífero. Carece de alas y de patas, y su cuerpo es todo lengua, en el cual lleva el aguijón ponzoñoso"*. En efecto, la murmuración es, sin lugar a dudas, un hábito censurable propio de personas de cuestionable calidad humana. Y sus nocivos efectos son particularmente destructivos en las iglesias cristianas en las que prácticas como ésta parecen recrudecerse, como si las pasiones reprimidas al renunciar a ciertos pecados groseros y evidentes tuvieran finalmente que desfogarse a través de la murmuración.

Pero la Biblia advierte gráficamente sobre los indeseables efectos de la murmuración cuando nos informa las consecuencias que ésta trajo sobre los israelitas en su peregrinaje por el desierto, donde, como resultado de ella tuvieron que deambular por él durante 40 años y perecer en él: *"Allí, en el desierto, toda la comunidad murmuró contra Moisés y Aarón... Y añadió Moisés... ¡Ustedes no están murmurando contra nosotros sino contra el Señor"* (Éxodo 16:2, 8), sentencia ratificada por Dios posteriormente: *"–¿Hasta cuando ha de murmurar contra mí esta perversa comunidad Ya he escuchado como se quejan contra mí los israelitas. Así que diles de parte mía: «Juro por mí mismo que haré que se les cumplan sus deseos. Los cadáveres de todos ustedes quedarán tirados en este desierto. Ninguno de los censados mayores de veinte años, que murmuraron contra mí, tomará posesión de la tierra que les prometí..."* (Números 14:27-30).

De hecho, la murmuración va dirigida frecuentemente contra las autoridades, pues los murmuradores suelen pensar que tienen una habilidad especial para darse cuenta de los problemas, atribuyéndose el derecho de ventilarlos y divulgarlos de manera encubierta y solapada; pero lo cierto es que, como lo expresa Gene Edwards en su libro *Perfil de Tres Monarcas*: *"Siempre hay problemas en los reinos... Además, la habilidad para ver esos problemas es realmente una facultad muy común"*. De manera significativa, el Nuevo Testamento identifica a los fariseos entre los mezquinos murmuradores que el Señor Jesucristo tuvo que soportar durante su ministerio: *"de modo que los fariseos y los maestros de la ley se pusieron a murmurar: «Este hombre recibe a los pecadores y come con ellos»"* (Lucas 15:2). Y es que no es casual que sean estos personajes los que murmuran, pues los murmuradores suelen ser unos "fariseos" en el sentido actual y peyorativo de la palabra que alude a personas falsas e hipócritas.

Pero ni siquiera sus discípulos se libraron de este señalamiento en los evangelios, pues: *"Al escucharlo, muchos de sus discípulos exclamaron: «Esta enseñanza es muy difícil; ¿quién puede aceptarla?» Jesús, muy consciente de que sus discípulos murmuraban por lo que había dicho, les reprochó..."* (Juan 6:60-61). Y el reproche dirigido a ellos se hace extensivo a los creyentes de todas las épocas en la iglesia: *"–Dejen de murmurar –replicó Jesús–"* (Juan 6:43), advirtiéndonos solemnemente para que no nos expongamos a tener que afrontar los juicios y consecuencias del caso de persistir en la murmuración, como lo hicieron los judíos durante el éxodo de Egipto: *"Ni murmuren contra Dios, como lo hicieron algunos y sucumbieron a manos del ángel destructor"* (1 Corintios 10:10).

El último grupo de ladrones de la honra son, por supuesto, los chismosos, a los que no se puede menospreciar, pues: *"El perverso provoca contiendas, y el chismoso divide a los buenos amigos... Sin leña se apaga el fuego; sin chismes se acaba el pleito. Con el carbón se hacen brasas, con la leña se prende el fuego, y con un pendenciero se inician los pleitos. Los chismes son como ricos bocados: se deslizan hasta las entrañas"* (Proverbios 16:28; 26:20-22). Una forma muy clara de expresarlo. En otras palabras y para vincular a todos estos ladrones de la honra: los calumniadores prenden el fuego, los murmuradores lo soplan para que crezca la llama y los chismosos lo propagan alimentándolo con la leña de su condenable práctica de escuchar y divulgarlo todo de manera irreflexiva, por el simple gusto de hacerlo. Porque disfrutan haciéndolo, como quien degusta un manjar, al mejor estilo de las "viejas" ociosas y chismosas amonestadas por el apóstol Pablo: *"Además se acostumbran a estar ociosas y andar de casa en casa. Y no sólo se vuelven holgazanas sino también chismosas y entrometidas, hablando de lo que no deben"* (1 Timoteo 5:13).

El chisme puede parecer algo relativamente trivial e inofensivo, pero no lo es. Tal vez deberíamos recordar que la discreción y la prudencia son virtudes cristianas que debemos cultivar diligentemente en nuestra vida. Elaine Glusac hizo la siguiente defensa de la discreción, que vale la pena considerar: *"... La discreción es cosa del pasado... ¿Desde cuándo se hacen públicas las intimidades? Siempre me he regido por... normas de conducta... No compro revistas de chismes y escándalos ni veo programas de televisión sensacionalistas;... y no hablo del Viagra. Más difíciles de prever y eludir son las confesiones de los indiscretos, quienes andan siempre al acecho para soltarlas por sorpresa. Lo que se oye sin querer... puede resultar muy molesto. Hay quienes no pueden abstenerse de hablar más de la cuenta".* El libro de Proverbios nos revela que: *"La discreción te cuidará, la inteligencia te protegerá"* (Proverbios 2:11). Porque la discreción y la prudencia son signos claros de sabiduría: *"En los labios del prudente hay sabiduría... El hombre prudente no muestra lo que sabe, pero el corazón de los necios proclama su necedad...El que es entendido refrena sus palabras; el que es prudente controla sus impulsos"* (Proverbios 10:13; 12:23; 17:27).

Sin perjuicio de la controversia alrededor de su legítima o equivocada inclusión dentro de los libros de la Biblia y sin pretender, por tanto, ponerlo a la altura del resto de libros de las Escrituras aceptados por unanimidad por toda la cristiandad como inspirados por Dios de manera milagrosa por medio del Espíritu Santo; el Eclesiástico hace en algunas partes interesantes comentarios a los libros de Proverbios y Eclesiastés, siendo la siguiente porción una de las más rescatables de todas que toca de manera directa el tema de este capítulo y sirve como práctico cierre a todo lo dicho a lo largo de él. La porción es, pues, la siguiente: *"Antes de hablar, infórmate, y antes de caer enfermo, cuida tu salud. Antes de ser juzgado, examínate a ti mismo, y cuando Dios te pida cuentas, te perdonará. Antes de caer enfermo, humíllate; y cuando peques, arrepiéntete. El que domina su lengua, vivirá en paz, y el que odia la murmuración, sufrirá poco... No repitas los chismes y te evitarás perjuicios. No los cuentes ni de amigos ni de enemigos; no los reveles, a menos que peques por callar. Si uno de ellos te oye, desconfiará de ti y más tarde te odiará. Si te cuentan algo, guárdalo hasta la tumba; no te preocupes, que no vas a reventar. Un imprudente guardando un secreto sufre más que una mujer de parto. Como flecha clavada en la pierna, es un secreto en el pecho de un imprudente. Si te cuentan algo de un amigo, pregúntale, quizá él no haya hecho lo que dicen; y si lo hizo, para que no lo vuelva a hacer. Si te cuentan algo de tu prójimo, pregúntale, quizá no haya dicho lo que le achacan; pero si lo dijo, para que no vuelva a decirlo. Pregunta al amigo; con frecuencia es pura calumnia; no creas todo lo que dicen. A veces uno se equivoca, pero sin querer; ¿quién no ha pecado con la lengua? Antes de amenazar al prójimo, pregúntale; deja que la ley del Altísimo siga su curso"* (Eclesiastés 18:19-21; 19:6-17).

18.
El mosquito, el camello y el cocodrilo

"¡Guías ciegos! Cuelan el mosquito, pero se tragan el camello"

Mateo 23:24

Habiendo abordado ya la santidad de Dios que algunos creyentes profanan con su informalidad mientras que otros la ocultan y ahogan con el sacramentalismo, debemos ahora examinar la otra cara de la moneda: la pureza del creyente a la que todo cristiano que es consciente de la santidad de Dios debería sentirse naturalmente impulsado, como lo afirma el apóstol: *"... Sabemos, sin embargo, que cuando Cristo venga seremos semejantes a él, porque lo veremos tal como él es. Todo el que tiene esta esperanza en Cristo se purifica a sí mismo, así como él es puro"* (1 Juan 3:2-3). Ya hemos aclarado que la integridad no es un sinónimo de impecabilidad y ahora debemos añadir que tampoco la pureza lo es. Esto no significa, sin embargo, que no debamos esmerarnos en cultivarla.

En esa perla del salterio que es el salmo 51, David clamaba a Dios con estas palabras suscritas de manera personal por muchas generaciones de creyentes: *"Purifícame con hisopo, y quedaré limpio; lávame, y quedaré más blanco que la nieve. Anúnciame gozo y alegría; infunde gozo en estos huesos que has quebrantado. Aparta tu rostro de mis pecados y borra toda mi maldad. Crea en mí, oh Dios, un corazón limpio, y renueva la firmeza de mi espíritu"* (Salmo 51:7-10). Pero no todos en la iglesia hacen propio este clamor con la seriedad del caso, pues hay algunos que con sus actitudes le restan importancia a la pureza, prescindiendo de ella y despojando a la iglesia de este rasgo que debería caracterizarla, fomentando entonces la aparición en ella de otra cueva de ladrones: los ladrones de la pureza que, como lo vimos ya en el capítulo dos, escandalizan a los propios en la iglesia, pero sobre todo a los extraños fuera de ella. Pero en este capítulo nos concentraremos en las actitudes más que en las acciones en sí mismas, ya relacionadas en el capítulo dos.

En primer lugar debemos mencionar a los creyentes relajados. Los que le restan importancia a ciertos pecados a los que consideran "pecadillos", con todo y el hecho de que los protestantes evangélicos no distingamos doctrinalmente entre pecados mortales y veniales –o lo que es lo mismo, entre pecados más graves y menos graves–, como lo hace la iglesia católica romana. Este tipo de creyentes pasa por alto que, como lo decía Benjamín Franklin: *"Una pequeña falta puede engendrar un gran mal"*. Porque si bien es cierto que el perdón que Dios nos ofrece en Cristo cubre todo pecado cometido sin importar la gravedad que pueda tener cuando los comparamos entre sí, haciendo totalmente improcedente –además de carente de todo fundamento bíblico– la distinción entre pecados veniales y mortales o capitales, junto con todo el orden penitencial para tratar con ellos tan característico de la Iglesia católica romana; esto no significa que los pecados, cualesquiera que sean, no revistan gravedad, pues ante la santidad de Dios todo pecado es grave y digno de muerte.

Es por eso que la relajación y laxitud conscientes ante cualquier pecado en apariencia inofensivo va socavando lentamente los principios cristianos y da lugar gradualmente a pecados mayores con consecuencias cada vez más serias, dolorosas y difíciles de resolver y de revertir. En un artículo sobre la corrupción publicado en las Selecciones Readers Digest, Vincent Barry decía que, aunque la expresión "No te preocupes por pequeñeces" puede ser un buen consejo si por ello entendemos no ahogarse en un vaso de agua o evitar reacciones desproporcionadas para las circunstancias, hay que tener cuidado de no poner en práctica esta frase de manera irreflexiva, ya que entonces deja de ser una pauta para vivir de manera decente, con una conciencia limpia y un corazón puro y se convierte entonces en una justificación para vivir sin principios.

Añade que *"Cuando esto sucede, lo más probable es que nos parezca una pequeñez llevarnos las toallas o los ganchos de ropa de un hotel, o la papelería de la oficina. Trivializar lo que codiciamos nos da una excusa para robar impunemente"*.

A manera de ejemplo, la violación de los derechos de autor se ha convertido en algo normal y aceptado en el medio cristiano, en particular en lo que tiene que ver con internet y las diferentes páginas o portales presuntamente cristianos en donde se ofrecen con descaro y sin timidez alguna libros gratuitos en pdf con tan desvergonzado exhibicionismo, que se llega a presentar este frontal robo de los derechos de autor como un ministerio cristiano y se piden contribuciones voluntarias a los muchos creyentes cómplices que se benefician con este hurto procediendo a descargarlos de la red sin ningún miramiento ni reato de conciencia. Contribuciones que presumiblemente se emplearán para poder seguir llevando a cabo este robo con mayor eficacia y amplitud, bajo el falaz argumento de que lo hacen para favorecer a los hermanitos que no tienen el dinero para comprarlos, sin detenerse a pensar que hacer esto no es más que solicitar y recibir apoyo y respaldo económico para poder seguir robando impunemente la propiedad intelectual de autores y editoriales.

La Biblia nos advierte contra estos ladrones de la pureza de muchas maneras. En primer lugar mediante la imagen de las "moscas muertas" en este versículo citado ahora en toda su integridad: *"Las moscas muertas apestan y echan a perder el perfume. Así mismo pesa más una pequeña necedad que la sabiduría y la honra juntas"* (Eclesiastés 10:1). En segundo lugar a través de la ilustración de lo que sucede con el "poco de levadura": *"Hacen mal en jactarse. ¿No se dan cuenta de que un poco de levadura hace fermentar toda la masa?"* (1 Corintios 5:6). Y por último, una de las imágenes más ilustrativas al respecto: la figura de las "zorras pequeñas", en relación con las cuales la orden bíblica es muy clara y categórica: *"Atrapen... a esas zorras pequeñas que arruinan nuestros viñedos... en flor"* (Cantares 2:15). Advertencias todas que no requieren comentarios adicionales para todo buen entendedor. Los relajados, pues, pueden estar recorriendo un camino cuesta abajo que los conduzca de mal en peor.

Pero los meticulosos no lo hacen mejor propiamente. Estos son los que, por prestar obsesiva y reconcentrada atención a los detalles de la práctica y la conducta cristiana, terminan descuidando lo principal al darlo por sentado. Justamente Miguel de Unamuno nos recordaba que: *"Hace mucha falta que se repita a diario lo que a diario, de 'puro sabido' se olvida"*. Porque uno de los problemas que afectan la pureza es el peligro de dar por obvios principios, preceptos o mandatos bíblicos que, por el hecho de repetirse con frecuencia y de enfatizarse en la Biblia su importancia de manera insistente; terminan por ser descuidados, desatendidos e ignorados al darlos por descontados, mientras que al mismo tiempo se asume una actitud meticulosa y obsesiva con el detalle que conduce a este tipo de creyentes a enredarse en asuntos y aspectos secundarios, tangenciales y aún marginales a la fe que refuerzan aún más el descuido culpable de los principios y las motivaciones prioritarias del creyente, tales como la práctica del amor, de la fe, de la tolerancia y el servicio a los demás, entre otros.

Una vez más los fariseos sirven de ejemplo, pues eran ellos quienes tenían la reputación de ser cumplidores muy estrictos y meticulosos de todas las prescripciones legales contenidas en la Ley de Moisés, así como todas las reglamentaciones adicionales añadidas por varias generaciones de rabinos. Pero al guardar de manera literal hasta la letra menuda de la ley, descuidaban y en muchos casos quebrantaban el espíritu de esta misma ley. Es por eso que el Señor Jesucristo los amonestó con fina ironía y refinado humor acusándolos de colar el mosquito al mismo tiempo que se tragaban el camello. Y a propósito de obviar lo obvio, se cuenta que un zoológico recibió a un canguro como nuevo huésped y, considerando la facilidad para saltar que tiene este animal, cercaron su espacio con una valla de dos metros de altura, pero al día siguiente el canguro saltaba a sus anchas por todo el zoológico. Los encargados levantaron la valla un poco más, pero en la mañana de nuevo el canguro se paseaba orondo por todo el zoológico. Cuando se disponían a subir de nuevo la altura de la valla, la jirafa le pregunta al canguro ¿hasta qué altura creía él que continuarían levantando la valla por su causa?, a lo que éste responde: "–Pues no lo sé; pero mientras sigan dejando la puerta abierta…".

El último grupo de ladrones de la pureza son los temerarios, es decir los que actúan con insensatez y actitud desafiante colocándose con temeridad y de manera innecesaria en situaciones de riesgo para la fe que la prudencia recomienda evitar, para terminar sucumbiendo en muchos casos a las tentaciones propias de estos escenarios. Elie Wiesel, judío sobreviviente de los campos de concentración nazis y ganador del premio Nobel de la paz contaba la siguiente anécdota: *"En África, dos hombres están a la orilla de un rio. Van a cruzarlo cuando advierten la presencia de unos cocodrilos que los miran. –¿Tienes miedo? –le pregunta uno al otro–. Qué, ¿no sabes que Dios es bueno y misericordioso? –Claro que lo sé –dice el otro–. Pero, ¿y si a Dios se le ocurre esta vez ser bueno y misericordioso con los cocodrilos?"*, consideración que los temerarios deberían tener siempre presente antes de aventurarse a deambular por los lugares en que los ángeles temen pisar.

Estos personajes le dan la razón a Shakespeare cuando dijo que: *"nada envalentona tanto al pecador como el perdón"*. Porque aunque esto se aplica en primera instancia a la censurable actitud arrogante y los aires de superioridad y de velado desprecio con los que algunos creyentes fanáticos y muy pagados de sí mismos miran a quienes no lo son; también tiene que ver con la actitud temeraria que muchos creyentes asumen al colocarse de manera voluntaria, premeditada e innecesaria en situaciones de peligro inminente para su integridad personal, presumiendo que no sufrirán ningún daño debido supuestamente a que: *"Si Dios está de nuestra parte, ¿quién puede estar en contra nuestra?"* (Romanos 8:31).

Pero aplicar la anterior promesa de protección divina y otras similares a todas las situaciones de nuestra vida de manera indiscriminada es estúpido, por decir lo menos, pues el mismo Señor Jesucristo nos dio el ejemplo cuando, ante la incitación del diablo para que se arrojara al vacío desde la parte más alta del templo confiando en las promesas y garantías de protección divina contenidas en la Biblia; Él no se prestó a este juego de provocaciones, sino que prefirió citar *también* Deuteronomio 6:16 para complementar estas promesas y colocarlas en su justo lugar, en donde leemos: *"»No pongas a prueba al SEÑOR tu Dios, como lo hiciste en Masá"*. Así, apoyado en esta instrucción el Señor Jesucristo se abstuvo firme y sabiamente de caer en el juego del adversario, exponiéndose de manera inoficiosa a situaciones que podrían evitarse y que pueden acarrear desagradables y trágicas consecuencias para quien no lo imita en este particular.

También aquí hay una anécdota esclarecedora. En la segunda guerra mundial un general de los aliados necesitaba un conductor de confianza para su jeep, para lo cual entrevistó uno a uno a tres candidatos formulándoles la siguiente pregunta a los tres a manera de prueba: −¿qué tan cerca de un precipicio puede usted conducir el jeep en condiciones de guerra, sin perder el control del vehículo? El primero respondió que podía conducirlo a un metro de distancia del borde, a lo cual el general se mostró impresionado. El segundo afirmó poder hacerlo a 50 centímetros, impresionando aún más al general. Pero el tercero, disculpándose de entrada con el general, declaró que, en condiciones de guerra, él conduciría lo más alejado del precipicio para no exponerse a peligros adicionales, respuesta que determinó que fuera finalmente el conductor elegido. Ciertamente, si nos encontramos ya inmersos en medio del fuego cruzado del conflicto espiritual entre el bien y el mal, es necio exponerse todavía más como lo hacen los creyentes temerarios.

El Padre nuestro, la oración modelo que Cristo nos enseñó, incluye una petición a Dios para que no nos deje caer en tentación y nos libre del maligno. Pero esta petición únicamente será respondida de manera favorable a quien toma todas las precauciones del caso para no ser hallado nunca poniendo a prueba a Dios en ningún sentido. Recordemos la advertencia del apóstol: *"Por lo tanto, si alguien piensa que está firme, tenga cuidado de no caer"* (1 Corintios 10:12). No es sabio, entonces, permitir que las actitudes relajadas, las meticulosas o las temerarias terminen arrebatando de un modo u otro la pureza que todo creyente en particular y la iglesia en general deberían cultivar en el pensamiento, la conducta y el trato con los demás, tal como Dios lo espera de nosotros. El apóstol Pablo exhortó a su discípulo y joven pastor Timoteo a cultivar la pureza cuando le hizo la siguiente recomendación para que no impusiera las manos a nadie con ligereza ni se hiciera cómplice de pecados ajenos: *"No te apresures a imponerle las manos a nadie, no sea que te hagas cómplice de pecados ajenos. Consérvate puro"* (1 Timoteo 5:22)

En este sentido todo se reduce entonces a tener una visión integral, o lo que en el campo de la optometría se designa como una visión 20/20, es decir una visión normal que ve satisfactoriamente bien, con suficiente agudeza y claridad, tanto de lejos como de cerca sin necesidad de correctivos artificiales como los anteojos o lentes, logrando enfocar entonces el pequeño detalle cercano, como lo hacen los meticulosos, pero sin detenerse tanto en él que se termine perdiendo de vista el contexto más amplio y completo que se halla en el trasfondo; o a la inversa, como les sucede a los relajados que, teniendo presente el trasfondo más lejano y completo, no les interesa enfocar el detalle cercano sino que lo pasan por alto de manera culpable y para su propio perjuicio.

En realidad, todos tenemos puntos ciegos en nuestra visión, por lo cual los cristianos sensibles, saludables y maduros, deberían estar vigilantes y experimentar cierta intranquilidad de conciencia en lo que tiene que ver con los puntos ciegos a los que su personalidad está naturalmente inclinada y procurar reducirlos al máximo, pues estos deterioran su agudeza visual cuando, atraídos y ocupados en los detalles periféricos de la verdad se termina por obviar y descuidar lo esencial de ella, o cuando, por el contrario, se descuidan los detalles despojándolos de la importancia que de cualquier modo merecen. Sin hablar de los puntos ciegos de los temerarios, que más que a tendencias naturales de la personalidad, obedecen más bien a actitudes inmaduras y soberbias de excesiva autosuficiencia y confianza en sí mismos que les terminan pasando dolorosas cuentas de cobro más temprano que tarde.

De hecho parece ser que los apóstoles y dirigentes de la iglesia en Jerusalén −tales como Jacobo, Pedro y Juan−, consideraron oportuno advertir al apóstol Pablo sobre los puntos ciegos a los que su personalidad erudita e intelectualmente brillante y capacitada podía propender si perdía el balance y se sumergía sin restricción ni control en las disciplinas teológicas y filosóficas en las que se sentía tan a gusto y en las que tan bien y con tanta ventaja se desenvolvía, a juzgar por lo que él mismo nos cuenta incidentalmente en cuanto al desenlace de su visita a sus consiervos en Jerusalén para informarles del contenido de su predicación y tranquilizarlos en el sentido de que él no predicaba nada en esencia diferente a lo que Cristo les había encomendado también a ellos durante su vida y ministerio públicos previos a su muerte y posterior resurrección y ascensión a la diestra del Padre, como algunos lo acusaban malintencionadamente de hacerlo. El resultado final de su visita se resume en lo siguiente, en las propias palabras del apóstol: *"... no me impusieron nada nuevo. Al contrario, reconocieron... la gracia que yo había recibido... Sólo nos pidieron que nos acordáramos de los pobres, y eso... he venido haciendo con esmero"* (Gálatas 2:6-10), salvando así su responsabilidad en lo que se refiere a los puntos ciegos a los cuales podía estar naturalmente inclinado. Podemos ya avanzar al último y más neurálgico punto ciego al que la iglesia tiende.

19.
Sirviendo a Mammón

"»Nadie puede servir a dos señores, pues menospreciará a uno
y amará al otro, o querrá mucho a uno y despreciará al otro. No se
puede servir a la vez a Dios y a las riquezas"

Mateo 6:24

Una buena proporción de la iglesia actual pasa por una escandalosa crisis que el pastor brasileño Caio Fabio denunció en el título de su libro *La crisis de ser y de tener*. Este es tal vez uno de los puntos ciegos más notorios que afectan a la cristiandad actual y que justifican la siguiente advertencia hecha en el evangelio por el Señor Jesucristo: *"»¡Tengan cuidado! −advirtió a la gente−. Absténganse de toda avaricia; la vida de una persona no depende de la abundancia de sus bienes"* (Lucas 12:15). La crisis en cuestión consiste, pues, en cambiar el ser por el tener. Es decir hacer depender la identidad y el valor de cada individuo humano de la cantidad de bienes que posee. Esta es una tentación que acecha en mayor o menor grado a todos los seres humanos sin excepción, hallándose muy arraigada en el pensamiento secular desde tiempos ancestrales, pero que está haciendo presa cada vez más de la iglesia llamada a combatirla.

El enfrentamiento ideológico, político y económico del siglo XX y comienzos del XXI ha sido entre la derecha y la izquierda, entre democracia y totalitarismo, entre capitalismo y socialismo. Pero en realidad no importa en dónde nos ubiquemos entre estos distintos polos, todos estos enfoques terminan sacrificando el ser por el tener al explicar la vida y la misma historia humana apelando a meros cálculos económicos, reduciendo al ser humano a una simple totalidad cuantificable y acumulativa de bienes de consumo, al margen de cómo se distribuyan, dándole la razón a esa canción que en uno de sus versos dice: *"Amigo cuánto tienes, cuánto vales; principio de la actual filosofía"*. Pero la vida de una persona no depende de la abundancia de sus bienes. Es decir que no depende de lo que tiene. Depende de lo que es. Dicho de otro modo, depende de su identidad.

El pastor Darío Silva-Silva se refirió a la triple negación que el apóstol Pedro hizo del Señor designándola como el "síndrome de Pedro". En efecto, Pedro fue en su momento víctima de este mal cuando, al ser interrogado por quienes lo reconocieron y le preguntaron si él *era* uno de los seguidores de Cristo, respondió: *"no lo soy"* (Juan 18:17). El negó su identidad. Y cuando uno niega su identidad, termina sin conocer ni saber nada, como lo indican las otras dos negaciones del apóstol: *"no lo conozco"* (Marcos 14:68) y *"No sé"* (Mateo 26:70). Es que cuando negamos lo que *somos*; pronto estaremos a la deriva sin *conocer* de dónde venimos ni para donde vamos, y sin *saber* tampoco lo que debemos hacer y lo que podemos esperar en la coyuntura en la que nos encontramos. Por eso es urgente superar el síndrome de Pedro, ya que hoy: *"... más que nunca, necesitamos... Ser... conocer... y saber"*, al decir del pastor Darío Silva-Silva, pero no necesariamente *tener*. Cristo vino a restaurar la identidad de la humanidad para que pudiéramos declarar con el apóstol Juan: *"Queridos hermanos, ahora somos hijos de Dios..."* (1 Juan 3:2). Lo esencial y necesario es la identidad, todo lo demás es anecdótico y contingente. Pero hoy en la iglesia muchos están más obsesionados con el tener que con el ser. Marcos Vidal decía en una de sus canciones, comparando a la iglesia primitiva con la iglesia actual: *"Antes tenían todo en común, y oraban en la noche, hoy compiten por saber quien tiene, mejor casa y mejor coche"*.

El consumismo flagrante, una de las formas más groseras del materialismo que no respeta ideologías, ha hecho presa de la Iglesia. Ese consumismo tan bien descrito como: *"comprar cosas que no necesitamos, con dinero que no tenemos, para impresionar a personas a las que no les importamos"*. Queremos tener, más que ser. Los que no tienen quieren tener, pero aun los que tienen quieren tener más como si eso determinara quienes son. Ahora bien, la prosperidad no riñe con la práctica cristiana, pero en la perspectiva de Dios la prosperidad es mucho más que simplemente tener bienes de fortuna. La Biblia define la riqueza con criterios diferentes a los nuestros. Por eso, conviene poner las cosas en orden. Existe, por una parte, un segmento de la cristiandad que suscribe y predica una teología de la pobreza bajo la equivocada creencia de que el dinero como tal es condenado por Dios. Que es la raíz de todos los males, el estiércol del diablo, tal vez a causa de ligeras y equivocadas interpretaciones de versículos bíblicos sacados de contexto. Pero analizado el tema con detenimiento, salta a la vista que en el Antiguo Testamento la prosperidad material era considerada como una señal de la bendición de Dios.

Y aquí surge entonces una interpretación equivocada y alterna de este asunto. Otro amplio segmento de la iglesia ubicado en el extremo contrario del espectro se apoya en esto para sostener la llamada "teología de la prosperidad" que afirma que es un derecho del cristiano poseer abundantes bienes de fortuna, presuntamente como consecuencia inevitable de la bendición de Dios sobre su vida. Pero el problema es que se está limitando el concepto bíblico de prosperidad únicamente a su componente material, que no es el principal de sus componentes desde la perspectiva bíblica, siendo tal vez el menos importante si nos atenemos a la oración del apóstol: *"Querido hermano, oro para que te vaya bien en todos tus asuntos y goces de buena salud, así como prosperas espiritualmente"* (3 Juan 2). La prosperidad espiritual es, pues, la pauta y el referente para la verdadera prosperidad en la Biblia. Todo lo demás gira alrededor de ella y depende de ella. Por eso, el no contar con bienes de fortuna no indica necesariamente desaprobación de parte de Dios, pues hay otros bienes espirituales intangibles e inapreciables que constituyen parte de esos: *"... tesoros en el cielo, donde ni la polilla ni el óxido carcomen, ni los ladrones se meten a robar"* (Mateo 6:20) de los que habló el Señor en el Sermón del Monte.

Alguien dijo con gran acierto que no debemos medir nuestras riquezas por el dinero que poseemos, sino más bien por las cosas que poseemos que jamás cambiaríamos por dinero. Esto explica las paradójicas declaraciones del libro de los Proverbios, donde leemos: *"Hay quien pretende ser rico, y no tiene nada; hay quien parece ser pobre, y todo lo tiene"* (Proverbios 13:7), que ratifican lo dicho y que nos permiten también comprender cabalmente el sentido de lo hecho por Cristo a nuestro favor: *"Ya conocen la gracia de nuestro Señor Jesucristo, que aunque era rico, por causa de ustedes se hizo pobre, para que mediante su pobreza ustedes llegaran a ser ricos"* (2 Corintios 8:9). Después de todo la riqueza material puede tornarse muy incierta, como lo dijo Thomas Fuller: *"La riqueza se consigue con dolor, se conserva con preocupación y se pierde con pesadumbre".* Y si bien la Biblia no condena las riquezas por sí mismas, sino que en un significativo número de casos las considera expresamente una bendición de Dios; al mismo tiempo nos advierte sobre los peligros a los que nos expone la ambición, la avaricia y la codicia: *"Los que quieren enriquecerse caen en la tentación y se vuelven esclavos de sus muchos deseos. Estos afanes insensatos y dañinos hunden a la gente en la ruina y en la destrucción. Porque el amor al dinero es la raíz de toda clase de males. Por codiciarlo, algunos se han desviado de la fe y se han causado muchísimos sinsabores"* (1 Timoteo 6:9-10).

Billy Graham decía con escueta precisión que el dinero es muy bueno como siervo, pero muy malo como amo. Porque el asunto es que el Señor Jesucristo no nos pide necesariamente que nos despojemos de los bienes materiales para seguirlo. Lo que él nos pide es que nos despojemos *del amor* y el apego a los bienes materiales. Porque no podemos servir a dos señores. No podemos servir a Dios y a las riquezas, aludidas por Cristo en el evangelio apelando en el griego original a la palabra *mammón*, la personificación de la riqueza y la codicia. De hecho, la Biblia afirma expresamente que la avaricia es idolatría. Es el becerro de oro erigido en el corazón de la persona, desplazando a Dios de este lugar. A pesar de todo, Dios no condena el dinero por sí mismo. Lo único que Él quiere es que nuestras prioridades estén en orden. Él quiere que *seamos* y no propiamente que *tengamos*. Que busquemos primeramente el reino de Dios y su justicia, con la garantía divina de que si lo hacemos así, todos los bienes materiales necesarios para nuestra vida terrenal nos serán añadidos, en algunos casos inclusive de manera abundante y con solvencia, para que los disfrutemos, pero también para que los compartamos con los que no tienen: *"A los ricos de este mundo, mándales que no sean arrogantes ni pongan su esperanza en las riquezas, que son tan inseguras, sino en Dios, que nos provee de todo en abundancia para que lo disfrutemos. Mándales que hagan el bien, que sean ricos en buenas obras, y generosos, dispuestos a compartir lo que tienen"* (1 Timoteo 6:17-18), recordándonos solemnemente que *"... aunque se multipliquen sus riquezas, no pongan el corazón en ellas"*

(Salmo 62:10), sino que más bien atesoremos en el cielo, que es más seguro, conveniente y benéfico.

Y aquí debemos detenernos en un asunto muy sensible y particular. La condición económica de un buen número de pastores al frente de las megaiglesias, en especial del ámbito pentecostal. Porque la vocación y el llamado pastoral no compaginan mucho con la riqueza material. O como lo dice Caio Fabio en su libro: *"No hay nada malo en que algunos hombres ricos se transformen en hombres de Dios. Pero está mal que algunos hombres de Dios se transformen en ricos".* El contentamiento es una virtud cristiana de la cual los pastores en particular deberían dar ejemplo. Así se expresó al respecto Pablo en su primera epístola *pastoral* dirigida al joven Timoteo: *"Es cierto que con la verdadera religión se obtienen grandes ganancias, pero sólo si uno está satisfecho con lo que tiene. Porque nada trajimos a este mundo, y nada podemos llevarnos. Así que, si tenemos ropa y comida, contentémonos con eso"* (1 Timoteo 6:6-8). Pero tampoco es conveniente convertir el contentamiento en resignación y conformismo. Caio Fabio dice en su libro otra cosa con la que debemos estar de acuerdo: *"Yo no quiero predicar un modelo pastoral sufriente. ¡Para nada!... vivo, y me gusta vivir, confortablemente... no abogo por nada que evoque un sufrimiento voluntario y medieval. Sería hipocresía",* añadiendo luego: *"Pero lo que quiero señalar es que todo ese confort de vida no puede constituir la motivación ni la marca de un ministerio fructífero".*

No todo es, pues, malo en la justamente cuestionada teología de la prosperidad. Hay algunas cosas rescatables en ella. En palabras de Caio Fabio: *"... tiene... cosas positivas... de modo que la existencia humana rompa el círculo de la mediocridad inmediata... produce un efecto positivo cuando se la incluye dentro del contexto total de la palabra de Dios".* Algo que lamentablemente no sucede con frecuencia, por lo cual es necesaria la siguiente salvedad por cuenta del mismo autor: *"Pero también... puede resultar desastrosa cuando el énfasis se coloca por encima de todo en el tener y no en el ser".* El problema con esta teología es, entonces, que aunque comience bien y con las mejores intenciones, siempre termina mal, puesto que: *"La teología de la prosperidad resulta muy interesante en un comienzo, pero luego se la descubre llena de atropellos y chocantes demostraciones de fe. En el proceso, a causa de su triunfalismo, se vuelve agresiva y pierde la sinceridad que le debe a Cristo... nunca ha sido capaz de generar una iglesia rica y solidaria.*

Siempre produjo una iglesia triunfalista, obsesionada por el poder y alienada de la infelicidad del resto del planeta".

A la sombra de esta teología cada vez hay más pastores que son estrellas rutilantes del evangelio. Miembros del *jet set* y la farándula eclesiástica a los que sus fieles miran de lejos, pues viven en mansiones, andan en carros ostentosos y con toda una cohorte de guardaespaldas que impiden el acceso a ellos de los miembros comunes de su iglesia. Por cuenta de esta teología el modelo pastoral está en crisis y ha trastocado las expectativas bíblicas del pastorado auténtico. Ya hace más de 20 años que Caio Fabio anunció proféticamente que si estas tendencias continuaban: *"... Tendremos templos llenos de gente y una sociedad vacía de Dios, repleta de miseria, maldad y muerte. Los templos estarán atestados, pero el país vacío de Dios y lleno de iniquidad... Tendremos una generación de cristianos absolutamente irresponsables, que no asumirán su responsabilidad frente a nada, porque para ellos la culpa de todos y de todo la tiene el diablo... Tendremos una iglesia que llevará la Biblia, pero no será conducida por la palabra de Dios... Tendremos una iglesia inmadura, que intentará tomar el poder político de la nación pero perderá el poder de ministrar a la nación... Tendremos una iglesia sin ética, que enseñará acerca de los medios para ser bendecida y prosperada materialmente, sin que eso implique una conversión moral amplia y profunda".*

El diagnóstico hecho por Max Lucado sobre las causas de las quejas de muchos de los creyentes actuales en la iglesia es bien revelador de la crisis que nos ocupa: *"Tus quejas no son por la falta de cosas necesarias, sino por la abundancia de beneficios... por los lujos, no por lo básico; por los beneficios, y no por lo esencial. La fuente de tus problemas son tus bendiciones".* Y es que, en realidad, nada de lo que consideramos *nuestro* es realmente *nuestro*, por lo que la misma idea de propiedad no deja de ser engañosa y constituye una estrategia del diablo para desviarnos de la verdad, como lo señalaba C. S. Lewis en sus *Cartas del diablo a su sobrino*, en donde leemos en boca de un demonio: *"Los humanos siempre están reclamando propiedades que resultan igualmente ridículas en el Cielo y en el Infierno, y debemos conseguir que lo sigan haciendo... hemos enseñado a los hombres a decir «mi Dios» en un sentido realmente no muy diferente del de «mis botas», significando «el Dios a quien tengo algo que exigir a cambio de mis distinguidos servicios y a quien exploto desde el púlpito»",* o dicho de otro modo, el Dios de *mi* propiedad. El Dios de quienes sirven a Mammón y enfocan la fe en el tener y no en el ser.

Finalmente, es por todo lo dicho que debemos reiterar siempre que la vida de una persona no consiste en la abundancia de sus bienes. Consiste más bien en el valor que Dios concede a cada individuo humano por el simple hecho de serlo y ostentar en sí mismo la imagen y semejanza divinas. El mismo valor que lo llevó a hacerse hombre como nosotros y a morir voluntariamente en la cruz para pagar con su propia sangre por todos nosotros, redimiéndonos y haciéndonos suyos nuevamente en condición de hijos de Dios. Y si creemos y confiamos con arrepentimiento y humildad en lo hecho por Él a nuestro favor, podremos llegar a *ser* hijos de Dios: *"Mas a cuantos lo recibieron, a los que creen en su nombre, les dio el derecho de ser hijos de Dios"* (Juan 1:12). Porque *ser* es una necesidad. *Tener* es sólo una posibilidad. No debemos olvidarlo.

20.
Los extremos que se tocan

"»Tengan, pues, cuidado de hacer lo que el Señor su Dios les ha mandado; no se desvíen ni a la derecha ni a la izquierda"

Deuteronomio 5:32

De los capítulos anteriores puede deducirse que uno de los problemas comunes a un buen número de las temáticas abordadas en ellos son las radicalizaciones extremistas que llevan a los cristianos a desviarse del camino inclinándose a la derecha o a la izquierda, justamente los rótulos que distinguen las dos posturas económicas y políticas que han conducido al mundo a la polarización que padece en la actualidad, polarización de la que lamentablemente no ha escapado la iglesia, que debería ser en este sentido un ejemplo de actitud conciliadora, moderada y equilibrada, pero que no ha logrado estar frecuentemente a la altura de su llamado a este respecto.

Esta ha sido una actitud que tampoco habla bien de la iglesia ante el mundo, que ve como ésta no establece diferencias en este particular honrando su vocación pacificadora, sino que, por el contrario, termina atizando más el fuego de las polarizaciones extremas y extremistas, sin reparar en que las posturas intolerantes de este estilo, sean cuales sean, le hacen el juego al diablo, siempre dispuesto a promover los fanatismos de todo tipo, conduciendo a los creyentes a moverse en los extremos del espectro. No en vano los cristianos han sido señalados en muchas ocasiones por el mundo de fanáticos, y si bien esta caracterización no deja de ser injusta y malintencionada en un buen número de casos, en muchos otros es exacta y ceñida a los hechos. Vale la pena entonces describir el fanatismo condenado expresamente por la Biblia para diferenciarlo del compromiso resuelto que todo cristiano debe mostrar con la causa de Cristo y no prestarse así a las confusiones al respecto.

La Biblia identifica con claridad las marcas del censurable fanatismo por contraste con la actitud que los creyentes comprometidos e íntegros deberían manifestar siempre en la práctica de su fe. Vamos a relacionar estas marcas para poner las cosas en orden en este tema. Comencemos por decir que en términos generales, atacar las convicciones de otros o defender las propias son, en su orden, las dos alternativas que hacen la diferencia entre el creyente fanático y el radical que, sin renunciar a sus creencias, no pretende sin embargo imponerlas por la fuerza sobre los demás. A modo de ejemplo, en el libro de Hechos de los Apóstoles encontramos al fanático rabino judío Saulo de Tarso antes de su conversión a Cristo, ordenando la lapidación de Esteban, un cristiano radical pero no fanático. Porque como se ha venido señalando en capítulos anteriores, los periodos históricos de fanatismo exacerbado por parte de la iglesia han desprestigiado de manera lamentable al cristianismo ante el mundo, de tal modo que este último termina pensando que esta censurable actitud es la norma en el cristianismo. Pero como lo dijo Xavier Zubiri, el fanatismo no es más que hacer de la propia religión un ídolo.

Partiendo, entonces, del principio general que identifica al fanático como aquel que está dispuesto a matar por sus ideas, como Saulo; podría decirse que el cristiano comprometido y radical es el que está dispuesto a morir por ellas, como Esteban. De este principio general se pueden derivar otros rasgos propios de ambas actitudes que los distinguen entre sí, comenzando por el hecho de que el fanático es temerario, mientras que el radical es valiente, pero no temerario. El fanático lucha contra los "títeres", el radical lucha contra el "titiritero". Ya lo dijo Dietrich Bonhoeffer: *"Pertenece a la esencia del fanatismo perder de vista la totalidad del mal y como el toro lanzarse contra el trapo rojo en lugar de hacerlo contra su portador"*. Asimismo, el fanático aborrece al pecador, mientras que el radical aborrece el pecado, pero está dispuesto a acoger al pecador. El fanático todo lo critica, juzga y condena, en comparación con el radical que opta más bien por reprender, disciplinar y restaurar. Los fanáticos son jactanciosos y provocadores, a diferencia de los radicales que son humildes y conciliadores. El fanático es manifiestamente inmaduro en su fe. El radical exhibe, por el contrario, una solvente madurez en su vida cristiana. El fanático es legalista y actúa de manera compulsiva y ostentosa. El radical actúa con libertad, por convicción y con conciencia limpia, sin alardear de nada de lo que hace. Y, por supuesto, el fanático es extremista, estrecho, rígido e intolerante, al tiempo que el radical es moderado, sobrio, y equilibrado en sus posturas y apreciaciones, sin adoptar actitudes inflexibles alrededor de ellas y siempre dispuesto a conceder el beneficio de la duda a quien lo amerita. A manera de conclusión, podríamos afirmar de un modo puntual y escueto que el fanático *parece*, pero el radical *es*.

Una vez identificadas las actitudes fanáticas que debemos evitar para no ser motivo de escándalo para el mundo, vale la pena mirar ahora la inconveniencia para un cristiano de alinearse del todo y de manera cerrada con la izquierda o la derecha, las dos direcciones contra las cuales el evangelio nos advierte para no desviarnos hacia ninguna de ellas ni a cualquiera de los dos extremos a los que conducen y que hacen recomendable detenerse en este aspecto tan susceptible a las polarizaciones que nos amenazan hoy más que nunca. Comencemos por decir que al margen de su significado político e ideológico, expresiones como "izquierda" y "derecha" tienen una larga historia con sus diferentes connotaciones y su carga semántica elogiosa o reprobatoria según sea el caso y el término utilizado. El simple hecho de que haya en el mundo muchas más personas con tendencia natural a utilizar más el lado derecho de su cuerpo, llamados por ello "diestros", por contraste con el históricamente minoritario grupo de quienes manifiestan la tendencia natural contraria, conocidos a su vez como "zurdos"; ha terminado asignando de forma arbitraria connotaciones negativas a la lateralidad izquierda y positivas a la lateralidad derecha.

Se ha querido incluso hallar respaldo para estas caprichosas concepciones en la Biblia, apoyándose de manera particular en un detalle meramente anecdótico del "juicio de las naciones" por el cual Cristo juzgará y separará a las naciones colocando a las ovejas aprobadas a su derecha, mientras que a las reprobadas cabras las ubica a su izquierda. Algunos hasta han intentado reforzar esta descabellada interpretación que asocia lo bueno con la derecha y lo malo con la izquierda, afirmando que de los dos criminales crucificados con Cristo, el que se arrepintió era el que estaba a su derecha, interpretación puramente conjetural, pues el texto no dice nada al respecto. Por el contrario, observamos que en su desacuerdo con Lot, Abraham estaba dispuesto a marchar a la izquierda o la derecha por igual, si eso contribuía a resolver las diferencias entre ellos. De hecho, en la Biblia se afirma el carácter instrumentalmente provechoso tanto de la lateralidad derecha como la izquierda, obrando de manera conjunta, coordinada y complementaria en un encomiable trabajo de equipo para cumplir cabalmente las instrucciones de Dios: *"El sacerdote tomará un poco de aceite y se lo echará en la palma de la mano izquierda. Mojará el índice de la mano derecha en el aceite que tiene en la palma izquierda, y rociará el aceite siete veces ante el* SEÑOR*"* (Levítico 14:15-16).

Dios mismo se atribuye este carácter constructivo de la derecha y la izquierda cuando, en lenguaje evidentemente simbólico (pues la esencia de Dios es espiritual y como tal no posee, como los seres humanos, una mano izquierda y una derecha) sostiene: *"Con la mano izquierda afirmé la tierra, y con la derecha desplegué los cielos"* (Isaías 48:13). De hecho en la mentalidad semita la derecha y la izquierda eran, por igual, puestos de honor, como nos lo recuerdan los apóstoles Juan y Jacobo, hermanos de sangre que anhelaban ocupar estos dos lugares al lado del Señor en Su reino. Finalmente, la instrucción del Señor en el sentido de que no sepa nuestra izquierda lo que hace nuestra derecha no indica una disociación, ruptura o desconexión entre ambos lados de nuestro ser, ni apunta tampoco a una mayor sensibilidad social de la derecha por oposición a la indiferencia o indolencia de la izquierda en este mismo aspecto, sino que es tan sólo una figura para enfatizar la inconveniencia de estar pregonando y haciendo alarde de las cosas buenas que hacemos.

La rotulación de ciertas formas de pensamiento político como de derecha o de izquierda tiene su origen en el lugar ocupado por quienes votaron a favor o en contra del veto absoluto del rey a las leyes aprobadas en la futura Asamblea Legislativa en el recinto donde se llevó a cabo la Asamblea Nacional Constituyente en Francia luego de la revolución francesa. Quienes estaban a favor se ubicaron a la derecha del presidente de la Asamblea, mientras que los que votaron en contra lo hicieron a su izquierda. Sea como fuere y entrando ya en los contenidos característicos del pensamiento político de izquierda y de derecha en la era moderna y aun a riesgo de simplificar las cosas en exceso, podría decirse que la derecha ha estado asociada a tres conceptos fundamentales de importancia variable y decreciente: La libertad individual, el fomento de la libre empresa y la defensa y preservación de la instituciones. En el otro extremo, la izquierda se identifica por el bienestar colectivo, la reivindicación de los pobres y marginados y la transformación y renovación de las instituciones.

Sintetizándolo más todavía, lo representativo de la derecha sería la defensa de las libertades individuales, mientras que la prioridad de la izquierda sería la promoción del bienestar colectivo. Bíblicamente hablando esto no tendría por qué colocar a la derecha y a la izquierda en orillas opuestas y enfrentadas, pues Dios aboga igualmente por ambas: la libertad individual ejercida responsablemente y el bienestar colectivo que no sofoque las iniciativas individuales sino que sea jalonado por ellas. Los enfrentamientos encarnizados y virulentos entre la derecha y la izquierda están, pues, mandados a recoger en el evangelio, pues en él ambos polos de este espectro son reconciliados en el centro sin anular a ninguno de los dos, sino promoviendo un reconocimiento mutuo y humilde de los aciertos de la contraparte a la par de los puntos ciegos y las equivocaciones propias, mediante la resolución de trabajar de forma mancomunada para mantener en el debido balance la tensión generada por estos dos aspectos puntuales de la agenda divina para el hombre, teniendo en cuenta lo que sea justo en todos los casos.

Porque la noción de justicia es el criterio que pone sobre la balanza, colocando en su lugar y proporción correctos, los rasgos propios del pensamiento de izquierda y de derecha. Es la defensa y promoción de la justicia lo que califica como verdaderamente progresista a una política determinada y no el hecho de ser de izquierda o de derecha. Así, la libertad individual, el fomento de la libre empresa y la defensa y preservación de las instituciones son buenos si promueven la justicia, pero malos si no lo hacen. Lo mismo debe decirse del bienestar colectivo, la reivindicación de los pobres y marginados y la transformación y renovación de las instituciones. Por eso no puede afirmarse que el ateísmo sea un rasgo necesario de la izquierda, no sólo porque existen cada vez más cristianos que militan en la izquierda y defienden sus banderas de manera reflexiva, con motivaciones neta y auténticamente bíblicas, sino porque en la derecha existen muchos ateos que, sin negar a Dios y pretendiendo hablar en su nombre, viven como si él no existiera.

Y es justamente el ateísmo el que nos permite abordar el hecho que da título a este capítulo. Para entenderlo citemos a uno de padres del ateísmo moderno, el alemán Ludwig Feuerbach, cuando declaraba que:

"El ateísmo es el panteísmo al revés". Con esta declaración Feuerbach quiso marcar distancias entre el ateísmo en un extremo del espectro y el panteísmo en el otro, en la medida en que el ateísmo es la negación de Dios, mientras que el panteísmo es la afirmación de que todo es Dios. Según Feuerbach el ateísmo tan presuntamente progresista, civilizado, razonable y científico sería algo diametralmente contrario al panteísmo primitivo, salvaje, irracional y supersticioso con el que no tendría nada en común ni nada que ver, pues ambos estarían ubicados muy lejos entre sí, en los extremos opuestos del espectro. Sin embargo, en este asunto se aplica muy bien aquella conocida frase que afirma que "los extremos se tocan", pues así como los extremos de un cordón extendido en línea recta están muy lejos el uno del otro, si el cordón se dobla formando un círculo con sus extremos, tan distantes en principio, terminan tan cerca que se tocan el uno al otro. Esto es lo que sucede con el ateísmo y el panteísmo, pues al afirmar el primero terminamos lanzándonos inadvertidamente en el segundo. Por eso la caracterización que Feuerbach hace del ateísmo como un panteísmo al revés se explica mejor diciendo que ateísmo y panteísmo son, al final, las dos caras–espacialmente opuestas pero conceptualmente muy similares e inseparables–de la misma moneda.

El ateísmo termina dándose la mano con el panteísmo y haciendo causa común con él en contra del monoteísmo bíblico. Y es que si se observan con detenimiento, tanto el ateísmo como el panteísmo son ambos planteamientos racionalmente insostenibles y contradictorios. Porque si bien es cierto que sostener el monoteísmo no es una labor sencilla desde el punto de vista racional y conceptual, también lo es que las alternativas atea o panteísta son tan insostenibles e incoherentes que por simple descarte el monoteísmo es el que debe prevalecer, no sólo porque es la conclusión más obvia a la que nos conduce la intuición mediante un desprejuiciado y honesto ejercicio del sentido común, sino porque en estricto rigor es la más lógica, racional y científicamente coherente.

En oposición a Feuerbach y compañía, Claude Tresmontant sostenía que: *"El ateísmo... se desliza inevitablemente hacia el panteísmo"*. Esto sucede debido a que las contradicciones en que incurren los ateos – quienes tienen por fuerza que reconocer las exquisitas y elegantes leyes naturales que rigen el universo, pero niegan sin embargo la realidad de Dios como Aquel que las diseña y establece–, son notorias. Tanto así que, en su empeño por negar a Dios los ateos terminan, a su pesar, por asignarle de forma tácita la divinidad a alguna realidad de este mundo o a toda la naturaleza y al universo en general, como lo hace el panteísmo. Es que explicar y comprender este universo sacando a Dios del cuadro por completo genera un vacío tan grande en la explicación que todo el cosmos, o al menos una significativa parte de él, se ve impulsado y hasta obligado a llenar ese vacío, por lo que el ateísmo que niega enfáticamente a Dios lo único que logra es darle alas al panteísmo que afirma que todo es Dios, arrojándonos a una idolatría de la naturaleza o por lo menos de una parte de ella con la que se termina sustituyendo a Dios. Así, lo máximo que los ateos logran al negar a Dios es sustituirlo por un usurpador procedente de alguna realidad de este mundo. He ahí un ejemplo palpable de los extremos que se tocan y que terminan haciéndole el juego al diablo. Ya lo dijo el pastor Darío Silva-Silva: *"La iglesia integral se ubica equidistante de interpretaciones extremas"*. Veamos un ejemplo más de ello.

21.
¿Cristianismo politizado o política cristianizada?

*"—¿De quién son esta imagen y esta inscripción? —les preguntó.
—Del césar —respondieron. —Entonces denle al césar lo que es del césar y a Dios lo que es de Dios"*

Mateo 22:20-21

Como ya lo tocamos de manera rápida en el capítulo sobre las megaiglesias, la relación entre el cristianismo y la política ha sido siempre polémica. Hay algunos cristianos que la condenan a ultranza y no participan en ella, mientras que otros se dejan seducir por ella, involucrándose de lleno en la política de maneras equivocadas, comprometiendo el buen nombre y la integridad de la iglesia como institución. La Biblia no aprueba ninguna de estas dos posturas extremas. Más bien nos insta a darle al césar lo que es del césar y a Dios lo que es de Dios. Y esto no tiene que ver sólo con el pago de los impuestos ya mencionado de paso, o la simple obediencia a las autoridades de turno. Tampoco es una autorización para dividir la realidad en un ámbito secular y otro religioso, sin relación entre sí y con reglas de juego diferentes —como si la ética cristiana se aplicara en el ámbito religioso, mientras que la antiética de Maquiavelo sería la que tendría vigencia en la vida secular y política—, ya que aun la sujeción al césar está subordinada a la sujeción a Dios.

Ahora bien, debemos reconocer que las prevenciones de los cristianos hacia la política no carecen de fundamento. El sociólogo alemán protestante Max Weber nos recuerda que: *"Los cristianos primitivos sabían… que el mundo estaba regido por demonios y que quien se mete en política... firma un pacto con los poderes diabólicos y sabe que para sus acciones no es verdad que del bien sólo salga el bien y del mal sólo el mal, sino con frecuencia todo lo contrario".* En efecto, en la caída el ser humano cedió su lugar de gobierno y dominio en el mundo de tal modo que, a pesar de no tener en realidad ningún derecho sobre él, es Satanás y sus demonios quienes han llegado a ejercer un dominio de hecho en el mundo, al punto de ser designado, por lo pronto, como *"príncipe de este mundo"* y *"dios de este mundo"* en las Escrituras. Esto explica bien por qué Satanás, al tentar al Señor con el poder político sobre todos los reinos del mundo, afirmó: *"−Sobre estos reinos y todo su esplendor... te daré la autoridad, porque a mí me ha sido entregada, y puedo dársela a quien yo quiera"* (Lucas 4:6), sin ser desmentido por Él al respecto.

La política es entonces un campo en el que Satanás ejerce un generalizado dominio a través de los gobernantes humanos que terminan sirviendo a sus intereses. Pero fue justamente a un gobernante como Pilato a quien el Señor le indicó la fuente verdadera de su autoridad que no es otra que Dios mismo: *"−No tendrías ningún poder sobre mí si no se te hubiera dado de arriba −le contestó Jesús−"* (Juan 19:11). Dios tolera temporalmente que Satanás ejerza de manera indefinida un dominio directo sobre la política humana, sin que eso signifique renunciar a su sabio y sutil gobierno sobre ella, ejercido eficazmente tras bambalinas, pues: *"Por mí gobiernan los príncipes y todos los nobles que rigen la tierra... En las manos del SEÑOR el corazón del rey es como un río: sigue el curso que el SEÑOR le ha trazado"* (Proverbios 8:16; 21:1), sirviéndose incluso de Satanás y sus colaboradores humanos para el cumplimiento de sus propósitos soberanos. Es debido a estos factores que la política es una actividad tan difícil −pero no imposible− de ejercer para un cristiano, llegando a ser un campo minado para quienes no están bien preparados para hacerlo.

Con todo, la política no es de ningún modo un mal necesario del cual debamos sustraernos evadiendo así nuestros deberes civiles ante Dios, sino que por el contrario es una actividad que debe ser redimida mediante el correcto ejercicio de nuestra responsabilidad ciudadana y, en el caso de que se posea vocación política, ejercerla con actitud de estadistas que actúan como verdaderos servidores públicos, siguiendo para ello el ejemplo y el modelo bíblico: *"... el que quiera hacerse grande entre ustedes deberá ser su servidor... así como el Hijo del hombre no vino para que le sirvan, sino para servir..."* (Mateo 20:26-28). Marginarse absolutamente de la política no es sabio para un cristiano, pues como lo dijo Epicteto: *"El hombre sabio no debe abstenerse de participar en el gobierno del Estado, pues es un delito renunciar a ser útil a los necesitados y una cobardía ceder el paso a los indignos".*

Un buen punto de partida para ejercer sus responsabilidades políticas por parte de un cristiano sin exponerse a convertirse por esta causa en un motivo de escándalo para el mundo es, como lo dice Helmut Gollwitzer: *"Acompañar los sucesos políticos atentamente, en oración, con pensamiento activo y consejo, formando juicios y actuando es una parte inviolable de la vocación de ser discípulos en este mundo".* Los cristianos que condenan la política y no se interesan por ella están emprendiendo así una huida culpable de este aspecto crucial de la actividad humana dejándoselo servido en bandeja al adversario para nuestro propio perjuicio. Y es que, como es apenas obvio, marginarse de la política no nos pone a salvo de su presuntamente maligna influencia, sino que más bien termina sirviendo a los propósitos del diablo al configurar en nuestra vida un nuevo pecado de omisión que le deja el camino libre a Satanás para hacer realidad su agenda perversa en este campo de la cultura humana.

Si la política fuera un campo ajeno a los intereses y las actividades del cristiano el apóstol no habría hecho la siguiente solemne recomendación: *"Así que recomiendo, ante todo, que se hagan plegarias, oraciones, súplicas y acciones de gracias por todos, especialmente por los gobernantes y por todas las autoridades, para que tengamos paz y tranquilidad, y llevemos una vida piadosa y digna"* (1 Timoteo 2:1-2). Y es también debido a esto que, como ya lo dijimos en el anterior capítulo, la iglesia de Cristo no debe asumir posturas políticas restrictivas y excluyentes, afiliándose a ideologías de ningún corte en particular, pues Cristo no avaló ni descalificó ningún sistema político o económico como tal, sino que más bien fomentó la promoción y el establecimiento de la justicia social en todos los sistemas políticos sobre la base del amor, el respeto, la libertad y la consecuente responsabilidad que atañe a todo ser humano, creyentes en particular. La tiranía o el despotismo son, entonces, condenables donde quiera que se presenten y sin importar el color ideológico, político o religioso con el que se revistan.

Corresponde entonces a cada cristiano evaluar en conciencia, a la luz del evangelio y con cabeza fría, la doctrina política o el sistema económico de sus afectos. Es probable que al hacerlo todos muestren debilidades y fortalezas que hacen que ninguno pueda ser descalificado sin más o aceptado a ojo cerrado, pues todos poseen elementos constructivos y destructivos a la luz del mensaje del evangelio y por eso ninguno puede erigirse como *el* sistema político o económico avalado por Dios, desechando a los demás en el proceso, pues en últimas todos ellos pueden, no obstante sus mayores o menores fallas estructurales, llegar a hacer contribuciones valiosas al establecimiento de la justicia social. Después de todo ya el apóstol nos reveló que: *"... no hay autoridad que Dios no haya dispuesto, así que las que existen fueron establecidas por él"* (Romanos 13:1). En razón de esto, las amonestaciones y censuras bíblicas dirigidas contra los gobernantes paganos no excluyen a los creyentes bien intencionados pero mal preparados que incursionan en la política y terminan sucumbiendo a la ética maquiavélica que impera en ella. Porque no basta ser un cristiano comprometido para poder desempeñarse con justicia en el difícil campo de la política, al punto que es preferible un incrédulo que, a pesar de ello, sepa gobernar con justicia, que un creyente muy devoto y "ungido" gobernando sin la debida preparación y capacidad.

Precisamente, para evitar le intervención indebida e inconveniente de la iglesia como institución en el campo de la política es que en la modernidad se estableció la separación entre la iglesia y el estado. Una separación que debería ser tenida en cuenta con mucha mayor seriedad por los pastores y dirigentes espirituales de nuestras iglesias. Porque la separación entre iglesia y estado de la modernidad no tiene que ver sólo con la intención de evitar el resurgimiento de las guerras de religión que siguieron a la Reforma y ni siquiera con la necesidad de garantizar la libertad de culto y de conciencia de todos los ciudadanos, sino que tiene también como propósito que tanto los clérigos como los gobernantes civiles no se extralimiten en sus funciones, incursionando indebidamente en el campo de su contraparte, politizando el cristianismo. La convicción y seguridad en cuanto al lugar que hemos sido llamados a ocupar en el gran concierto de la actividad humana en la historia, debería caracterizar a todos los creyentes de modo que dondequiera que se encuentren y desempeñen, lo hagan todo para la gloria de Dios, conscientes de que su contribución a la causa divina nunca pasará desapercibida, al punto que siempre será preferible un buen pastor que un mal político y viceversa.

El pastor Darío Silva-Silva ha popularizado el lema que dice: "Hay que cristianizar la política sin politizar el cristianismo" como el derrotero de la vida cristiana en el aspecto que venimos considerando. Y en este propósito, como lo dice la sabiduría popular "zapatero a tus zapatos". Es decir que, como lo desarrolla con más detalle nuestro ya mencionado pastor comentando este lema, el púlpito no se debe mezclar con la curul, pues son muebles mutuamente excluyentes e incompatibles cuando se quieren ocupar de manera simultánea e incluso cuando se pretende pasar del uno al otro sin romperse ni mancharse. Aquí también sería conveniente cerrar la puerta giratoria que permite pasar impunemente al pastor a la política o al político al pastorado, yendo y retornando sin restricciones de un ámbito a otro sin censuras de ningún tipo. Por estas mismas razones hay que advertir también sobre los movimientos o partidos políticos confesionales que se ponen el rótulo de cristianos y dicen representar a la iglesia, pues éste es el más claro ejemplo de la censurable y nefasta politización del cristianismo.

Relacionado con esto, uno de los aspectos más descuidados e ignorados por los creyentes en la actualidad y que termina dando pie a que se hable mal de la iglesia en el mundo, son los efectos benéficos que todo auténtico avivamiento debería tener en la sociedad secular y no sólo en el ámbito eclesiástico. El pentecostalismo ha popularizado una visión simplista y superficial del avivamiento concibiéndolo como una simple efusión de sentimientos de euforia y exaltación extática en los creyentes, acompañados de milagros de sanidad y de prosperidad económica para los miembros de la iglesia, sin que todo esto tenga ningún tipo de repercusión en el carácter y la ética de los individuos que lo experimentan ni de la sociedad de la que forman parte, ni mucho menos en la modificación favorable de las estructuras económicas y políticas injustas que agobian a muchos en la actualidad. Por eso deberíamos recordar siempre que el avivamiento verdadero tiene que afectar la política favorablemente y generar condiciones más justas para todos y no sólo para la iglesia.

En conexión con ello la participación de los creyentes en la política no puede limitarse a denunciar y criticar de forma virulenta desde uno de los extremos del espectro sin proponer alternativas. Aunque se haya puesto de moda como cómodo, poco exigente, pero muy peligroso recurso electoral, los cristianos no podemos ceder simplemente a la tentación del "voto protesta" al que viene cediendo gran parte del mundo democrático en la actualidad. Porque el "voto protesta" que nos lleva a votar por un candidato escogido, no en razón de sus propias virtudes, sino del deseo de votar en contra de alguno de sus rivales en contienda, no es la mejor manera de garantizar un buen gobierno y no deja de ser una medida desesperada pero poco reflexiva por parte del electorado, que suele conducir a un estado de cosas peor que el que se pretendía corregir. Y aquellos políticos oportunistas que capitalizan a su favor el "voto protesta" de un electorado hastiado con la corrupción suelen no ser más que personas que critican sin proponer alternativas reales. El cristiano no puede limitarse a la crítica fácil y a los acaloramientos del momento. No puede dejarse llevar por la indignación sin análisis. En el contexto de las actuales democracias con sus bondades y peligros, no se puede votar entonces por un candidato simplemente para protestar contra la corrupción o por el simple temor de evitar que otro candidato gane. Debemos tener razones más de fondo que éstas para votar por cualquiera de los candidatos en contienda.

Cabe ahora preguntarnos qué podemos esperar de la intervención responsable de los cristianos en la política. Sobre todo ante el hecho de que muchos cristianos se sienten agobiados ante la magnitud y complejidad abrumadora de los problemas que aquejan a la humanidad, experimentando una sensación de impotencia, desánimo y esterilidad, no obstante orar regularmente por estos asuntos. Nos sentimos tan pequeños que parece que nada de lo que hagamos hará una diferencia significativa en las situaciones que lamentamos y por las que oramos. Pero en la Biblia Dios nos invita a considerar la historia y la manera en que aportes aparentemente insignificantes han terminado haciendo diferencias drásticas, insospechadas y notoriamente favorables en el posterior estado de cosas. Teniendo todo esto a la vista Tom Sine ha dicho: *"Dios ha escogido cambiar el mundo a través de lo humilde, lo modesto y lo imperceptible... Esa ha sido siempre la estrategia de Dios –cambiar el mundo a través de la conspiración de lo insignificante".*

Debemos hacer lo que esté a nuestro alcance para cambiar favorablemente el estado de cosas en el que vivimos, incluyendo por supuesto la política, así nuestro aporte nos parezca muy pequeño, imperceptible e intrascendente, sin resignar la esperanza al respecto. Lo que no podemos es conformarnos o aislarnos en los muros protectores de la iglesia y quedarnos sin hacer nada. Y la evangelización, sin ser el único, siempre será uno de los recursos puntuales de la iglesia, pues no podemos olvidar que los cambios sociales consistentes y verdaderamente perdurables solo son posibles sobre la base de los cambios individuales. Debemos recordar esto para no colocar una esperanza y expectativas desmedidas en el correcto ejercicio de nuestras responsabilidades políticas. Toda medida que pretenda resolver nuestras problemáticas sociales al final siempre termina en lo individual y no en las políticas sociales. La evangelización persona a persona sigue siendo, pues, necesaria al margen de por quién votemos y de cómo ejerzamos nuestras responsabilidades políticas. No olvidemos que Dios es el único que puede transformar verdaderamente a una persona, de adentro hacia afuera. La política solo logra cambios externos siempre endebles y frágiles. La política puede obligar e incluso persuadir, pero no convence ni capacita. La convicción y la capacidad para obrar de acuerdo con la convicción sólo puede darla Dios. No podemos perder de vista esto para que nunca sustituyamos la evangelización por el correcto ejercicio de nuestras responsabilidades políticas, colocando el activismo político antes que la evangelización, sino a ambos si se quiere, pero cada uno en su justo lugar y proporción, lo cual nos conduce de nuevo a la iglesia de manera concluyente.

22.
La comunión de los santos

*"¡Cuán bueno y cuán agradable es que los hermanos convivan
en armonía! Es como el buen aceite que, desde la cabeza, va
descendiendo por la barba,
por la barba de Aarón, hasta el borde de sus vestiduras. Es como
el rocío de Hermón que va descendiendo sobre los montes de Sión.
Donde se da esta armonía, el SEÑOR concede bendición y vida eterna"*

Salmo 133:1-3

Comunión es una palabra llevada y traída en la iglesia, pero al mismo tiempo poco comprendida, y por lo mismo defectuosamente practicada, con todo y ser un artículo fundamental de nuestras creencias, al punto de estar incluida en el credo de los apóstoles, el más antiguo de los tres credos de la iglesia primitiva aceptados por toda la cristiandad, que en la parte final dice: *"Creo en el Espíritu Santo; la Santa iglesia cristiana, la comunión de los santos, el perdón de los pecados, la resurrección de los muertos, y la vida eterna. Amén"*. La comunión de los santos es, por consiguiente, un tema que debería ser central en las consideraciones de todos los creyentes. Entre otras cosas, porque el propósito que Dios tenía en mente cuando el Padre envío a su Hijo a hacerse hombre por nosotros no era simplemente lograr nuestra salvación. Era lograr nuestra comunión. En la perspectiva de Dios la meta no era la salvación. La salvación era más bien el medio para alcanzar la verdadera meta, que no es otra que la comunión. Porque sin salvación no hay comunión. Por eso es un contrasentido que quienes se declaran cristianos se contenten solo con la salvación y no avancen a la comunión.

Por supuesto, la comunión actual de la iglesia no es perfecta ni muchos menos, aun en el mejor de los casos, y en ocasiones es bastante deficiente y deja mucho que desear, como salta a la vista de todo lo expuesto hasta ahora. Pero con todo y ello y tal vez justo por esta causa, los creyentes no podemos prescindir de ella, pues es necesaria para poder madurar en la fe. Con todas sus fallas, sigue siendo muy valiosa. Tanto que, puestos a escoger, es siempre preferible una deficiente comunión a una ausencia intencional y por lo mismo, culpable, de comunión. Además, es apenas obvio que la comunión adolezca de evidentes defectos, pues es por lo pronto una comunión entre quienes, habiendo sido ya redimidos, están lejos de ostentar todavía la condición final de perfección reservada para los creyentes en la transformación definitiva que Cristo efectuará con nosotros en su segunda venida. Hasta entonces el egoísmo y el pecado se encuentra presente en todos y cada uno de los miembros de la iglesia de una u otra manera y en mayor o menor grado, echando a perder la comunión ideal a la que estamos llamados. Sin embargo, participar de la comunión a pesar de lo anterior, es una muestra de que por encima de todo esto quienes participamos de ella mantenemos vigente una inquebrantable resolución para perseverar todos, unánimes, juntos en el don de la fe hasta el fin, por defectuosa y decepcionante que pueda llegar a ser por momentos.

Es por todo lo anterior que no se puede entender ni justificar a aquellos presuntos creyentes que prescinden de manera consciente, voluntaria y culpable, de la comunión de los santos. Aquellos que dejan intencionalmente de congregarse o le van restando importancia gradualmente al asunto, pasando por alto claros mandatos bíblicos como el que encontramos en la epístola de los Hebreos: *"No dejemos de congregarnos, como acostumbran hacerlo algunos, sino animémonos unos a otros, y con mayor razón ahora que vemos que aquel día se acerca"* (Hebreos 10:25). O incluso a aquellos que les basta con la asistencia semanal al servicio dominical de rigor sin entablar ninguna relación significativa con sus hermanos en la fe. Porque la fortaleza de la iglesia y, en consecuencia, la fortaleza de cada uno de sus miembros radica en la comunión. La comunión con Cristo, en primera instancia, pero también la comunión con los hermanos que Cristo hace posible y que no podemos despreciar impunemente.

Tal vez la principal razón por la que no valoramos la comunión en su justo lugar y proporción es que la idealizamos y cuando no resulta como la esperábamos, entonces nos sentimos frustrados y decepcionados y reaccionamos con amargo cinismo para terminar menospreciando la comunión, hablando incluso en su contra y marginándonos de ella para nuestro propio perjuicio. Por eso, no debemos idealizar la comunión, por lo menos, no en las condiciones actuales de nuestra existencia. De hecho, si no podemos dejar de reconocer que los creyentes no somos perfectos, es lógico que todas nuestras imperfecciones se reflejen de un modo u otro en nuestra comunión. Cierto diálogo entre una madre y un hijo ilustra bien las imperfecciones de la comunión. Es un diálogo que tiene lugar un domingo en la mañana cuando el hijo le dice a la madre que no tiene deseos de ir a la iglesia ese día, a lo que ella le pide tres razones por las cuales no hacerlo. El hijo accede y le dice: "Primero, porque hoy es domingo y quiero quedarme en cama descansando y viendo TV. Segundo, porque en esa iglesia hay personas que no me caen bien. Y tercero, porque en esa iglesia también hay personas a las que no les caigo bien". La madre, después de escucharlo le responde: "Muy bien. Ahora yo te voy a dar tres razones por las cuales debes ir a la iglesia: Primera, hoy es domingo: el día del Señor. Segundo, tú ya tienes cuarenta años y estás muy viejo para estar en éstas. Y tercero. ¡tú eres el pastor de esa iglesia!".

A la luz de todo esto el cristianismo de cristianos que no se congregan ni practican la comunión en el marco de la pertenencia a una comunidad eclesiástica cualquiera se torna sospechoso y pierde credibilidad, por más razones que esgriman para no hacerlo, pues en realidad no existe razón válida para no hacerlo si de nosotros depende. Mucho menos, por cuanto el argumento más típico e inmaduro de muchos creyentes para no congregarse son sus murmuraciones acerca de los defectos de la iglesia, como ya se denunció en su momento en el capítulo 17.

Además, como ya se señaló también al inicio del libro en relación con los no creyentes, asimismo en relación con los creyentes, todos los que entre ellos la emprenden, si no contra Dios, si contra el cristianismo y contra la religión en general y se han marginado de la comunión cristiana debido a experiencias traumáticas vividas en las iglesias, nunca se han puesto a pensar que sus prevenciones no son en realidad contra el cristianismo o contra la religión en general; sino contra la religión organizada, contra la cristiandad y contra la iglesia de la que al final de cuentas forman parte. La comprensión de esto es la piedra de toque que nos abre los ojos a la convicción de que la comunión es una necesidad, a pesar de las decepciones que nos pueda deparar y que no es, por tanto, sabio prescindir de ella. Porque sin la práctica de la comunión nuestras fragilidades, vulnerabilidades, soledades e indefensiones son mucho más manifiestas. Pero en el marco de la comunión disfrutamos de una comunidad de apoyo provista por Dios mismo que puede ayudarnos a sobrellevarlas mejor y a fortalecernos en los vínculos que la comunión provee. Una comunión a la que se aplica como anillo al dedo lo dicho por Jerry Ellis: *"Somos todos sólo hilos frágiles, pero, ¡qué tapiz formamos!"*.

Cipriano de Cartago, uno de los padres de la iglesia antigua, pronunció aquella conocida sentencia que dice: *"Nadie puede tener a Dios por Padre, si no tiene a la iglesia por madre"*. Por supuesto, su interpretación ha sido controvertida debido al sentido que el catolicismo le ha atribuido para indicar que por fuera de la iglesia católica no hay salvación, pues no es probable que esto fuera lo que Cipriano tenía en mente cuando lo dijo en una época tan temprana de la historia de la iglesia y tan diferente en muchos aspectos a la actual. Más bien, lo que esta sentencia tiene de cierto es que un cristiano auténtico no puede pretender llamar Padre a Dios si al mismo tiempo no valora, participa y disfruta de la comunión cristiana con sus hermanos, –hijos del mismo Padre–, en el seno de una congregación cristiana de sana doctrina de la cual forme parte, con todo y sus deficiencias.

La comunión es tan importante que para el cristiano maduro, para quien los sermones pueden tornarse en gran medida previsibles, la comunión misma puede llegar a ser más importante que escuchar el sermón dentro de las motivaciones que lo llevan a asistir cada domingo a los servicios de su iglesia. El sermón llega a convertirse para él en un valor agregado, aún en el caso de que se cuente en el púlpito con el mejor predicador del mundo. En lo personal, entre las variadas imágenes que la Biblia utiliza para referirse a la iglesia: rebaño de ovejas, cuerpo de Cristo, etc., hay una que me inspira sobremanera: la imagen de la iglesia como prometida y futura esposa de Cristo. Porque al amparo de esta imagen el que no se congrega y menosprecia así la comunión, es como el que pretende mantener una buena relación con el esposo al mismo tiempo que menosprecia a la esposa. Y me atrevo a asegurar que si yo mismo, con todas mis imperfecciones y egoísmos, no estoy dispuesto a mantener una buena relación con nadie que menosprecie a mi esposa, mucho menos creo que el Señor Jesucristo esté dispuesto a hacerlo.

Por eso, no debemos abandonar la comunión a pesar de lo defectuosa que pueda ser. No hay otra manera de entrenarse y prepararse para la comunión perfecta que un día disfrutaremos como propósito final de la vida cristiana. Esa misma comunión que hará que en el reino de Dios no exista el estado conyugal, como lo reveló el Señor: *"–La gente de este mundo se casa y se da en casamiento les contestó Jesús–. Pero en cuanto a los que sean dignos de tomar parte en el mundo venidero por la resurrección: ésos no se casarán ni serán dados en casamiento, ni tampoco podrán morir, pues serán como los ángeles. Son hijos de Dios porque toman parte en la resurrección"* (Lucas 20:34-36). En efecto, en el mundo venidero la comunión será tan plena entre todos los hijos de Dios que las relaciones anteriores entre padres e hijos y cónyuges, por buenas que hayan sido, estarán mandadas a recoger, pues ninguna de ellas le llegará a los tobillos o podrá compararse con la relación fraternal que disfrutaremos entre todos nosotros, sin celos, sin egoísmos y con un verdadero y puro amor desinteresado de los unos por los otros, pero a la vez de todos nosotros hacia Dios, sin exclusividades, exclusiones, ni favoritismos de ningún tipo. En el mundo venidero todos seremos ante todo hermanos disfrutando de la más pura y perfecta comunión y la única relación conyugal que existirá será la de Cristo, el esposo, con su esposa, la iglesia.

Dietrich Bonhoeffer, quien, como dato significativo, elaboró su tesis doctoral titulada, justamente, *La comunión de los santos,* base de su conocida obra *Vida en comunidad* dijo en ella lo siguiente: *"Muchas han sido las comunidades cristianas que han fracasado por haber vivido con una imagen quimérica de comunidad. Es lógico que el cristiano, cuando entra en la comunidad, lleve consigo un ideal de lo que ésta debe ser, y que trate de realizarlo. Sin embargo, la gracia de Dios destruye constantemente esta clase de sueños. Decepcionados por los demás y por nosotros mismos, Dios nos va llevando al conocimiento de la auténtica comunidad cristiana. En su gracia, no permite que vivamos, ni siquiera unas semanas, en la comunidad de nuestros sueños, en esa atmósfera de experiencias embriagadoras y de exaltación piadosa que nos enerva. Porque Dios no es un dios de emociones sentimentales, sino el Dios de la realidad. Por eso, sólo la comunidad que, consciente de sus tareas, no sucumbe a la gran decepción, comienza a ser lo que Dios quiere, y alcanza por la fe la promesa que le fue hecha... Cuanto antes llegue esta hora de desilusión para la comunidad y para el mismo creyente, tanto mejor para ambos. Querer evitarlo a cualquier precio y pretender aferrarse a una imagen quimérica de comunidad, destinada de todos modos a desinflarse, es construir sobre arena y condenarse más tarde o más temprano a la ruina".*

Sin embargo, la mejor, más lírica e inspiradora conclusión no sólo para este capítulo, sino para toda la primera parte de este libro es lo dicho por el español Carlos Díaz, quien terminó con estas conmovedoras palabras a favor de la comunión su obra *El don de la razón cordial*, con todo y los sentimientos encontrados que puedan despertar en nosotros: *"Qué discutible eres, Iglesia, y sin embargo cuánto te quiero. Cuánto me has hecho sufrir, y sin embargo cuánto te debo. Quisiera verte destruida, y sin embargo tengo necesidad de tu presencia. Me has escandalizado siempre, y sin embargo me has hecho entender la santidad. Nada he visto en el mundo más oscurantista, más comprometido, más falso, y nada he tocado más puro y más bello. Cuántas veces he tenido ganas de cerrarte en tu cara la puerta de mi alma, y cuántas veces he pedido morir sin embargo entre tus brazos seguros. No, no puedo irme de ti, porque soy tú, aunque no sea completamente tú. Además, ¿a dónde iría, a construir otra Iglesia mejor? ¿Cómo voy a hacerlo, sino con los mismos defectos, con mis pecados que llevo dentro?... Soy bastante mayor para entender que no soy mejor que los demás... La Iglesia tiene el poder de darme la santidad, y está formada toda ella, del primero al último, por pecadores, ¡y qué pobres pecadores! Tiene la fe omnipotente, invencible... y está compuesta por hombres débiles, perplejos, que se debaten cada día contra la tentación de perder la fe. Lleva un mensaje de pura transparencia y está encarnada en una masa sucia, como sucio es el mundo. Habla de la dulzura del Maestro, de su no violencia, y en la historia ha mandado ejércitos a destruir fieles y a torturar herejes... A cada uno de nosotros Dios le dice como a la Iglesia: 'Yo te haré mi esposa para siempre'. Pero al mismo tiempo nos recuerda nuestra realidad: 'Tu impureza es como la herrumbre. He querido limpiarla, ¡trabajo inútil! Es tan abundante tu miseria, que no se quita ni con el fuego'... Pero hay algo más bello: el Espíritu Santo, que es amor, es capaz de hacernos santos, inmaculados, bellos y vírgenes, aún vestidos de bribones y adúlteros. El perdón de Dios, cuando nos llega, hace transparente a Zaqueo, y hace inmaculada a Magdalena la pecadora. Es como si el mal no hubiese podido tocar la profundidad metafísica del hombre. Es como si el amor hubiese impedido pudrirse el alma... Nos llama 'vírgenes' aun cuando estemos de retorno de la enésima prostitución en el cuerpo, en el alma y en el corazón. Pero es que Dios es Dios: el único capaz de hacer todas las cosas nuevas".* Y lo hace siempre en el marco de la comunión de los santos.

Termina aquí la primera parte del libro enfocada en la autocrítica imprescindible hacia la iglesia de la que formamos parte, para sacar así la viga de nuestro propio ojo antes de pretender sacar la paja del ojo ajeno, que en este caso representa la visión secular que el mundo promueve, de ninguna manera mejor —pues dista mucho de serlo— de la que la iglesia predica, como espero dejarlo establecido en la segunda parte de este libro.

SEGUNDA
PARTE

"Y bienaventurado es el que no se escandaliza de mí"

Mateo 11:6 (LBLA)

23.
El escándalo del cristianismo

"Para los que no creen, esa piedra también es: «Una piedra de tropiezo y roca de escándalo». Tropezaron porque no obedecieron el mensaje; eso es lo que Dios tenía planeado para ellos"

1 Pedro 2:8 (PDT)

Llegamos al capítulo que inaugura la segunda parte de este escrito y que le da título a todo el libro. El apóstol Pedro afirma aquí que Jesucristo es la roca que escandaliza y en la que tropiezan los no creyentes. Y no deja de ser desconcertante que Cristo, el único hombre sin pecado que ha vivido sobre la faz de la tierra en toda la historia de la humanidad, pueda llegar a escandalizar a alguien. Pero así es. Aunque nos cueste entenderlo, la Biblia nos revela lo que la experiencia humana ha podido comprobar a lo largo de la historia: esto es, que el mensaje y la persona de Cristo constituyen un escándalo para personas de todas las extracciones, desde los gobernantes y los poderosos; pasando por los intelectuales, sabios y eruditos; y continuando con la aristocracia, la oligarquía y la burguesía de este mundo; sin excluir al hombre promedio; el hombre del común, el anónimo hombre "razonable", "respetable", "decente" y "de bien". El que afirma "no hacerle mal a nadie". En fin, todos los que se miden entre sí de acuerdo con los convencionalismos, usos y costumbres de nuestra sociedad secular, se escandalizan y tropiezan en Cristo.

Para entender mejor esto, debemos tener presente que el Señor Jesucristo respaldó por completo todo el contenido de la Biblia, reiterando su procedencia divina, sin el menor resquicio de duda sobre la autoridad y veracidad de todas sus partes. Y es aquí donde comienza el escándalo de muchos. Así, Thomas Paine decía que en vista de: *"las historias obscenas, las orgías voluptuosas, las ejecuciones crueles, la venganza implacable que llenan más de la mitad de la Biblia..."*, ésta debería ser considerada *"...una historia de maldad que ha servido para corromper y embrutecer al género humano"*. Siempre han existido personas que argumentan que las historias bíblicas son poco edificantes, e incluso ofensivas para la sensibilidad de muchos. El teólogo R. C. Sproul, ante la acusación de uno de sus oyentes en el sentido de que el mensaje de la Biblia era obsceno y primitivo, respondió que, efectivamente, la Biblia era exactamente eso: obscena y primitiva. Y es que no podría ser de otro modo considerando la naturaleza pecaminosa del hombre, cuyas historias más truculentas y escabrosas quedaron registradas allí como situaciones de hecho, sin que por ello deba presumirse que son aprobadas o tan siquiera toleradas por Dios.

Es por eso que el Dr. Alfonso Ropero dice en uno de sus libros algo que puede incomodar y escandalizar, incluso a uno que otro cristiano: *"Hasta la perspectiva de Satanás es importante en orden al conocimiento. Su pecado fue uno de falsa perspectiva"*. Pero el hecho es que la Biblia ratifica esta afirmación, pues en ella se registran las falsas perspectivas de muchos de los protagonistas de la historia sagrada, sin que esto signifique que tengan por ello la sanción divina. Desde la misma equivocada y en gran medida desquiciada perspectiva de Satanás, que llevó a John Milton a expresar en su gran poema épico, *El Paraíso Perdido*, su propia interpretación de los motivos que se hallaban detrás, poniendo en boca de Satanás las siguientes palabras que se han hecho célebres: *"Reinar vale la pena, aunque sea en el infierno. Mejor es reinar en el infierno que servir en el cielo"*. Y es que, al igual que él, nosotros mismos no estamos exentos de justificar nuestros actos pecaminosos por medio de argumentos que, a pesar de ser equivocados, nos parecen lógicos y correctos en un momento dado.

El psicoanálisis ha acuñado un término para designar este fenómeno: racionalización, que consiste en la búsqueda de motivos razonables, pero no reales, para justificar los actos más irracionales. Este recurso sigue sobre la mesa a la hora de evadir nuestra responsabilidad y acallar el testimonio de nuestra conciencia respecto de nuestros pecados. Sólo sus nefastas consecuencias pueden desenmascarar y dejar expuestas finalmente nuestras más elaboradas racionalizaciones. Por esta causa, Dios dejó constancia de estas falsas perspectivas y sus consecuencias en las Escrituras: *"Todo esto les sucedió para servir de ejemplo, y quedó escrito para advertencia nuestra..."* para concluir con algo que ya mencionamos: *"Por lo tanto, si alguien está firme, tenga cuidado de no caer"* (1 Corintios 10:11-12). Porque lo cierto es que la verdadera razón por la cual muchos la emprenden contra la Biblia y se escandalizan de ella, es porque deja expuestas sus racionalizaciones.

Ya hemos dicho que no podemos acercarnos a la Biblia con el deseo de escuchar lo que nos agrada, o lo que pensamos que nos conviene. Molière dijo una gran verdad: *"Cuanto más queremos a nuestros amigos, menos los lisonjeamos"*. Y es precisamente debido a que Dios nos ama, que no está dispuesto a tratar lisonjeramente a la humanidad. Él mismo ha dicho: *"A fin de cuentas, más se aprecia al que reprende que al que adula"* (Proverbios 28:23). Confrontar la verdad de nuestra naturaleza pecaminosa no es grato, pero es necesario para poder apreciar y aplicar la solución que Dios en su amor ha provisto para el pecado. El Señor denunció a los falsos profetas que aplicaban "paños de agua tibia" a los problemas de fondo del pueblo, con estas palabras: *"han engañado a mi pueblo diciendo: '¡Todo anda bien!', pero las cosas no andan bien; construyen paredes endebles de hermosa fachada. Pues... sus fachadas se vendrán abajo..."* (Ezequiel 13:10-16). En consecuencia, quienes piensan como Thomas Paine, son personas prejuiciadas que temen verse reflejadas y expuestas por la Biblia, y proceden entonces a cuestionarla y atacarla virulentamente, como lo hacen también los llamados "nuevos ateos" con el mediático Richard Dawkins a la cabeza.

Este último se une a Thomas Paine para decir lo siguiente en el segundo capítulo de su libro *El espejismo de Dios*: *"El Dios del Antiguo Testamento es posiblemente el personaje más molesto de toda la ficción: celoso y orgulloso de serlo; un mezquino, injusto e implacable monstruo; un ser vengativo, sediento de sangre y limpiador étnico; un misógino, homófobo, racista, infanticida. Genocida, filicida, pestilente, megalómano, sadomasoquista; un matón caprichosamente malévolo"*. La virulencia de Dawkins no agota adjetivos para injuriar a Dios y no es el propósito de este capítulo responder una a una a las objeciones relacionadas por él, que presuntamente justificarían su civilizada sensibilidad ofendida y escandalizada ante la Biblia y el cristianismo que se apoya en ella. Pero sí nos ocuparemos de la acusación principal que domina su diatriba: la acusación de genocidio y las razones detrás de las ejecuciones sumarias en la Biblia.

Este es uno de los más populares motivos de escándalo injustificado para una multitud de personas, que atacan el carácter de Dios revelado en la Biblia señalando las presuntas matanzas crueles, indiscriminadas y arbitrarias ordenadas o llevadas a cabo por Dios en el Antiguo Testamento. No puede negarse que en el Antiguo Testamento Dios ejecutó de manera sumaria e inmediata a personajes como Nadab y Abiú, los hijos mayores del sacerdote Aarón, el hermano de Moisés, tan sólo por haberse tomado algunas aparentemente inocentes atribuciones no autorizadas en el ejercicio de sus responsabilidades sacerdotales. Y ejecutó igualmente a Uza, el coatita, por haber extendido su mano para detener la caída del arca del pacto cuando era trasladada a Jerusalén por el rey David en una carreta. En la misma línea, la pena de muerte por apedreamiento estaba ordenada en la ley mosaica para cerca de 35 transgresiones diferentes, algunas tan triviales para la mentalidad de hoy como maldecir a los padres, desobedecerlos, blasfemar, quebrantar el día de reposo o llevar a cabo prácticas idolátricas.

Y si esto no fuera suficiente, Dios ordenó el exterminio total y sin contemplaciones de los pueblos cananeos, sin discriminar a hombres, mujeres, niños o animales en el proceso. Sin mencionar las ejecuciones de otros tristemente célebres personajes bíblicos, como Coré, Datán y Abirán, o la de Acán y su familia. Todo esto parece pintar un cuadro sombrío del carácter de Dios y hacer de Él un Ser irascible, severo, cruel, arbitrario e inmisericorde, como lo señalan los detractores del cristianismo. Pero la verdad es que existe una lógica contundente y una justicia estricta en este tipo de episodios, que debemos conocer bien, antes de engrosar el grupo de quienes se escandalizan ante estos hechos. En primer lugar, debemos recordar que desde el principio Dios dejó muy claras las reglas del juego, al informarle a la humanidad en cabeza de Adán y Eva que: *"... el día que de él comas, ciertamente morirás... la persona que peque morirá"* (Génesis 2:17; Ezequiel 18:4). Dios estableció así reglas de juego muy claras y justas para nosotros, sus criaturas humanas, seres cuya existencia es una concesión gratuita e inmerecida que le debemos por completo a Él, al igual que las vasijas le deben por completo su existencia al alfarero, respecto de lo cual es del todo improcedente que las criaturas cuestionen las determinaciones de Aquel a quien le deben su existencia.

Y esas reglas claras y justas consistían en que el pecado o la desobediencia –cualquiera que ésta fuera–, acarreaba la muerte sumaria e inmediata del culpable. En otras palabras, las reglas del juego originales establecían que en el mismo momento en que pequemos, deberíamos ser justamente ejecutados por Dios. El Nuevo Testamento de hecho lo ratifica: *"... la paga del pecado es muerte"* (Romanos 6:23), así, sin matices que suavicen su alcance. Tal vez esto no sea misericordioso, pero ciertamente es justo. Porque antes que nada la Biblia nos revela que Dios es justo. Y no hay nada de arbitrario en el hecho de que la justicia divina demande que el pecado de sus criaturas humanas sea castigado con la muerte sumaria e inmediata. ¿Por qué habría, pues, el hombre moderno de escandalizarse y rasgarse las vestiduras cuando Dios decide ejecutar de manera sumaria e inmediata a hombres a todas luces desobedientes y pecadores como Coré, Datán y Abirán; Acán y su familia cómplice e incluso Nadab y Abiú, Uza el coatita o los pueblos cananeos que habitaban la Tierra prometida?

Tal vez nos parezca excesivo. Al fin y al cabo "nadie es perfecto" y "errar es humano". Pero eso no significa que por causa de nuestra opinión al respecto Dios tenga que cambiar las reglas de juego originales y rebajarlas para acomodarlas a nuestra subjetiva y sesgada percepción. Un Dios justo y santo no tiene por qué negociar su carácter y rebajar sus normas para acomodarlas a nuestra condición pecaminosa. De hecho, nadie tiene reparo a la revelación bíblica en el sentido que *"Dios es amor"* (1 Juan 4:8). El problema es que hemos llegado a convertir y reducir el amor de Dios a una simple connivencia o complicidad sensiblera y encubridora del pecado del hombre. Pero como lo dice Henry Stob: *"Dios no puede... amar a expensas de la justicia. Dios, en su amor, va en verdad más allá de la justicia, pero en ese amor no hace otra cosa que justicia. La cruz de Cristo... es, al mismo tiempo, una cruz de juicio y una cruz de gracia. Revela la paridad de la justicia de Dios y de su amor. Es de hecho el establecimiento, en un solo evento, de ambos".*

Por eso, los episodios ya mencionados del Antiguo Testamento e incluso los casos de Ananías y Safira, y el rey Herodes en el Nuevo Testamento, ejecutados también de manera sumaria por el mismo Dios del Antiguo Testamento que se revela en Cristo, no son manifestaciones de brutalidad por parte de un Dios carente de amor, sino gráficos precedentes que nos recuerdan que no podemos dar por sentada la misericordia como si esta fuera una obligación que el amor le impone a Dios, sino que antes que nada Él es santo y justo y considera oportuno recordárnoslo de cuando en cuando, para que no lo olvidemos. Porque eso es lo que sucede. Que la humanidad en general se acostumbra tanto a la pauta general por la cual Dios ha decidido concedernos misericordia y gracia masiva e indiscriminada y no la justicia estricta que mereceríamos, que cuando Él decide sentar un precedente de justicia estricta, entonces nos escandalizamos e impugnamos a Dios acusándolo de sangriento, cruel y arbitrario y exigiéndole misericordia, cuando Dios de ningún modo nos debe misericordia. Lo único que Dios nos debe es justicia. Y en justicia todos deberíamos ser ejecutados en el acto, puesto que: *"... «No hay un solo justo, ni siquiera uno… pues todos han pecado y están privados de la gloria de Dios"* (Romanos 3:10, 23).

Todos los ejecutados evidencian, además, faltas puntuales y actos de desobediencia concretos que justificarían sus ejecuciones, librando a Dios de cualquier sombra de arbitrariedad de su parte. Con especialidad los pueblos cananeos exterminados por los judíos por expresa instrucción divina, pues es algo ya establecido más allá de toda discusión que estos pueblos eran extremadamente licenciosos, crueles, corrompidos e idólatras y practicaban, entre otras cosas, sacrificios de niños de brazos a sus dioses, arrojados vivos a hornos ardientes de manera sistemática, y prostitución ritual masiva de carácter hetero y homosexual asociada a sus prácticas religiosas y otras cosas de este mismo estilo; además de que la Biblia nos revela que Dios, en su paciencia, les había concedido ya un plazo de gracia de 400 años para ver si cambiaban para mejorar, pero que en vez de eso terminaron empeorando y llegando al colmo de su condición corrupta.

Y en relación con la pena de muerte por lapidación o apedreamiento, contemplada en la ley mosaica para cerca de 35 infracciones diferentes, esto en realidad es una expresión de la misericordia de Dios más que de su justicia. Es una reducción notable y muy significativa de las faltas que ameritaban la muerte como castigo. En el Edén Dios estableció que el pecado o la desobediencia, cualquiera que fuere, acarreaba la muerte para el ofensor. En la ley mosaica únicamente 35 faltas específicas de todas aquellas que el ser humano pudiera llegar a cometer –que son, ciertamente, mucho más de 35– deberían ser castigadas con la muerte. En relación con los demás pecados, el ser humano recibía misericordia de Dios al ser indultado por Él y poder continuar viviendo a pesar de haberlos cometido. Tampoco hay aquí nada arbitrario, caprichoso ni cruel.

Y si la gran mayoría de nosotros seguimos en pie, no es gracias a nuestra justicia, sino a la misericordia y paciencia divinas como nos lo recordó el profeta Jeremías cuando declaró, agradecido: *"Por la misericordia del Señor no hemos sido consumidos, porque nunca decayeron sus misericordias. Nuevas son cada mañana; grande es tu fidelidad"* (Lamentaciones 3:22-23). Estamos vivos cada mañana por gracia y misericordias inmerecidas, pues si Dios actuara con nosotros con estricta justicia, todos los días deberíamos caer fulminados, ejecutados justamente por Él tan pronto cometemos el primer pecado de la jornada, ya sea de pensamiento, palabra, obra u omisión. Esa es la verdad contundente que necesitamos oír, pero que escandaliza a muchos y los lleva a rechazar el evangelio, posando de ofendidos por los requerimientos y las verdades de cualquier modo dolorosas que él nos da a conocer.

24.
El pensamiento políticamente correcto

"»¡Ay de ustedes... que son como sepulcros blanqueados. Por fuera lucen hermosos, pero por dentro están llenos de huesos de muertos y de podredumbre. Así también ustedes, por fuera dan la impresión de ser justos, pero por dentro están llenos de hipocresía y de maldad"

Mateo 23:27-28

Carlos Alonso Lucio, ex dirigente del movimiento guerrillero M-19 y ex senador de la república de Colombia, narra en su libro *Cristianos ¡Salid del clóset!* un episodio vivido en una prestigiosa universidad secular cuando, siendo estudiante ya entrado en madurez y con toda la experiencia acumulada, tanto de su vida subversiva como de su posterior vida política como desmovilizado en el marco del establecimiento; se vio impulsado por su fe a rebatir en voz alta en medio de la clase algunas de las afirmaciones del maestro en el aula universitaria, a lo cual éste respondió de esta manera: *"−No es necesario que adelantemos esta discusión en clase, no sería políticamente correcto. Con mucho gusto podremos conversar por fuera de clase −me respondió"*, con lo que el profesor consideró zanjada la discusión sin necesidad de dar respuestas satisfactorias al aventajado estudiante que lo interpelaba públicamente.

A raíz de este episodio Carlos Alonso Lucio concluyó que, en su condición de cristiano declarado: *"Con el remoquete de 'lo políticamente correcto' se han propuesto desterrarnos del debate abierto, confinando nuestras convicciones a la esfera de lo privado".* Así, el mundo está dispuesto a "tolerar" las creencias y convicciones de fe de los creyentes, siempre y cuando no se ventilen públicamente y no generen discusiones que cuestionen lo políticamente correcto, así estos cuestionamientos se expongan de manera respetuosa y se debatan con razones bien sustentadas y la debida altura intelectual y argumental requerida, pues el pensamiento políticamente correcto es el nuevo fetiche ideológico colocado en un pedestal por el pensamiento secular, a salvo de los cuestionamientos que cualquiera, y en especial los cristianos, osen dirigir contra él, juzgando esto último como un imperdonable irrespeto que no debe ser ya tolerado de ningún modo.

Ciertamente, una de las batallas culturales que el cristianismo libra en la actualidad, a semejanza de su polémica con el pensamiento pagano antiguo, es la que tiene que ver con el llamado "pensamiento políticamente correcto". Comenzando por los eufemismos, algunos de ellos verdaderamente ridículos, que esta forma de pensamiento ha puesto en boga para poder expresarnos bien, evitando así ofender o excluir a nadie, pues el santo grial del pensamiento políticamente correcto es la inclusión a toda costa y sin ningún criterio que la guíe. A manera de ejemplo, ya no es bien visto decir "prostituta" sino "trabajadora sexual". No es correcto "sudar" sino "transpirar". Es ofensivo señalar la "raza" de alguien, pues ya no existen las razas sino las "etnias". Por consiguiente ya ni de cariño se le puede decir "negro" a alguien, así lo sea, sino que hay que referirse a él como "afrodescendiente". Pero tampoco se le puede decir "blanco" al individuo de cabello y ojos claros y con escasa pigmentación en su piel, sino "caucásico". Si alguien se nos acerca con "mal aliento" es solo impresión nuestra, puesto que lo que en realidad padece es de "halitosis". Y si tiene el pésimo gesto de soltar "gases" en público ya no se le puede reprender, sino compadecerlo por sus incontinentes "flatulencias".

Pero más allá de estos aspectos que se prestan a la hilaridad y que podríamos considerar hasta cierto punto anecdóticos, debemos detenernos con la debida seriedad en las ideologías que alimentan el pensamiento políticamente correcto y se encuentran detrás de él. Ideologías que el pensamiento políticamente correcto busca defender y promover, en oposición al cristianismo. Estas ideologías forman todas ellas parte de la misma gran familia o parentela, a cuyos exponentes más conocidos vamos a dedicar los siguientes párrafos, señalando la evidente conexión y respaldo mutuo que se prestan los unos a los otros, como lo harían los integrantes de una familia bien cohesionada y estructurada que no admiten señalamientos sobre ninguno de los miembros que la conforman, poniendo la solidaridad entre ellos por encima de cualquier otra consideración, por razonable que pueda ser y por mucho que se caiga de su peso.

La primera de estas ideologías que se halla en la base del pensamiento políticamente correcto es el escepticismo, a quien podríamos identificar como el padre que engendra a todas las demás, entre las que encontramos también el relativismo, el pluralismo, el multiculturalismo, y el subjetivismo. El escepticismo es el padre de todas estas ideologías en boga, no sólo por ser la raíz conceptual de todas ellas, sino por ser de lejos la ideología que se remonta más atrás en el tiempo a la época de los griegos. El escepticismo fue, entonces, una escuela filosófica entre los griegos, con sede en la misma Academia inaugurada por el gran filósofo clásico, Platón. Esta escuela filosófica niega la existencia de una verdad objetiva y universal válida para todos o, por lo menos, niega la posibilidad de poder llegar a conocerla, aun si existiera. Para ellos todos los juicios que podamos hacer sobre la realidad están siempre condicionados y, por lo mismo, son parciales y no pueden, por tanto, constituir un cuerpo absoluto de conocimientos. Por eso los escépticos preferían no emitir juicios, sino meras opiniones. Con esta actitud en apariencia conciliadora y tolerante ellos pretendían no entrar en conflictos con nadie y evitar así verse obligados a defender sus opiniones ya que, para ellos, no existían verdades objetivas. Pero es difícil creer que se puede permanecer por mucho tiempo en este estado de ambigüedad e incertidumbre permanente, producto de la carencia de confiabilidad de cualquier conocimiento adquirido que podamos profesar.

Relacionado lado a lado con el escepticismo encontramos al relativismo, ideología que refuerza las actitudes propias del escepticismo en la medida en que éste consiste en la afirmación de que no existen absolutos, o dicho de otro modo, que no existe el bien y el mal, la verdad o la mentira, con validez universal sino que todo es relativo o "depende de". Tal vez quien mejor lo expresó fue el poeta español Ramón de Campoamor en su conocido poema que dice: *"En este mundo traidor nada es verdad ni es mentira, todo es según el color del cristal con que se mira".* Ante este panorama, el gracioso e ingenioso juego de palabras contradictorias y sin sentido pronunciado por el comediante Cantinflas en una de sus películas, deja de ser absurdo y se vuelve muy lógico. Concluía él en cierta oportunidad una discusión diciendo: "Estoy totalmente de acuerdo contigo, pero pienso todo lo contrario".

En tercer lugar aparece una de las ideologías más dominantes y más mencionadas y promovidas en la actualidad por el pensamiento políticamente correcto: el llamado pluralismo. Este sostiene, de manera puntual y escueta, que la opinión de todos cuenta y pesa por igual y debe, por tanto, ser tenida en cuenta y defiende esta convicción a capa y espada en contra de quienes no piensan igual. El pluralismo da lugar, a su vez, a una versión más sofisticada que se conoce como multiculturalismo, la postura de quienes afirman que todas las culturas son igualmente válidas y respetables y considera, entonces, normativo el dicho que afirma: "a donde fueres haz lo que vieres". Y finalmente, todas ellas derivan y concluyen, aun a su pesar y aunque se resistan a reconocerlo abiertamente, en el subjetivismo, la más descarada, individualista y difícil de defender de todas estas ideologías hoy vigentes, al postular que cada persona tiene el derecho ya no sólo de opinar, sino de sostener y defender su propia verdad, la cual debe ser respetada y no debe ser cuestionada por quienes sostienen puntos de vista diferentes e incluso contrarios sobre la verdad.

Presuntamente, todas estas ideologías permitirían tener en cuenta e incluir a todo el mundo, de la manera más tolerante y civilizada, en la convivencia armoniosa entre los pueblos en el marco del ideal moderno de la tolerancia, sin tener que entrar en controversias, discusiones ni debates, ni tener que afrontar los desacuerdos, choques y enfrentamientos en muchos casos violentos que la historia conoce alrededor de las diferencias de pensamiento entre los distintos individuos y los variados grupos humanos por ellos conformados. Pero todo esto no deja de ser más que un romanticismo ingenuamente optimista, que no logra superar el más elemental análisis lógico y racional y se ve desmentido continuamente por la experiencia humana cotidiana de cada día y, en el caso hipotético de que lograra lo que persigue, lo haría a un costo demasiado elevado, como es el sacrificio de la verdad. Así, el pensamiento políticamente correcto nos permitiría vivir y convivir pacíficamente, pero no nos daría una razón por la cual vivir consistentemente y, habiendo comenzado por el escepticismo, terminaría también en el escepticismo sombrío, cínico y desesperanzado de quienes piensan que no existe nada confiable en lo cual creer y por lo cual vivir.

Ahora bien, la tolerancia es un valor que no es ajeno a la Biblia y ha estado siempre presente en ella de muchas maneras, obligándonos, entonces, a señalar aquellas cosas rescatables que existen dentro de las anteriores ideologías que pasan el examen bíblico, sin tener por ello que suscribirlas o respaldarlas como un todo. En este orden de ideas el pluralismo acierta en cuanto a que toda persona tiene derecho a expresar su opinión, −ojalá de manera respetuosa−, y a ser escuchada por los demás. Pero esto no significa que toda opinión tenga la misma validez y que no pueda ser discutida, rebatida y refutada por otras opiniones más y mejor sustentadas.

Asimismo y a semejanza del multiculturalismo, el cristianismo también afirma que toda cultura puede y debe ser considerada y evaluada a la hora de hacer aportes a la construcción del bienestar colectivo y global, pues presume que a la luz de la Biblia y de la iluminación o capacidad de razonamiento que Dios ha otorgado a todos los hombres, sean o no creyentes; toda cultura puede tener algo que aportar a este proyecto compartido por toda la humanidad. Pero al mismo tiempo no cree que todos los aspectos de las diferentes culturas humanas sean por sí mismos constructivos y estén exentos de crítica, sino que en muchos casos hay aspectos de ciertas culturas que tienen un potencial destructivo y contrario a la globalmente compartida ética universal que subyace a todas las culturas y debe, por lo mismo, ser combatido. De igual modo, el cristianismo le concede al relativismo que no existe ser humano, por capaz, dotado o "iluminado" que pueda ser, que pueda ver por sí solo la totalidad de la verdad, sino a lo sumo algunos matices particulares o ciertos aspectos más o menos destacados de ella, combatiendo así la actitud soberbia, cerrada y censurablemente dogmática que se ha dado al interior de la religión en general y de la iglesia cristiana en particular a lo largo de la historia. Pero al mismo tiempo reconoce y defiende la convicción de que hay aspectos puntuales de la verdad que son tan claros y evidentes para todo observador desprejuiciado, que tienen validez universal y no "dependen de".

Y en lo que tiene que ver con el subjetivismo, el cristianismo defiende el valor de las perspectivas particulares de cada individuo humano, con base en las experiencias subjetivas vividas en un momento dado por cada persona. Experiencias que no dejan de ser reales ni pueden ser descalificadas por el simple hecho de que no puedan ser demostradas de manera objetiva, concluyente e indiscutible. Pero al mismo tiempo, está muy lejos de afirmar que la realidad dependa de la perspectiva o interpretación particular de cada sujeto, al punto que haya tantas realidades diferentes como sujetos que las formulan. Y por último, concerniente al escepticismo, el cristianismo reconoce la necesidad de someter a examen las propias creencias, pero sin que esta recomendable actitud inquisitiva nos lleve a concluir que no existe ningún conocimiento seguro y confiable, sino todo lo contrario, a corregir y reafirmar continuamente nuestras creencias de manera humilde pero ilustrada al mismo tiempo, con cada vez mayor convicción y conocimiento de causa. De hecho, en el capítulo 4 ya indicamos que la Biblia fomenta en el creyente un sano escepticismo, en el sentido etimológico del término. Sin estas correcciones el escepticismo extremo lo único que hace es destruir sin construir nada a cambio.

Y es que en último término todas estas ideologías se terminan refutando a sí mismas, ya que las afirmaciones presuntamente abiertas y flexibles de relativistas, pluralistas y multiculturalistas por igual son tan dogmáticas como las que ellos pretenden refutar, pronunciadas por la religión con el cristianismo a la cabeza. Porque, si todo es relativo, –como lo afirma el relativismo– ¿por qué habría alguien de suscribir la postura de los relativistas? ¿Cómo pueden ellos reclamar mayor validez para su postura si sostienen que todas las posturas son igualmente válidas? ¿Con qué argumentos pueden convencer a quien piensa que no todo es relativo sin traicionar al mismo tiempo su relativismo? Al fin y al cabo, ¿no indica el más elemental principio de no contradicción que algo no puede ser verdad y mentira al mismo tiempo y en la misma relación? Así, si lo que declaran estas ideologías es cierto, entonces lo que dicen quienes las combaten debe ser mentira y si ellos admiten esto último están contradiciendo su propia postura relativista al hacerlo. Si argumentan a favor de su postura terminan contradiciéndola y si no lo hacen pierden cualquier poder de convicción a favor de ella. En el caso del escepticismo, por ejemplo, argumentar a favor de él es como decir que sí podemos estar seguros de algo, y es de que no hay nada seguro. Salta a la vista la contradicción lógica en la que incurren.

Además, en la experiencia cotidiana comprobamos a diario que no todo "depende de". Porque aún escépticos, relativistas, multiculturalistas, pluralistas y subjetivistas tienen que estar de acuerdo con la llamada "regla de oro", por lo menos en su formulación más conocida que dice: "No hagas a otro lo que no quieras que te hagan a ti". Y al hacerlo están admitiendo que hay asuntos en que no se trata de *mi* verdad o de *tu* verdad, sino de *la* verdad. Una verdad que no depende del punto de vista de cada cual ni de todos juntos y que es verdad en todo lugar y en toda cultura, al margen de que se le reconozca o no como tal.

En realidad, el pensamiento políticamente correcto no es más que pose, pues al final está plagado de contradicciones y sofismas de distracción insostenibles que pretenden encubrir, bajo un barniz de civilidad, los aspectos más cuestionables de la condición humana que el evangelio está llamado a denunciar y corregir en nombre de la verdad. Una verdad que puede doler y ser incómoda para la mentalidad moderna, que prefiere hacer la vista gorda ante ella para no confrontar esta necesaria y saludable incomodidad. Una verdad que la iglesia debe seguir proclamando con amor y firmeza a quienes necesitan conocerla, sin permitir que el pensamiento políticamente correcto se convierta en una mordaza que nos impida hacerlo. Una verdad que se encarnó en forma humana y que, en virtud de ella, nos permite dirimir diferencias al poder apelar a una autoridad superior a la humana para resolverlas. La autoridad divina de Aquel que se presentó a sí mismo como el camino, la Verdad y la vida, y a Quien debemos ajustar y alinear nuestra verdad, para nuestro bien y beneficio tanto temporal como eterno.

25.
La teología liberal

"Jesús les contestó: —Ustedes andan equivocados porque desconocen
las Escrituras y el poder de Dios"

Mateo 22:29

La expresión "teología liberal" lleva a la gran mayoría de los creyentes que participan de forma activa y comprometida en las actividades propias de la iglesia y que constituyen las múltiples asambleas o congregaciones cristianas alrededor del mundo, a ponerse en guardia y recibir con muchas reservas y con actitud crítica todo lo que provenga de esta forma de teología. Y si bien los teólogos liberales no han dejado de hacer aportes constructivos a una mejor comprensión de la fe y de las dinámicas que involucra, las prevenciones hacia ellos están plenamente justificadas por parte de las iglesias conservadoras, al punto que la percepción generalizada que los creyentes que forman parte del grueso de la iglesia tienen hacia los teólogos liberales, es que con amigos así al cristianismo no le hacen falta enemigos.

La teología liberal no es más que la versión teológica del racionalismo filosófico que dominó gran parte de la era moderna a partir de la revolución francesa. Como tal, la teología liberal se caracteriza por la confianza en el hombre, el retorno a una libertad sin trabas, la fe en las posibilidades de la ciencia, el fuerte énfasis en lo natural y humano (en contraposición a lo sobrenatural y divino) y la aceptación del raciocinio o pensamiento discursivo como el método fundamental y el árbitro final en el establecimiento de la verdad. Valga decir que ninguno de estos rasgos es en sí mismo contrario al evangelio, sino que todos ellos, en su justo lugar y proporción, pueden incluso haber sido fomentados, impulsados y facilitados por él, pero siempre matizados por la subordinación de todos ellos a la revelación contenida en la Biblia, en la medida en que ésta siempre ha constituido para la iglesia el último tribunal de apelación sobre todos los asuntos relacionados con la fe y la práctica cristiana.

Sin embargo, la teología liberal se dejó seducir tanto por estas tendencias que terminó promoviendo una libertad sin restricciones respecto de toda otra fuente de autoridad diferente a la razón y cayó de este modo en la tiranía de la razón, confundiendo la verdadera y constructiva libertad promovida por el cristianismo auténticamente bíblico; con el destructivo libertinaje propio de la modernidad, de donde incluso la ética cristiana clásica, –dado que la ética fue prácticamente el único aspecto del cristianismo que la teología liberal consideró digno de conservar y discutir seriamente por parte de los teólogos–, fue reinterpretada para acomodarla a los nuevos tiempos, razón por la cual la primera idea que viene a la mente del cristiano raso ante la mención de los teólogos liberales, es la de la laxitud, las concesiones y el relajamiento moral dentro de la iglesia.

Y tal vez la segunda idea que en las iglesias se tiene de la teología liberal y de quienes la cultivan es la de personajes que, profesando ser cristianos y diciendo en muchos casos representar el cristianismo, son completamente distantes y ajenos a la vida comunitaria de la iglesia, envanecidos, enclaustrados y extraviados por completo en el campo de la academia, apacentándose entre especialistas y que ven prácticas como la comunión, la oración y la adoración con condescendiente actitud de superioridad, estando ya ellos por encima y exentos de estas prácticas imperativas para el resto de creyentes que no ostentan su nivel de preparación. He aquí las razones de mis declaradas prevenciones hacia la academia en el prefacio de este libro.

En realidad, todos los cuestionamientos a los que la teología liberal se hace merecedora surgen fundamentalmente de su actitud hacia la Biblia, como lo advirtió Calvino: *"Cuando no se tiene en cuenta la palabra de Dios se pierde todo el temor que se le debe"*. Porque si hay un aspecto compartido por todos los teólogos liberales es el poner en tela de juicio a la Biblia como palabra de Dios. Así, la doctrina de la inspiración divina de la Biblia, y no propiamente la mayor o menor erudición alrededor de ella, es el punto de infl exión que distingue y marca los linderos que separan a las posturas teológicas cuestionablemente liberales de las posturas teológicas confi ablemente conservadoras. En efecto, para los teólogos liberales la Biblia a lo sumo *contiene* palabra de Dios en una proporción indefi nida, mientras que para la ortodoxia conservadora la Biblia *es* en su totalidad *la* palabra de Dios con absoluta exclusividad, al margen de que los individuos la reconozcan o no como tal, bajo la convicción paulina de que: *"Toda la Escritura es inspirada por Dios y útil para enseñar, para reprender, para corregir y para instruir en la justicia, a fi n de que el siervo de Dios esté enteramente capacitado para toda buena obra"* (2 Timoteo 3:16-17). Los teólogos liberales parten, entonces, de la premisa de que la Biblia no carece de errores y faltas en su redacción en el propósito de darnos a conocer la verdad.

A partir de este punto, se termina, en nombre de la razón y de la presunta objetividad científi ca, atacando, distorsionando y negando las doctrinas bíblicas clásicas predicadas y defendidas por la iglesia a lo largo de la historia, dando lugar a un cristianismo en el cual, como lo dijo Richard Niebhur: *"Un Dios sin ira, lleva a gente sin pecado, a un reino sin juicio, mediante la obra de un Cristo sin cruz"*. Relacionemos, pues, de manera rápida algunos de los tópicos típicos de la teología liberal que han hecho carrera en el ámbito académico en el que se desenvuelven y que la han prestado un muy fl aco servicio al cristianismo "progresista" al que muchos de estos teólogos dicen representar.

El primero de estos tópicos es el relativo a la noción del mito, aplicada a las Escrituras en general y al evangelio en particular. Aplicación que lleva a estos teólogos a negarle a los relatos bíblicos su veracidad y confiabilidad histórica por una parte, como su originalidad, por la otra. En el primer sentido, la teología liberal llegó a mirar de manera condescendientemente paternalista a las comunidades pertenecientes a las épocas primitivas de la historia humana –incluyendo entre ellas, por supuesto, a la comunidad judía del primer siglo de la era cristiana–, como si todos ellos fueran niños incapaces de distinguir sin ayuda la realidad de la ficción y de pensar de manera lógica y racional más allá de los mitos y del misticismo que caracterizaba la atmósfera religiosa del momento. Así, pues, la teología liberal consideró que debía "corregirle la plana" a los escritos inspirados del Nuevo Testamento y proceder entonces a "desmitologizar" las narraciones de los evangelios y los

Hechos de los Apóstoles bajo el supuesto de que sus autores mezclaban en ellas de forma indiscriminada y confusa mito e historia o, dicho de otro modo, ficción y realidad. Pero lo cierto es que ni los apóstoles ni la comunidad del primer siglo de la era cristiana era tan ingenua como para no distinguir los hechos de las fábulas y leyendas surgidas alrededor de ellos, como lo ratifican muchas de sus incidentales afirmaciones que nos informan que ellos ya habían emprendido en su momento la "desmitologización" propuesta por la teología liberal, haciendo innecesario un nuevo esfuerzo en esta dirección, de tal modo que podemos confiar en que: *"Cuando les dimos a conocer la venida de nuestro Señor Jesucristo en todo su poder, no estábamos siguiendo sutiles cuentos supersticiosos sino dando testimonio de su grandeza, que vimos con nuestros propios ojos"* (2 Pedro 1:16).

Y en el segundo sentido, afirman que nada en las Escrituras es realmente original, pues sus doctrinas y contenidos no serían más que préstamos tomados de las mitologías paganas, reelaborados por los autores bíblicos. Con este argumento la Biblia y el cristianismo quedarían reducidos a ser tan sólo una narrativa mitológica de las muchas que la antigüedad nos ha dado a conocer y como tales podrían ser desechados junto con ellas como poco o nada confiables en el propósito de honrar y revelarnos la verdad de una manera objetiva y ceñida a los hechos. Pero además de que desde el punto de vista estrictamente lógico y racional las similitudes pueden muy bien explicarse también como influencia o rezagos de la verdad bíblica que se hallaría aún presente, pero de forma ya artificialmente adornada y tergiversada, en las mitologías paganas y no lo contrario; lo cierto es que los hallazgos arqueológicos evaluados con objetividad y sin prejuicios muestran algo muy diferente, confirmando de manera sustancial la veracidad de las narraciones bíblicas.

Una muestra de esta postura es la afirmación de Tom Harpur en el sentido de que: *"No hay nada que el Jesús de los evangelios hiciera o dijera... cuyo origen no pueda trazarse a miles de años antes, a los rituales de misterio egipcios y otras liturgias sagradas"*. Afirmación ligera que cae en el error de suponer o deducir de meras semejanzas de forma entre los misterios paganos y el cristianismo, que éste se apoya en aquellos. No sólo porque el cristianismo se basa en hechos suficientemente establecidos por la investigación histórica, a diferencia de los mitos que dan pie a los misterios paganos; sino también porque los teólogos liberales convierten arbitrariamente las eventuales semejanzas formales entre las religiones de misterio y el cristianismo en influencia de las primeras sobre el último y no contentos con ello, terminan también afirmando que las religiones de misterio son, entonces, la fuente verdadera de la que se nutre el cristianismo. Es significativo que incluso un teólogo liberal como Harnack denuncie y rechace estas conclusiones con estas palabras: *"Debemos rechazar la mitología comparativa que encuentra una vinculación causal entre todo y todo lo demás... Con estos métodos uno puede convertir a Cristo en un dios solar... o uno puede apelar a las leyendas acerca del nacimiento de cualquier dios concebible, o... asimilar cualquier especie de paloma mitológica para que sirva de compañía a la paloma bautismal... la varita mágica de las «religiones comparadas» elimina de forma triunfante cualquier rasgo espontáneo en cualquier religión".*

No sorprende, entonces, que con este cuestionable método, unido a su prejuicioso rechazo a los milagros y a lo sobrenatural, la teología liberal niegue doctrinas como la resurrección mediante confusos refinamientos tales como la afirmación de que la resurrección de Cristo no involucró su regreso a la vida con un cuerpo palpable y tangible de carne y hueso, sino que simboliza tan sólo el paso de un nivel inferior a uno superior de existencia incorpórea. Adicionalmente y en relación con ello, estos teólogos llegan a sostener sin ningún fundamento firme que la muerte y la resurrección del Señor no serían más que una forma de hacer referencia a los ciclos de noche y día y en especial al ciclo de fertilidad por el que la naturaleza "muere" en el invierno para "resucitar" nuevamente en la primavera. Así, el "mito" de la sobrenatural resurrección de Cristo sería tan sólo una más de las coloridas e imaginativas maneras de expresar el hecho natural de los ciclos de fertilidad de los que darían cuenta todas las mitologías antiguas, incluyendo entre ellas al cristianismo.

De hecho, el segundo de los grandes tópicos de la teología liberal es su cuestionamiento de la identidad de Cristo. En particular, su declarada y bien sustentada divinidad. Porque si bien es cierto que la teología cristiana postula la distinción entre el llamado "Jesús histórico" y el "Cristo de la fe", los teólogos liberales llegan muy lejos al declarar que el "Cristo de la fe" es ficticio y muy diferente al "Jesús histórico" que sería el único que tendría detrás el respaldo de los hechos. Hechos que mostrarían a un hombre tan sólo, por exaltado que pueda ser, sin relación con lo sobrenatural y lo divino, adornado luego por la iglesia con las leyendas y mitos que rodearían al "Cristo de la fe". Porque lo cierto es que no importa que tan alto se quiera encumbrar la humanidad de Cristo, estamos traicionando su mensaje si de manera paralela y simultánea no se afirma también su divinidad, pues: *"... a Dios le agradó habitar en él con toda su plenitud... Toda la plenitud de la divinidad habita corporalmente en Cristo"* (Colosenses 1:19; 2:9).

Desde esta perspectiva el hecho de que Dios llegara a ser hombre se juzga como una ficción mitológica que, una vez descartada como tal, deja también sin ningún apoyo cualquier pretensión histórica de Jesucristo por igualarse a Dios, ignorando que son justamente los hechos históricos alrededor de la persona de Jesús de Nazaret los que respaldan con sobrada solvencia su pretensión de ser Dios desde el mismo momento de su concepción como hombre en el vientre de la virgen María. Los gratuitos revisionismos alrededor de la persona de Cristo emprendidos por la teología liberal están, pues, mandados a recoger, dándole la razón a Lee Strobel cuando declara: *"Se ha dicho que Jesús era un intelectual... un cínico mediterráneo... un feminista andrógino... un inteligente farsante mesiánico; un mago homosexual... un revolucionario... un maestro de judaísmo Zen"*, terminando por referirse así a estas peregrinas teorías: *"A lo largo de la Historia, aquellos que han investigado a Jesús han descubierto, a menudo, exactamente a quien querían encontrar"*. Es decir, a un voluble Jesús hecho a su imagen y semejanza. Pero el Jesús verdadero de los Evangelios permanece en pie desenmascarando estas falsificaciones, puesto que: *"Jesucristo es el mismo ayer y hoy y por los siglos"* (Hebreos 13:8)

El último de los tópicos de la teología liberal que mencionaremos aquí es el que tiene que ver con la noción del pecado. En este caso, la teología liberal se pronuncia en oposición a la postura clásica sobre el pecado predicada por la iglesia con fundamento en la Biblia, que afirma su realidad y nos exhorta a no contemporizar de ningún modo con él negándolo, justificándolo o atenuándolo, sino más bien procediendo rápidamente a reconocerlo por lo que es y a arrepentirnos y confesarlo sincera y humildemente ante Dios, tomando medidas para apartarnos de él. Pero para poder hacer lo anterior es necesario comenzar por aceptar conceptualmente la existencia del pecado. Y es aquí donde la teología liberal se caracteriza por su cuestionamiento de la noción misma de pecado, declarándola por completo anacrónica o impropia de los tiempos en que vivimos. Este era el centro de la crítica de Richard Niebuhr a la teología liberal en su frase ya citada. Porque en su intento de hacer aceptable el cristianismo a la mentalidad moderna, la teología liberal procura despojar al cristianismo de todo lo que en él pueda escandalizar y ofender a los "cultos" y "civilizados" hombres de hoy, comenzando por la referencia a los milagros y terminando con la noción misma de pecado, que son precisamente algunos de sus aspectos más singulares y característicos, y que contribuyen a su mayor gloria.

Tenemos, pues, aquí identificadas, a manera de muestra, algunas de las más representativas posturas de la teología liberal que sacrifica la racionalidad del evangelio, su coherencia interna y su correspondencia con los hechos de la historia y de la experiencia humana, en el altar de un racionalismo ideológico en el que la "diosa razón" es la que tiene la última palabra en todo, por encima de las Sagradas Escrituras honradas por el judaísmo y la iglesia a lo largo de la mayor parte de su historia. Seguiremos viendo en los siguientes dos capítulos algunas actitudes similares emparentadas con la teología liberal que se superponen entre sí y se refuerzan mutuamente en censurable contubernio que busca reducir al cristianismo a una mera y caricaturesca fachada sin contenido ni relación alguna con el auténtico evangelio que Cristo vino a revelarnos al precio de su propia sangre y de su vida ofrendada por nosotros en la cruz. Procedamos, entonces sin más dilación.

26.
Materialismo y naturalismo

"No vino primero lo espiritual, sino lo natural, y después lo espiritual"

1 Corintios 15:46

Históricamente hablando, una de las mayores fuentes de ataques contra el cristianismo surge de una filosofía muy difundida en la era moderna a partir de Marx y compañía: el materialismo, es decir la creencia en que la materia es todo lo que existe y que todos los seres del universo, incluyéndonos a los seres humanos, debemos nuestra existencia a las meras propiedades aleatorias de la materia. Una gran proporción de científicos de finales del siglo XIX y buena parte del siglo XX asumió esta filosofía como algo axiomático que no requeriría entonces ninguna comprobación. Pero a medida que la física cuántica fue descubriendo que la misma materia es un concepto muy misterioso e inasible —casi espiritual y místico—, cuando se la aborda desde el punto de vista de las partículas más elementales, los científicos materialistas se fueron trasladando al naturalismo, una ideología muy emparentada con el materialismo, pero más matizada y menos pretenciosa, que consiste en la creencia en que todo lo que sucede en este mundo y en el universo en general obedece a causas naturales susceptibles de ser investigadas, explicadas y comprendidas en su momento, en la medida en que la ciencia avance y logre ir llenando cada vez más todas las brechas o agujeros que aún existen en el conocimiento humano. La evolución darwinista es uno de los resultados de estas creencias

Y dado que el cristianismo afirma la existencia de un mundo sobrenatural, es decir que existe más allá de la naturaleza y asimismo sostiene la existencia de una realidad espiritual más allá de la materia, salta a la vista la razón por la cual la ciencia naturalista y la filosofía materialista se oponen al cristianismo y lo atacan, procurando ridiculizarlo y dejar expuestos a los cristianos como personas ignorantes, supersticiosas y crédulas, al mejor estilo de la fe de carbonero; como si la creencia en una realidad sobrenatural y espiritual por contraste con el mundo exclusivamente natural y material postulado por estos personajes, fuera por sí mismo el producto inevitable y obligado de la presunta ignorancia e irracionalidad de los creyentes. De hecho, el trasfondo de los ateos y agnósticos de hoy suele ser, de manera invariable, la filosofía materialista o la ideología naturalista, o ambas simultáneamente, dada su gran semejanza conceptual.

Pero quienes caricaturizan de esta manera a la generalidad de los cristianos —sin perjuicio de los que sí se ajusten a esta descripción— se equivocan de cabo a rabo por las siguientes razones. En primer lugar, debido a que, como ya se ha mencionado antes, es un hecho establecido que sin el decisivo concurso y aporte del pensamiento de científicos y filósofos cristianos convencidos y comprometidos, la ciencia y la filosofía estarían muy lejos de haber avanzado todo lo que han avanzado hasta los días de hoy. En segundo lugar, porque los cristianos más representativos y maduros no son de ningún modo personas irracionales, ignorantes y crédulas que todo lo explican apelando a lo sobrenatural y a lo espiritual. Más bien, sin dejar de afirmar la existencia de una realidad espiritual y sobrenatural que converge en Dios, no por eso han negado la existencia y las propiedades de la materia y la naturaleza. De hecho, los cristianos creemos en dos tipos de causas de todos los fenómenos del universo: la Causa Primera y las causas segundas. Dios es la Causa Primera de todo. La materia y la naturaleza pueden muy bien ser las causas segundas de una gran mayoría de los fenómenos que ocurren en el universo. Y esto no anula ni la existencia, ni la actividad de Dios, la Causa Primera actuando siempre, ya sea de manera directa como actor principal en el escenario o tras bambalinas, detrás del escenario, dirigiendo a los actores que protagonizan la escena. Como actor, Dios sería la Causa Primera actuando directamente. Como director de escena,

Dios sería la Causa Primera actuando indirectamente a través de las causas segundas, los actores que se encuentran en el escenario.

Así, pues, los cristianos afirmamos que, en último término Dios es la causa de todo: ya sea de manera directa como Causa Primera, o de manera indirecta a través de las causas segundas. En un contexto como éste, los cristianos podemos y debemos, entonces, aceptar las explicaciones de la ciencia que se basan en el funcionamiento de la naturaleza o en las propiedades de la materia e incluso podemos incursionar en el campo de la ciencia sin que por ello estemos traicionando nuestra fe o nuestras convicciones y creencias en un mundo espiritual y sobrenatural centrado en Dios como el Creador y Gobernante de todo lo que existe, desmintiendo la afirmación suscrita de manera ligera por muchas personas de hoy en el sentido de que existe una oposición irreconciliable entre la ciencia y la fe, como quieren hacerlo ver los científicos naturalistas y los filósofos materialistas de manera calumniosa.

Lo cual no significa que aceptar las explicaciones naturales y materiales provistas por la ciencia bien ejercida nos obligue a descartar de nuestro panorama las explicaciones sobrenaturales y espirituales procedentes de nuestra fe bíblica que se encuentran siempre en el trasfondo. En otras palabras, el hecho de reconocer que los milagros, sucesos de evidente origen sobrenatural, no sean algo frecuente en la historia sino algo más bien excepcional —pues ya hemos dejado establecido que los milagros son por definición algo extraordinario y no algo ordinario o cotidiano— no significa tener que negar la posibilidad misma de los milagros, como lo pretenden materialistas y naturalistas por igual. Porque dada la existencia de Dios, pero incluso en ausencia de ella, por el simple hecho de que los milagros no sean algo habitual, no se puede concluir arbitrariamente que no existan ni se puedan dar eventualmente en la historia.

Esta es una afirmación perfectamente razonable que, además, viene siendo soportada de forma creciente por los más recientes descubrimientos científicos. Ciertamente, los más recientes hallazgos de la ciencia en el campo de la física, la química, la astronomía, la biología, la genética, la neurología y la psicología, para no mencionar las ciencias sociales en general, demuestran que las creencias de los cristianos están muy lejos de ser irracionales, sino que cuentan cada vez más con el apoyo de la ciencia rectamente entendida, si es que los científicos quieren seguir siendo considerados personas racionales y razonables, como se jactan y presumen de serlo. Cobra vigencia una frase memorable de Charles Colson que dice: *"Hay circunstancias en que es más racional aceptar una explicación sobrenatural y es irracional ofrecer una explicación natural"*.

Y en la actualidad estamos en medio de estas circunstancias, a despecho del naturalismo y el materialismo que se aliaron para hacernos creer que toda explicación natural es siempre por fuerza racional, mientras que toda explicación sobrenatural sería siempre irracional, y por lo tanto inaceptable. Algo ya insostenible a raíz del avance de la ciencia y los callejones sin salida a los que está llegando de la mano de la teoría del "Big Bang", de la física cuántica, del descubrimiento y desarrollo de la biología molecular que llevó, a su vez, al descubrimiento del ADN, a la decodificación del genoma humano y a poder estudiar esa "caja negra" que fue la célula hasta ya entrado el siglo XX. A la luz de todo esto la ciencia está viéndose empujada a reconocer que insistir en explicaciones naturalistas para esclarecer misterios tales como el origen del universo, el origen de la vida y el origen del ser humano desemboca inexorablemente en necia y fantasiosa irracionalidad; mientras que referir estos misterios a un Dios Creador, sobrenatural, sabio y poderoso, es la explicación más racional a los dilemas planteados por la ciencia actual.

Porque irónicamente, de insistir en su pretensión de explicarlo todo sin referencia a Dios y a lo sobrenatural, la razón termina extraviada sin remedio en el laberinto de la irracionalidad a la que pretendía combatir. Como quien dice, la razón termina siendo víctima de su propio invento. Lo dicho por el apóstol Pablo se aplica, entonces, a los científicos naturalistas y materialistas de hoy: *"A pesar de haber conocido a Dios, no lo glorificaron como a Dios ni le dieron gracias, sino que se extraviaron en sus inútiles razonamientos, y se les oscureció su insensato corazón. Aunque afirmaban ser sabios, se volvieron necios"* (Romanos 1:21-22). De hecho, fue todo este panorama actual el que llevó a un científico de la estatura del francés Louis Pasteur a declarar: *"Un poco de ciencia aleja de Dios, mucha ciencia acerca a Dios"*. Y más recientemente el científico alemán Werner von Braun denunciaba así la irracionalidad y necedad por igual de los científicos naturalistas y los creyentes cerradamente sobrenaturalistas, al declarar: *"Encuentro tan difícil entender a un científico que no advierte la presencia de una racionalidad superior detrás de la existencia del universo, como lo es comprender a un teólogo que niega los avances de la ciencia".*

Es tanto así, que el científico más emblemático del siglo XX y para muchos, de la historia humana; el judío alemán Albert Einstein, sostenía que: *"La ciencia sin religión es coja, la religión sin ciencia es ciega".* Es famosa también su frase para explicar la precisión y el orden que se observa en el universo y que se manifiesta en todas las elegantes y complejas leyes matemáticas que nos permiten comprender su funcionamiento. Para explicarlo Einstein dijo escuetamente que: *"Dios no juega a los dados".* Es decir que es obvio al observar y estudiar el universo que Dios no ha dejado nada al azar. Movido por esta convicción, Einstein también creía que: *"Sólo existen dos maneras de vivir la vida: una es como si nada fuese un milagro, y la otra, como si todo lo fuera".* No en vano explicaba también su sorpresa ante ese minucioso orden reflejado por el universo, un orden que los seres humanos podemos, de manera igualmente sorprendente, descubrir, estudiar y comprender, diciendo: *"Lo más incomprensible del universo es que sea comprensible".*

Así, pues, sólo existen estas dos maneras de vivir la vida. Y nosotros elegimos de cuál de las dos maneras vamos a vivirla. Los científicos materialistas o naturalistas, ateos o agnósticos por igual, ciegos por su propia voluntad a la realidad de Dios, viven como si nada fuese un milagro. Pero el creyente, gracias a la más amplia visión que su fe en Dios le brinda, vive como si todo lo fuera, obteniendo la facultad de ver la bondadosa mano de Dios, la Causa Primera, interviniendo de forma decisiva en el funcionamiento de la naturaleza y la materia, las causas segundas. Al fin y al cabo, como lo dijera el periodista Lee Strobel al considerar los descubrimientos de la ciencia moderna: *"El funcionamiento cotidiano del universo es, en sí mismo, una clase de milagro continuo. Las «coincidencias» que permiten que las propiedades fundamentales de la materia ofrezcan un medio ambiente habitable son tan improbables, tan inverosímiles, tan elegantemente orquestadas, que requieren de una explicación divina".*

En este orden de ideas, un saludable escéptico como el periodista de ciencia Fred Heeren hizo en cierta oportunidad la siguiente confesión: *"Me resulta muy difícil creer que alguna vez en el pasado haya ocurrido un milagro. Con todo, aquí estamos, pruebas vivientes de que, de algún modo en el pasado, todo tuvo que haber salido de la nada... y no hay medio natural de que algo así ocurra... Esto me coloca en algo así como un dilema. Por un lado, no creo en milagros, pero por el otro todo el universo es al parecer un milagro enorme e indescriptible".* Algo que el astrónomo Robert Jastrow corroboró con broche de oro y con una buena dosis de honesto candor el hacer la siguiente concluyente reflexión: *"Para el científico que ha vivido con su fe en el poder de la razón, la historia acaba como una pesadilla. Ha escalado las montañas de la ignorancia, está a un tris de conquistar el pico más alto y cuando logra trepar por la roca final se encuentra con una cuadrilla de teólogos que llevan siglos allí sentados".* En últimas, la conclusión más racional parece ser entonces que la ciencia termina donde la Biblia comienza: *"Dios, en el principio, creó los cielos y la tierra"* (Génesis 1:1).

Y a propósito de los milagros, vale la pena referirnos en este punto una vez más al gran apologista cristiano del siglo XX, C. S. Lewis, y las ideas que expone con irrefutable contundencia en uno de sus libros, titulado justamente: *Los milagros.* Argumenta en él con impecable lógica que el propio pensamiento humano es ya en sí mismo un hecho milagroso que requiere una explicación sobrenatural. Y así sea a regañadientes, la neurología y la psicología están llegando hoy a las mismas conclusiones. Dicho de otro modo, el simple hecho de que nosotros estemos hoy aquí pensando, ya sea redactando este capítulo del libro en mi caso, o leyéndolo y comprendiéndolo, en el caso de los lectores; esto ya es algo que no se puede explicar por causas naturales ni por las meras propiedades de la materia. El hecho de que pensar sea algo habitual y cotidiano para todos y cada uno de nosotros nos hace darlo por sentado y olvidar que este hecho es un hecho maravilloso que requiere en últimas una explicación sobrenatural. Tal vez no sea un milagro en estricto rigor, por cuanto no es algo excepcional y extraordinario que sucede muy ocasionalmente. Pero aun así es un hecho sobrenatural que apunta a Dios y nada más que a Él como el Ser que nos otorga la facultad de pensar.

Por todo lo anterior, C. S. Lewis propone el siguiente sabio arreglo entre la ciencia y la fe al afirmar: *"La teología dice en efecto: «Admite a Dios y con Él el riesgo de unos pocos milagros y yo, a cambio, ratificaré tu confianza en una uniformidad con respecto a la aplastante mayoría de los acontecimientos»"* de tal modo que: *"La teología nos ofrece un compromiso satisfactorio que deja al científico en libertad para continuar sus experimentos y al cristiano para continuar sus oraciones".* Como podemos ver, contrario a lo planteado por los filósofos y científicos materialistas y naturalistas, lo natural y lo sobrenatural o si se prefiere, lo material y lo espiritual, no se oponen ni son incompatibles entre sí, sino que se necesitan y se complementan mutuamente. Ni los científicos tienen que alinearse, entonces, en un naturalismo estrecho y cerrado, ni los creyentes en un sobrenaturalismo del mismo tipo que los enfrente entre sí de manera obligada y mutuamente excluyente. Entre otras cosas porque, parafraseando al pastor Darío Silva-Silva en su libro *El Reto de Dios,* el sobrenaturalismo menosprecia a la ciencia, pero el naturalismo la sobrevalora. Y el cristiano equilibrado no debe ni menospreciarla ni sobrevalorarla.

Se equivocan, entonces, quienes caracterizan a los cristianos como sobrenaturalistas cerrados y extremos, pues el cristianismo demanda de sus seguidores una sensatez y una apertura de pensamiento que esté dispuesta a aceptar las explicaciones naturales —y no necesariamente naturalistas— siempre y cuando éstas provean la mejor, la más racional y la más comprobada comprensión del fenómeno estudiado, sin tener que eliminar del trasfondo a Dios como Causa primera. Pero no tenemos que actuar así en todos los casos, pues hay hechos cuya más racional explicación es la explicación sobrenatural que lo refiere directamente a Dios como Causa primera. Y en este contexto lo natural y lo espiritual no son enemigos, sino aliados, en una sucesión de continuidad en el marco de un cristianismo bíblico maduro, ilustrado, incluyente y bien entendido. Pero lamentablemente el papel desempeñado por la ciencia actual ha hecho que muchos la coloquen en un pedestal que estorba, impide y atenta contra este mutuo entendimiento, como lo explicaremos en el siguiente capítulo.

27.
La religión de la ciencia

"Timoteo, ¡cuida bien lo que se te ha confiado! Evita las discusiones profanas e inútiles, y los argumentos de la falsa ciencia"

1 Timoteo 6:20

En el libro del profeta Daniel se anunciaba ya algo cuyo cumplimiento venimos experimentando a lo largo de los últimos dos siglos: *"Pero tú, Daniel, cierra las palabras y sella el libro hasta el tiempo del fin. Muchos correrán de aquí para allá, y la ciencia se aumentará"* (Daniel 12:4). Porque es un hecho establecido más allá de toda discusión, que la ciencia ha avanzado mucho más desde la mitad del siglo XIX hasta hoy que durante todos los siglos anteriores de la historia humana. Debido precisamente a esto es que ha ganado cada vez más fuerza la creencia en que sólo la ciencia puede conducir a la verdad y que el único conocimiento confiable es el que obtenemos a través de la ciencia.

El matemático John Lennox, refiriéndose a esta creencia, hacía los siguientes comentarios: *"Por desgracia, el tremendo éxito de la ciencia ha llevado a mucha gente a aceptar este mito como verdad científica. Como todo mito, esconde un núcleo de verdad en su interior... Pero, en algunos aspectos, ese mismo éxito de la ciencia también ha llevado a la idea de que, como podemos comprender los mecanismos del universo sin contar con Dios, cabe concluir con garantías que no hubo Dios alguno que designara y creara el universo en el principio (lo cual es una falacia...".* Dicho de otro modo, el éxito de la ciencia para facilitar nuestra vida cotidiana a través de todas las aplicaciones tecnológicas que se incorporan a nuestro día a día, ha llevado a la ciencia a envalentonarse y a creerse con la autoridad para pronunciarse de manera final y terminante sobre lo divino y lo humano, con frecuencia negando lo divino y sobredimensionando al mismo tiempo lo humano.

Uno de los más comunes síntomas de lo anterior es la llamada "falacia de la autoridad" en la que incurren los científicos con mucha facilidad y que consiste en que muchos de ellos, con renombre y con gran autoridad y reconocimiento en su propio campo de estudio, salen de ese campo e incursionan en asuntos históricos, filosóficos, metafísicos o teológicos en los que terminan pontificando y afirmando muchas evidentes torpezas para las cuales pretenden la misma credibilidad y certeza que reclaman justificadamente para sus pronunciamientos en el campo científico de su especialidad. Porque la lógica más elemental indica que un científico erudito en el campo de su especialidad no lo es también, de manera automática, en el campo de la historia, la filosofía o la teología por igual.

Ya Augusto Comte, a inicios del siglo XIX, soñó y trabajó para que la ciencia dejara atrás y declarara obsoletas todas las demás formas de conocimiento, comenzando por la teología y pasando incluso por la filosofía, en lo que se conoce como positivismo. La misma filosofía griega en sus orígenes, pretendió dejar atrás y desechar los mitos de las grandes mitologías antiguas como explicación de la realidad, apelando únicamente a la razón para proveer estas explicaciones, sólo para recibir el mismo golpe de mano de parte de la ciencia moderna. Pero el positivismo de Comte liderado por la ciencia, no logró dejar atrás los mitos, sino únicamente transformarlos o sustituir los viejos mitos por nuevos revestidos con ropaje científico. No por nada J. P. Moreland decía que: *"Toda cultura se aferra a su particular mito de la creación"*, pues ya es sabido que los mitos sobre la creación están presentes en muchas culturas antiguas anteriores a la judía con su relato de la creación en el Génesis, al que, como lo vimos en el capítulo sobre la teología liberal, muchos califican como un mito más, sin tomar en consideración la gran sobriedad y concisión del relato bíblico al compararlo con los fantasiosos y adornados mitos paganos de la creación propios de las culturas paganas.

Pero la cultura occidental, científica y tecnificada, también tiene su mito de la creación: el mito científico de que el universo no requiere de Creador alguno, justificando el siguiente pronunciamiento de Gino Iafrancesco Villegas: *"No todo es tan sólo mito en los mitos, como tampoco todo es ciencia en las ciencias... muchas hipótesis científicas son evidentemente también mitos, y cumplen el papel del mito entre sus adeptos. La fe en la ciencia es la nueva mística de la mitología actual. La 'ciencia' es el mito moderno"*. Así, pues, de la mano de la ciencia parece estarse cumpliendo hoy el anuncio paulino: *"dejarán de escuchar la verdad y se volverán a los mitos"* (2 Timoteo 4:4). Razón de más para prestar atención a las exhortaciones bíblicas invitándonos a dejar atrás los mitos de todo tipo para acoger la verdad que se nos revela en la historia sagrada recogida por la Biblia, recordando que en ella se encuentra la historia auténtica que desenmascara y combate a los mitos en todas sus formas.

El asunto es que el encumbramiento de la ciencia a un pedestal más allá de todo cuestionamiento, además de no tener en cuenta con toda la seriedad del caso el lado oscuro que la ciencia también ostenta y que se viene manifestando crecientemente desde el siglo XX hasta hoy; da lugar a la ironía de que los más vehementes promotores de la ciencia y opositores de la religión, terminan proclamando su propia "religión" sustituta: la religión de la ciencia o cientifismo. Así se expresó al respecto Charles Colson: *"En la edad de la razón, la ciencia se presentó como sustituto de la religión. Pero pocos previeron que en el proceso la ciencia adoptaría las funciones de la religión"*. Y la ciencia que adopta las funciones de la religión es ya, por ese simple hecho, mala ciencia, pues se está extralimitando, con todos los perjuicios que esto acarrea para sus seguidores.

Porque lo cierto es que existe mala ciencia, como existen también mala teología y mala religión. Por eso es necesario el diálogo entre la buena ciencia y la buena teología para que puedan ejercer juntas la vigilancia requerida para identificar y denunciar todo mal ejercicio de cualquiera de las dos, pues no se trata de que la ciencia y la teología no sean compatibles. Lo que no es compatible es la mala ciencia con la buena teología, ni la mala teología con la buena ciencia. Por eso hay que puntualizar que tanto la buena ciencia como la buena teología son ambas bendiciones divinas y, como tales, plenamente compatibles, pues la verdad en último término es una sola sin importar la manera en que la abordemos, y ambas, ciencia y teología tienen como finalidad la búsqueda y divulgación de la verdad. No existe, entonces, una verdad teológica en oposición a la verdad científica, sino que ambas disciplinas son formas distintas de abordar la verdad, que buscan responder preguntas diferentes.

El científico y ganador del Nobel, Sir Peter Medawar, señala así las limitaciones de la ciencia que justifican la teología: *"La existencia de un límite para la ciencia, sin embargo, se pone de relieve en su incapacidad de responder a preguntas infantiles elementales sobre las primeras y las últimas cosas, como por ejemplo: «¿Cómo comenzó todo? ¿Para qué estamos aquí? ¿Qué sentido tiene la vida?»"*. Dicho de forma escueta, la ciencia responde a la pregunta por el cómo, pero la teología y la filosofía responden las preguntas sobre el por qué y el para qué. Así, el meollo del asunto está en el tipo de pregunta que se está formulando, dándole la razón a David Galcerá al sostener que: *"Conocer el cómo de todo no es lo mismo que conocer el por qué"*. Puntualizamos, entonces, una vez más, que la ciencia es la disciplina de estudio de carácter necesariamente *preliminar* que nos permite conocer los medios, o en otras palabras, el cómo de todo lo que existe. La filosofía y la teología, por el contrario, se ocupan de lo que tiene carácter *último*, es decir los principios y los fines que responden respectivamente al por qué y al para qué de las cosas.

Francis Collins, el científico norteamericano que dirigió todos los equipos de científicos que durante cerca de diez años se dedicaron alrededor del mundo a descifrar tal vez el más revolucionario logro de la ciencia reciente: la decodificación del genoma humano; dice con toda la autoridad que le dan su experiencia y credenciales: *"Ningún científico serio actualmente afirmaría que existe una explicación naturalista del origen de la vida. Pero... éste no es el lugar para que una persona reflexiva se juegue su fe"*. Y no lo es porque, como concluye Collins: *"La ciencia no es el único modo de saber... Si usamos la red de la ciencia para atrapar nuestra visión particular de la verdad, no nos debemos sorprender que no atrapemos la evidencia del espíritu"*, comparando a la ciencia con una red de pesca que únicamente puede atrapar los peces que son más grandes que los agujeros de la misma red, pero deja escapar todos los que son más pequeños. Y siempre habrá, entonces, asuntos que escapen al dominio de la ciencia, pues por más que ésta pueda reducir el tamaño de los agujeros de su red, nunca podrá eliminarlos.

A propósito de esto, existe una acusación que la ciencia dirige en contra de la fe en el sentido de que ésta fomenta la creencia en un "Dios de las brechas", es decir un Dios que permite, por lo pronto, explicar algún fenómeno de la realidad aún no explicado satisfactoriamente por la ciencia, pero que una vez explicado por ella en la medida en que la ciencia avance en su desarrollo; expulsará a Dios de esta "brecha" o "agujero" en el conocimiento humano que nuestra ignorancia al respecto le permitió ocupar por un tiempo, hasta que presuntamente no queden ya más "brechas" que deban ser llenadas por Dios, haciendo de Él algo obsoleto e innecesario y dejando, entonces, a la fe sin ningún apoyo. Por eso debemos recalcar siempre que la ciencia, la teología y la filosofía responden a preguntas diferentes, como nos lo recuerda Lennox: *"Es importante recalcar este punto, porque contesta a la frecuente crítica de que Dios es un «tapa-agujeros» inventado por los intelectualmente perezosos para cubrir sus lagunas de conocimiento"*. Por eso el filósofo de Oxford, Richard Swinborne, precisaba que: *"Dios no es una explicación alternativa a la ciencia"* y, por tanto, no es un Dios "tapa-agujeros".

La acusación de apelar al "Dios de las brechas" es, pues, una acusación sin fundamento, pues la intención de los creyentes al postular a Dios como la Causa Primera de todo fenómeno de la realidad no es propiamente llenar las "brechas" que la ciencia no ha podido llenar todavía en la explicación y adecuada comprensión del funcionamiento del universo, sino en muchos casos señalar los límites o fronteras insalvables que no pueden ser traspasadas de ningún modo por la ciencia naturalista. Al fin y al cabo, la perspectiva de la ciencia siempre será limitada, de modo por mucho que amplíe los límites de su conocimiento, habrá siempre fronteras que no podrá traspasar. La ciencia debe volver a recuperar la humildad y ser consciente de sus límites, respetándolos en todos los casos, reconociendo la aparición de una frontera cuando los límites ya no puedan ser ensanchados de manera legítima y segura. Porque en realidad, términos como *origen* y *destino* marcan las fronteras del conocimiento científico, fronteras que únicamente pueden ser franqueadas mediante la fe y que justifican aplicar a la ciencia las palabras del salmista: *"Pusiste una frontera que ellas no pueden cruzar…"* (Salmo 104:9). La ciencia tiene así la responsabilidad de distinguir entre una brecha que se puede llenar y una frontera que no se debe traspasar.

Es a la vista de todo lo anterior que adquiere sentido la invitación de Lord Kelvin, científico y creyente por igual, cuando dijo: *"No tengáis miedo de ser librepensadores. Si pensáis en profundidad, la ciencia os empujará a creer en Dios, que es el fundamento de toda religión. Descubriréis que la ciencia no es contraria a la religión sino que le resulta útil"*. Recordemos que "librepensadores" es el nombre que reciben los pensadores surgidos al amparo del "iluminismo" o la ilustración francesa que tomaron la resolución de pensar con independencia de toda instancia de autoridad previa de carácter histórico, cultural o religioso y que, en su lugar, decidieron apoyarse únicamente en la experimentación iluminada por la luz de la razón para pensar y sacar así las conclusiones del caso. Pero el problema no es éste, sino la agenda encubierta que un buen número de estos librepensadores tiene, que no es tan solo prescindir de todo lo previo cuando la experimentación y la razón así lo demanden, sino en renegar de todo ello de manera gratuita y aunque no hubiera fundamento para hacerlo. Al hacerlo así fuerzan sutilmente a la razón y a la ciencia para ponerlas en una artificial e insostenible oposición a Dios, a la religión, a la Biblia y al cristianismo.

De hecho, la Biblia recomienda de muchas maneras el sano ejercicio de la razón para corroborar y comprender mejor los contenidos de la fe, transformando así las creencias en convicciones firmes. Ejercicio que ha sido víctima de la distorsión y la degradación a la que lo condujo el racionalismo y el cientifismo cerrados y extraviados por igual de los librepensadores de ayer y de los científicos ateos y agnósticos de hoy que decidieron tomar a la razón como rehén en contra del cristianismo. Pero los librepensadores de hoy que, empujados a ello por los avances de la ciencia moderna, han podido dejar de lado sus prejuicios y pensar con mayor profundidad que sus predecesores, han tenido que reconocer por esta vía, así sea a regañadientes y a su pesar, tanto la necesidad como el carácter razonable de la creencia en Dios, así como la utilidad de la religión en general y del cristianismo en particular. El librepensamiento se ha visto obligado a detenerse y preguntar por los senderos antiguos para encontrar de nuevo el rumbo, como nos insta a hacerlo el profeta: *"Así dice el Señor: «Deténganse en los caminos y miren; pregunten por los senderos antiguos. Pregunten por el buen camino, y no se aparten de él. Así hallarán el descanso anhelado"* (Jeremías 6:16) prestando oído a Dios cuando nos dice: *"»Vuelvan a mí y sean salvos, todos los confines de la tierra, porque yo soy Dios, y no hay ningún otro"* (Isaías 45:22)

Acertó, pues, Víctor Dechamps al declarar: *"La razón es... la que invoca la revelación; y la razón se dirige a la revelación"*. Los hechos, tanto como la reflexión rigurosa sobre ellos, nos conducen al reconocimiento de que el recto ejercicio de la razón no excluye a la revelación, sino que más bien la invoca y la hace necesaria, ya que la visión del mundo que ciencia y filosofía por igual están desvelando es que no nos encontramos en un sistema cerrado, sino abierto por necesidad a la trascendencia de un Dios que sin dejar de estar en el mundo, está sin embargo y al mismo tiempo más allá de él. Eso significa que, por más que avancemos en su comprensión, nuestra perspectiva del mundo será siempre incompleta y abierta por fuerza a explicaciones procedentes necesariamente de fuera o de más allá de este mundo, haciendo imperativa la revelación. Por eso, si queremos comprender más cabalmente este mundo en el que nos encontramos tenemos que mantenerlo abierto al Dios que se encuentra más allá de él y tomarlo en consideración con toda la seriedad del caso, pues el mundo mismo exige esa apertura y la invoca permanentemente, de modo que si no avanzamos con resolución desde la razón natural hasta la revelación sobrenatural, no tendremos al final excusa, justificando la oración del apóstol: *"Pido que el Dios de nuestro Señor Jesucristo, el Padre glorioso, les dé el Espíritu de sabiduría y de revelación, para que lo conozcan mejor"* (Efesios 1:17).

28.
Las paradojas del evangelio

*"«Porque mis pensamientos no son los de ustedes, ni sus caminos son
los míos —afirma el Señor—. Mis caminos y mis pensamientos son más
altos que los de ustedes; ¡más altos que los cielos sobre la tierra!"*

Isaías 55:8-9

El diccionario define una paradoja como un dicho o hecho que parece contrario a la lógica o como una figura del pensamiento o del lenguaje que consiste en emplear expresiones que aparentemente envuelven contradicción. En pocas palabras, las paradojas son contradicciones aparentes, que a primera vista y de manera superficial pueden escandalizar al oyente por involucrar un contrasentido o una afirmación contraria a la razón o a la experiencia; pero que luego, al ser analizadas con mayor profundidad y detenimiento, desprovistos de prejuicios, muestran una lógica contundente, una gran coherencia interna y un carácter muy razonable y correspondiente con los hechos.

El Señor Jesucristo seleccionó su auditorio mediante la apelación intencional a sentencias paradójicas, pues el escándalo inicial generado por este tipo de declaraciones llevaba a que una buena proporción de quienes oían sus enseñanzas se pusieran de pie y se fueran, dejando de escucharlo, mientras que con Él únicamente permanecerían quienes, superado el desconcierto y el escándalo inicial, se veían de tal modo estimulados por esa misma causa a entender mejor las cosas, que permanecían humildemente con el Señor anhelando y esperando obtener de su parte la explicación más profunda, correcta y veraz para este tipo de declaraciones.

Fue en razón de esto que Pascal hizo la siguiente también algo paradójica declaración en relación con el evangelio: *"Bastante luz hay para los que quieren ver, y oscuridad bastante para los que tienen una disposición contraria. Bastante claridad para iluminar a los elegidos, y bastante oscuridad para humillarles. Bastante oscuridad para cegar a los réprobos, y bastante claridad para condenarles y hacerles inexcusables"*. Y es que, en su propósito de darse a conocer, Dios tiene en cuenta ante todo nuestra propia disposición en relación con Él, pues: *"El que esté dispuesto a hacer la voluntad de Dios reconocerá si mi enseñanza proviene de Dios o si yo hablo por mi propia cuenta"* (Juan 7:17). Así, pues, para los que están dispuestos, hay suficiente luz para iluminarlos. Pero al mismo tiempo, para los que no lo están, hay suficiente oscuridad para cegarlos, pero no para excusarlos.

Dicho de otro modo, Dios se revela a los hombres lo estrictamente necesario como para no imponerse sobre su voluntad, pero también lo suficiente como para dejarnos a todos sin excusa. Al fin y al cabo, para el que no está dispuesto nada será suficiente, ya que cuando se es todopoderoso, siempre habrá alguien que exija una demostración adicional. Y es esta doble intención de revelarse a los dispuestos y ocultarse a los que no lo están, la que se halla detrás de las parábolas y sus aspectos paradójicos: *"−A ustedes se les ha concedido conocer los secretos del reino de los cielos; pero a ellos no... Por eso les hablo a ellos en parábolas: »Aunque miran, no ven; aunque oyen, no escuchan ni entienden... Porque el corazón de este pueblo se ha vuelto insensible... De lo contrario... se convertirían, y yo los sanaría"* (Mateo 13:13-15).

De hecho, todas las doctrinas clásicas más distintivas del cristianismo, como la Trinidad, la Creación, la Encarnación y la Resurrección, entre otras, involucran aspectos paradójicos intelectualmente exigentes para obtener una mediana y satisfactoria comprensión alrededor de ellas. Algo que no debe causar extrañeza ni desconfianza, pues es apenas lógico esperar que lo que concierne a Dios exceda siempre en algún sentido nuestra limitada capacidad de comprensión como seres finitos que somos, por contraste con la infinitud que, por definición, Dios ostenta, y que lo llevó a tener que reservarse información que, aún de querer revelárnosla, no podríamos llegar a comprender, de modo que estemos siempre dispuestos a aceptar, junto con Moisés, tanto nuestras limitaciones como nuestras responsabilidades al respecto, reconociendo que: *"»Lo secreto le pertenece al Señor nuestro Dios, pero lo revelado nos pertenece a nosotros y a nuestros hijos para siempre, para que obedezcamos todas las palabras de esta ley"* (Deuteronomio 29:29). Después de todo, como lo declaró Josh McDowell de manera por demás muy razonable: *"... un dios que pudiéramos entender no sería un dios en el que valdría la pena creer".*

Sin pretender ser exhaustivos ni mucho menos, vale la pena mirar algunas de las enseñanzas paradójicas más representativas que el Señor Jesucristo nos dejó, comenzando por esta conocida declaración: *"Por lo tanto, pongan mucha atención. Al que tiene, se le dará más; al que no tiene, hasta lo que cree tener se le quitará»"* (Lucas 8:18), sentencia que resulta ofensiva y escandalosa para el pensamiento progresista y políticamente correcto con su discurso a favor de la inclusión irrestricta y de la justicia social, junto con la necesaria redistribución de las riquezas de una manera más equitativa y menos concentrada en unos pocos, en conformidad con la opción preferencial por los pobres predicada por la teología de la liberación, de extracción cristiana, por cierto.

En realidad, esta sentencia tiene detrás todo el peso de la lógica cuando la consideramos en el contexto de los pecados de omisión, cuya formulación más explícita la encontramos en la epístola de Santiago: *"Así que comete pecado todo el que sabe hacer el bien y no lo hace"* (Santiago 4:17). Porque Dios juzga no sólo todo aquello que hacemos en contra de sus mandamientos, sino también lo que hemos dejado de hacer a favor de ellos. Sobre todo si lo dejamos de hacer a conciencia. Pero ni siquiera la ignorancia justifica el pecado de omisión, sino tan sólo atenúa un poco la culpa, sin lograr eliminarla de ningún modo, puesto que: *"»El siervo que conoce la voluntad de su señor, y no se prepara para cumplirla, recibirá muchos golpes. En cambio, el que no la conoce y hace algo que merezca castigo, recibirá pocos golpes..."* (Lucas 12:47-48). Y es que a la postre, por ignorantes que seamos, siempre sabemos lo suficiente como para quedarnos sin excusa. Por eso es que esta paradójica enseñanza debe verse contra el trasfondo brindado por el principio evangélico que dice: *"A todo el que se le ha dado, se le exigirá mucho; y al que se le ha confiado mucho, se le pedirá más"* (Lucas 12:48). Quien recibe mucho y no hace responsablemente lo que debe con lo recibido con el fin de hacerlo fructificar, sino que cede a la pereza y al conformismo, no puede después quejarse con la justicia de su lado por ser despojado de ello en favor de quien sí ha sido responsable con lo recibido y se hace así digno de confianza para recibir aún más. Ya lo dijo Thomas Sowell: *"Siempre estamos oyendo hablar de los prósperos y de los desposeídos, ¿por qué razón jamás se dice nada de los emprendedores y los indolentes".*

En segundo término encontramos esta sentencia: *"Dirigiéndose a todos, declaró: —Si alguien quiere ser mi discípulo, que se niegue a sí mismo, lleve su cruz cada día y me siga. Porque el que quiera salvar su vida la perderá; pero el que pierda su vida por mi causa la salvará. ¿De qué le sirve a uno ganar el mundo entero si se pierde o se destruye a sí mismo?"* (lucas 9:23-25). Negarse a sí mismo y sacrificar la vida para finalmente salvarla. Un escándalo. Algo que pocos se muestran dispuestos a hacer en esta época enfocada a la gratificación del ego, la exaltación del yo, la promoción de la autoestima a toda costa y el logro de los sueños más propios y personales. Sin embargo, hay intuiciones seculares que apuntan en la misma dirección de esta enseñanza paradójica del evangelio, como ésta de Joseph Campbell: *"Debemos estar dispuestos a renunciar a la vida que teníamos pensada, para poder vivir la que nos depara el destino".* Porque destino, suerte, casualidad, son en realidad nombres seculares e impersonales que utilizan los hombres no religiosos para no tener que referirse a un Dios personal, soberano y providente.

En efecto, no es a un renunciamiento sin beneficio al que nos llama aquí el Señor; sino, como lo diría Jim Elliot, a renunciar a lo que no podemos retener para ganar lo que no podemos perder. Debemos, pues, renunciar a nuestro proyecto de vida autónomo y en gran medida egoísta y mezquino, condenado finalmente a la frustración y el fracaso, para asumir el proyecto de vida superior que Dios diseñó para cada uno de nosotros, cuyo éxito está garantizado por Cristo, y que se caracteriza por ser bueno, agradable, pero por sobre todo, perfecto, muy bien adaptado a nuestras circunstancias, talentos y capacidades particulares, y por lo mismo, mucho más elevado, noble y honroso que el nuestro. Visto desde esta perspectiva cualquier sacrificio que se tenga que hacer en el desarrollo de este proyecto bien vale la pena considerando su desenvolvimiento y desenlace final, pues: *"El Señor cumplirá en mí su propósito... el que comenzó tan buena obra... la irá perfeccionando..."* (Salmo 138:8, Filipenses 1:6)

Además, por cuenta de esta paradójica sentencia que nos invita a la abnegación y el sacrificio, se ha querido exagerar la dificultad de la vivencia cristiana, presentándola como un ejercicio heroico que sólo unos pocos y sufrientes hombres pueden encarar con éxito. Si bien no puede discutirse que en nuestras propias fuerzas la cruz —es decir el costo de seguir a Cristo— es un yugo demasiado pesado; también es cierto que este peso no recae de manera exclusiva sobre los hombros del creyente, pues Dios en la persona de Cristo se compromete a sobrellevar gran parte del peso que de otro modo recaería sobre nosotros, aligerando sustancialmente su inherente dificultad. Ya lo dijo el Señor: *"Carguen con mi yugo y aprendan de mí... y encontrarán descanso... mi yugo es suave y mi carga... liviana"* (Mateo 11:29-30).

En tercer lugar encontramos esta enseñanza: *"... El que es más insignificante entre todos ustedes, ese es el más importante"* (Lucas 9:48). Éste es un llamado y una exaltación, no de la insignificancia social entendida en términos de la mediocridad, la resignación y el anonimato de quien carece de aspiraciones en la vida y se conforma con muy poco, rayando ya en la precariedad y viviendo por debajo del decoro y la dignidad humana que Dios desea para todos nosotros; sino de la ausencia de malicia que caracteriza a los niños —las personas más pequeñas y frecuentemente menospreciadas hasta la insignificancia en la sociedad— y la disposición humilde al servicio a los demás, en contraste y contravía con los usos y costumbres del mundo, como lo aclara con más detalle y precisión el Señor en la siguiente porción del evangelio: *"Así que Jesús los llamó y les dijo: —Como ustedes saben, los que se consideran jefes de las naciones oprimen a los súbditos, y los altos oficiales abusan de su autoridad. Pero entre ustedes no debe ser así. Al contrario, el que quiera hacerse grande entre ustedes deberá ser su servidor, y el que quiera ser el primero deberá ser esclavo de todos"* (Marcos 10:42-44). Así, pues, en el evangelio no sólo los políticos y dirigentes en general deben ser verdaderos "servidores públicos", como ya se dijo en el capítulo correspondiente; sino todos los cristianos sin excepción y sin perjuicio del logro de sus legítimas aspiraciones personales, a semejanza del Señor Jesucristo, Quien: *"no vino para ser servido, sino para servir, y para dar su vida en rescate por muchos"* (Marcos 10:45), en el espíritu de lo dicho por Cullen Hightower: *"La verdadera medida de nuestro valor se compone de todos los beneficios que los demás han obtenido de nuestros éxitos".*

En cuarto lugar encontramos la paradoja de que el Señor Jesucristo, anunciado en las Escrituras de muchas maneras como el "Príncipe de Paz", trae división, como él mismo lo advirtió: *"¿Creen ustedes que vine a traer paz a la tierra? ¡Les digo que no, sino división! De ahora en adelante estarán divididos cinco en una familia, tres contra dos, y dos contra tres. Se enfrentarán el padre contra su hijo y el hijo contra su padre, la madre contra su hija y la hija contra su madre, la suegra contra su nuera y la nuera contra su suegra»"* (Lucas 12:51-53). La explicación a esta paradoja comienza por establecer que Cristo, ciertamente, vino a promover la paz y la fraternidad de todo el género humano por encima de diferencias nacionales, culturales, étnicas e incluso ideológicas sobre la base de la reconciliación por él provista en la cruz. Pero esta unidad fraternal de todos los seres humanos no es posible si no se apoya en la verdad revelada en el evangelio. En otras palabras, la fidelidad a Dios y a la verdad tiene prioridad sobre cualquier otra lealtad, aun aquellas que tienen que ver con los afectos y los vínculos de consanguinidad, de modo que si existen conflictos de intereses entre ambas, se debe dar prelación a la primera, a pesar de los enfrentamientos a lo que esto pueda dar lugar con quienes están relacionados con nosotros, comenzando por nuestra propia familia. Ya lo dijo John Stott: *"Sería necio buscar la unidad a expensas de la verdad... Cristo inevitablemente divide y a la vez une a la gente"*

Y para cerrar esta apretada y rápida muestra de ejemplos ilustrativos y representativos de las paradojas del evangelio, encontramos una muy conocida: *"En efecto, hay últimos que serán primeros, y primeros que serán últimos»"* (Lucas 13:30). De nuevo, parece injusto que sea así. Pero dejando por lo pronto de lado aquí lo que tiene que ver con la soberanía de Dios por la cual Él elige a quien Él quiere; no es injusto que los últimos lleguen a ser primeros si los últimos muestran una mayor responsabilidad que los primeros y terminan, por esta misma razón, desplazándolos con justicia de su privilegiado lugar. Con mayor razón debido a que en el evangelio no se trata de rapidez para llegar —y por consiguiente, tampoco se trata de partir en primer lugar—, sino de llegar con precisión. Porque si bien la vida cristiana es comparada en varias oportunidades en el Nuevo Testamento con una carrera atlética, es claro que no se puede comparar con una carrera de velocidad, sino más bien con una de resistencia y largo alcance en la que el competidor, más que correr velozmente para llegar cuanto antes a la meta, tiene más bien siempre presente la meta que debe alcanzar y se prepara a conciencia y con disciplina para llegar a ella a su propio ritmo constante y dosificado. En el evangelio sucede, pues, algo similar a lo que pasa en la conocida fábula de la liebre y la tortuga, pues al final lo que importa no es llegar primero, sino saber llegar, algo que algunos de los últimos saben hacer mejor que muchos de los primeros, circunstancia que nos permite comprender el hecho de que haya últimos que sean primeros y primeros que sean últimos.

Existen en la Biblia en general y en el evangelio en particular muchas más enseñanzas y sentencias paradójicas en boca del Señor Jesucristo que no tenemos ni el espacio ni la necesaria disposición y laboriosa paciencia para traer y considerar aquí. Pero con estas bastan como botón de muestra. Sin embargo, debemos dedicar un capítulo completo al tratamiento de otra paradoja que los no creyentes esgrimen en contra del cristianismo y que a muchos se les antoja como algo concluyente para negar la existencia de Dios y la consecuente doctrina cristiana tal y como se ha venido exponiendo incidentalmente a lo largo de todos los capítulos anteriores. Dedicaremos, pues, el siguiente capítulo a tratar y procurar esclarecer con solvente precisión esta ya proverbial paradoja.

29.
La paradoja de Epicuro

"»¿Por qué permite Dios que los sufridos vean la luz? ¿Por qué se les da vida a los amargados?... Lo que más temía, me sobrevino; lo que más me asustaba, me sucedió. No encuentro paz ni sosiego; no hallo reposo, sino solo agitación»"

Job 3:20, 25-26

Se atribuye al filósofo griego Epicuro el siguiente razonamiento lógico que parece inobjetable, al grado de dejarnos sin opción, conocido desde entonces como la paradoja de Epicuro, y que dice así: *"¿Es que Dios quiere prevenir el mal, pero no es capaz? Entonces no es omnipotente. ¿Es capaz, pero no desea hacerlo? Entonces es malévolo. ¿Es capaz y desea hacerlo? ¿De dónde surge entonces el mal? ¿Es que no es capaz ni desea hacerlo? ¿Entonces por qué llamarlo Dios?"*. A partir de su formulación inicial, esta paradoja ha sido un recurrente argumento utilizado por los ateos en contra de Dios tal y como Él se revela en la Biblia y en Jesucristo, convirtiéndose en punta de lanza para referirse a lo que suele designarse como "el problema del mal" o del sufrimiento. De hecho, el argumento más típico y pasionalmente esgrimido por los ateos en contra del cristianismo, es protestar contra la existencia del mal en el mundo, afirmando la incongruencia de este estado de cosas con la existencia de Dios, para proceder entonces a negarlo o, peor aún, a culparlo por ello, −ya sea por acción u omisión.

No puede negarse que el problema del mal alcanzó en el siglo XX un clímax no conocido hasta entonces en la historia con los pogromos judíos, los campos de concentración nazis y los gulag o campos de exterminio del régimen comunista de Stalin y otros dirigentes también comunistas del mundo actual, al punto de llevar a Imre Kertész, escritor húngaro ganador del premio Nobel de literatura, a pronunciarse de este modo al respecto: *"Nuestra mitología moderna empieza con un gigantesco punto negativo: Dios creó el mundo y el ser humano creó Auschwitz"*, refiriéndose al tal vez más emblemático y conocido campo de concentración de la Alemania de Hitler, que se convirtió en un símbolo de todas las atrocidades cometidas por el nazismo. Ciertamente, el horror nazi puso de nuevo el problema del mal en el primer plano de la reflexión actual, brindando renovado aliento al ateísmo moderno que ha hecho uso de este problema como argumento a favor de la inexistencia de Dios, sin reparar en que ellos mismos contribuyen a este mal de algún modo —todos los regímenes comunistas han sido, por principio, ateos— y en que, en última instancia, la alternativa de un mundo sin Dios nos sume de lleno en un mal mucho mayor que el que ellos pretenden denunciar en contra de Dios y resolver negando a Dios.

En contra de la paradoja de Epicuro y su aparente carácter concluyente, Herbert Lockyer nos recuerda que: *"El ateísmo se condena por sus propios frutos"* señalando el absurdo intelectual y existencial en que éste nos deja: *"Una creación sin Creador; un diseño sin Diseñador; el universo sin Regulador; la historia humana sin un Gobernador; la moralidad sin una base de Autoridad; la iniquidad sin un freno adecuado; la muerte sin esperanza"*. Al respecto es famosa la frase de Dostoievski que dice: *"Si Dios no existe, todo está permitido"*, para aludir al caos moral, la anarquía y la ausencia de valores a los que el ateísmo nos arroja. Además, la paradoja de Epicuro, a pesar de la impresión inicial, no nos conduce a un callejón sin salida para seguir sosteniendo la existencia de un Dios bueno y todopoderoso, a pesar de la evidente existencia del mal y del consecuente sufrimiento en el mundo. Comenzando porque, si se trata de lógica estricta, incluso a primera vista la paradoja de Epicuro no obra necesariamente en contra de la existencia de Dios, sino en contra de su carácter, pues no puede afirmar que Dios no existe, sino que, presuntamente, ante la realidad del mal, Dios no podría ser bueno y todopoderoso al mismo tiempo, como lo proclama de manera específica el judeocristianismo. Es decir que no se puede concluir con base en la existencia del mal que Dios no existe, sino únicamente que no podría, en apariencia (recordemos que es una paradoja), ser bueno y todopoderoso al mismo tiempo.

Pero ni siquiera esto último tiene que ser así cuando se examina con el debido detenimiento, como lo recoge la Confesión de Fe de Westminster al referirse a la providencia de Dios o a su bondadoso cuidado sobre su creación: *"El poder supremo, la sabiduría inescrutable y la bondad infinita de Dios, se manifiesta en su providencia de tal manera, que ésta se extiende aún hasta la primera caída y a todos los otros pecados de los ángeles y de los hombres, y esto no por un mero permiso, sino por haberlos unido con un lazo muy sabio y poderoso, ordenándolos y gobernándolos en una administración múltiple para sus propios fines santos; pero de tal modo que lo pecaminoso procede sólo de la criatura, y no de Dios, quien siendo justísimo y santísimo, no es, ni puede ser, el autor o aprobador del pecado"*. Es decir que el gobierno de Dios sobre su creación no es tiránico o dictatorial. No avasalla ni atropella al ser humano, sino que, siguiendo las propias reglas establecidas por Él en cuanto al respeto del albedrío humano, se define más en términos de guía y sutil pero convincente influencia sobre los hombres, sin que Él sea, entonces, el responsable de las decisiones que ellos al final toman.

Por eso, no sobra recordar que el cristianismo siempre ha afirmado que el mal en todas sus formas no es de ningún modo imputable al Creador sino a las decisiones de sus criaturas morales (ángeles y seres humanos), que de algún modo han terminado afectando a toda la creación en lo que se conoce en teología como "los efectos cósmicos de la caída", superando incluso la intención de quienes lo hemos causado y volviéndose tarde o temprano —a través de lo que se conoce como el mal natural, que se manifiesta a través de las enfermedades y las tragedias naturales—, en contra nuestra de maneras insospechadas que hacen improcedentes nuestras protestas. La paradoja de Epicuro plantea, entonces, un dilema que puede ser resuelto sin perjuicio de la bondad y la omnipotencia de Dios y mucho menos de su misma existencia, en un ejercicio que se conoce con el nombre de "teodicea", palabra técnica para referirse a todo ejercicio intelectual que busque justificar racionalmente a Dios en relación con el mal que se manifiesta en el mundo en tan variadas formas.

La teodicea cristiana es, pues, muy razonable, a despecho de la aparente contundencia de la paradoja de Epicuro, pues reconociendo que desde el punto de vista estrictamente lógico, no existiría una razón necesaria para la existencia del mal en el mundo, al mismo tiempo sostiene que, en su sabiduría, Dios tuvo razones suficientes para permitirlo, sin perjuicio de su bondad y su omnipotencia. Y tal vez la principal y suficiente razón para permitirlo es preservar el ejercicio de nuestro albedrío sin imponerse sobre nuestra voluntad, a pesar del mal uso que podamos hacer de ese albedrío. Entre otras cosas porque sin el ejercicio del libre albedrío el amor no es posible, pues por definición el amor debe ser el producto de una decisión libre de la persona, así que si no podemos ejercer nuestra capacidad de decisión, tampoco podemos amar verdaderamente. Por eso, para dejar siempre abierta a todos los hombres la posibilidad del amor, Dios debía también dejarnos decidir por nosotros mismos en último término, a pesar de todos los riesgos que esta facultad entraña para Dios, para todos y cada uno de nosotros y para el mundo en general, siendo, pues, el problema del mal el compendio de todos estos riesgos. Después de todo, Dios, que es amor, siempre ha querido que nuestra adhesión a Él sea libre y voluntaria, por amor y no por obligación o imposición de ningún tipo.

Además, más allá de los razonamientos lógicos y discursivos, Rolf Gruner llama nuestra atención a un hecho que no deja de ser significativamente inquietante: *"Los creyentes acérrimos por lo general han sido aquellos que han tenido la más firme convicción de la realidad del mal, y muchos o la mayoría de ellos nunca han hecho ningún intento de teodicea"*. Algo que los ateos no parecen tomar en cuenta al recurrir al problema del mal para negar a Dios. Porque este argumento no tiene en cuenta que los creyentes más convencidos no suelen ser personas ingenuamente optimistas en relación con el mal, sino personas plenamente conscientes de la realidad del mal, tanto o más que los mismos ateos, en muchos casos debido justamente a que lo han experimentado en carne propia en toda su crudeza. Y el hecho de que, a pesar de ello —o tal vez, gracias a ello— manifiesten una fe profunda en Dios debería ser un indicio claro de que, a la par con el mal experimentado en carne propia, también han experimentado algún tipo de manifestación divina más decisiva aún que el mal observado y padecido, que les ha permitido sobreponerse a él para creer y confiar en Dios de manera renovada.

De hecho, a pesar de que la visión cristiana del mundo permite una teodicea suficientemente solvente en términos generales para justificar de manera razonable y satisfactoria la existencia del mal sin menoscabo de la existencia y el carácter de Dios revelado en las Escrituras; no son finalmente estas justificaciones racionales las que fundamentan la fe y la confianza en Dios del creyente. De ahí que una explicación racional y coherente que justifique y concilie la paradójica coexistencia del mal con la de un Dios misericordioso y todopoderoso, no es estrictamente necesaria para poder creer, pues en la relación interpersonal que Cristo establece con el creyente a partir de la conversión, Dios surte otros medios más convincentes para sortear este obstáculo intelectual. Tan convincentes e intuitivos que justifican las siguientes palabras de Cornelius Plantinga: *"En algún nivel de nuestro ser sabemos que el bien es tan plausible y original como Dios, y que, en la historia del género humano, el bien es más antiguo que el pecado"*. Certeza que justifica elegir el bien aun en las más adversas circunstancias, como lo recomienda el apóstol: *"Asegúrense de que nadie pague mal por mal; más bien, esfuércense siempre por hacer el bien, no sólo entre ustedes sino a todos"* (1 Tesalonicenses 5:15).

Porque a pesar del carácter tan ofensivo e indignante y del primer plano que el mal puede llegar a adquirir por momentos en nuestra vida, la fe nos capacita para reflexionar en el milagro diario que implica el mero hecho de existir en este enorme, fascinante e indescriptible universo y de habitar este pequeño, singular y siempre hermoso planeta azul, especialmente diseñado y finamente ajustado en todos sus detalles por una inteligencia muy superior a la nuestra para sustentar nuestra vida de por sí tan frágil. Por eso, sin dejar de reconocer que la vida no es siempre fácil y que el mal nos golpea tanto desde afuera como desde dentro de nosotros mismos, —me hallo escribiendo este capítulo en medio de la pandemia y el aislamiento por el coronavirus Covid 19— el punto no es si la vida es difícil cuando la evaluamos desde el horizonte del mal, sino que antes que nada, la vida es posible y siempre deseable, circunstancia que coloca el problema del mal en su justo lugar y proporción. Sin olvidar que, antes de negar a Dios por causa del mal o de culparlo incluso por ello, debemos recordar que el evangelio nos informa que Él mismo participó en carne propia y en grado superlativo del mal y el sufrimiento al encarnarse como hombre en la persona de Cristo y haberse sometido voluntariamente a una pasión y muerte inmerecidas.

Por último y como lo dice Philip Yancey: *"Uno no espera hallar los argumentos de los más grandes adversarios de Dios… en el centro de la Biblia"*. Porque la misma Biblia se hizo cargo desde tiempos ancestrales del problema del mal y del sufrimiento, pero utilizándolo a favor de Dios, mucho antes de que los ateos y detractores modernos del cristianismo lo hicieran en contra de Dios, como si ésta fuera la "prueba reina" que establece la inexistencia de Dios, o por lo menos su impotencia o indiferencia hacia el sufrimiento. Mucho antes de Epicuro Dios ya prestó audiencia a sus argumentos y señalamientos y, por extensión, a los de todos sus seguidores, recogiéndolos en el mismo centro de la Biblia, representados en las quejas y cuestionamientos amargos dirigidos a Dios por el patriarca Job cuando se hallaba justamente en medio del dolor y sufrimiento gratuitos e inexplicables al no obedecer en apariencia a ninguna razón o merecimiento de su parte. Porque aunque estas quejas y cuestionamientos se encuadren en el marco de la actitud dócil y respetuosa de Job hacia Dios tácitamente elogiada en la introducción de este libro, eso no quita el hecho de que Job proteste y no esté conforme con el trato que está recibiendo al que considera en buena medida arbitrario e injustificado. Pero la diferencia entre los cuestionamientos de los ateos y el de Job es, precisamente, que Job los hace desde el sufrimiento y la fe que lucha con sus dudas y no al margen de ella, como los primeros. Y aunque esto no garantice recibir de Dios una respuesta totalmente comprensible en términos estrictamente lógicos y racionales, sí garantiza de su parte una manifestación personal lo suficientemente clara al creyente, —como sucedió al final del libro con el patriarca Job—, como para afirmarlo en su decisión de seguir creyendo y confiando en Dios a pesar del problema del mal y del sufrimiento por él desencadenado y vivido en este caso en carne propia.

Dejemos aquí, por lo pronto, lo que tiene que ver con el problema del mal y la manera como la paradoja de Epicuro pretende utilizarlo como argumento en contra de Dios. Porque en el capítulo 32 volveremos sobre este tema y entenderemos mejor algunas de sus más controvertidas ramificaciones, cuando abordemos el sensible tema de la soberanía de Dios y la manera en que muchos no creyentes, e incluso un significativo porcentaje de creyentes poco ilustrados, tropiezan en este asunto y se escandalizan por su causa, llegando a renegar del evangelio al protestar contra el ejercicio legítimo que Dios hace de su soberanía en lo que se conoce como la doctrina de la predestinación, malentendiéndola de tal manera que se muestran incapaces de responder los cuestionamientos dirigidos por los no creyentes en contra de ella, cuando la equiparan sin más con un vulgar determinismo fatalista que haría de los seres humanos meros títeres o robots biológicos que, creyendo ser libres o, por lo menos, creyendo tener capacidad de decisión sobre sus propias vidas, en realidad sólo estarían siguiendo al detalle el libreto que Dios les habría asignado a todos y cada uno de los hombres en particular.

Pero antes de llegar allí debemos considerar los contenidos de la religión que amenaza con imponerse en nuestros días y que adquiere forma en el humanismo ateo y la manera en que éste desestima y descalifica a todas las religiones que se han dado a lo largo de la historia, con el cristianismo a la cabeza, procediendo a responder y desmantelar desde la razón sus sofisticados y en apariencia muy convincentes planteamientos en el marco de todas las ideologías que alimentan el pensamiento políticamente correcto. Y enseguida, en el capítulo 31, nos ocuparemos de poner en evidencia las falsas presunciones de quienes dicen creer en Dios, pero "a su manera", justificándose y aferrándose a estas muy particulares expresiones de fe, como si Dios estuviera obligado a amoldarse a ellas y a darles su sanción favorable por el simple hecho de que lo que importa es la sinceridad con que lo creamos, como si la sinceridad fuera siempre la garantía de estar en lo correcto. Vamos, pues con este par de capítulos secuenciales que nos llevarán de manera invariable a la soberanía de Dios.

30.
El humanismo ateo

"Cuando contemplo tus cielos, obra de tus dedos, la luna y las estrellas que allí fijaste, me pregunto: «¿Qué es el hombre, para que en él pienses? ¿Qué es el ser humano, para que lo tomes en cuenta?» Pues lo hiciste poco menos que Dios, y lo coronaste de gloria y de honra"

Salmo 8:3-5

Comencemos este capítulo señalando el hecho de que incluso ateos tan reconocidos como el alemán Ludwig Feuerbach admitieron el hecho que el hombre es en esencia un animal religioso, construyendo su pensamiento a partir de este axioma. Pero al hacerlo de este modo, Feuerbach sostenía a su vez que Dios es sólo una imagen, un doble imaginario del ser humano, una idea creada por nosotros en la cual proyectamos nuestra propia realidad, nuestros propios atributos humanos idealizados y que, por lo tanto, el verdadero dios es el ser humano. Así, pues, si la Biblia dice que Dios creó al hombre a su imagen y semejanza, Feuerbach diría que fue el hombre quien creó a Dios a la suya propia, marcando el punto de separación entre el humanismo de extracción cristiana y el moderno humanismo ateo que sigue ciegamente la conocida sentencia del sofista griego Protágoras cuando dijo que: *"el hombre es la medida de todas las cosas"*.

Este último humanismo, apoyado en significativos sectores de las ciencias humanas y sociales, ha popularizado ciertos argumentos puntuales en contra de las religiones tradicionales en general de la historia humana, con el cristianismo a la cabeza, que pretenden ser argumentos racionales terminantes con los que buscan ponerle punto final a la discusión en favor de sus propios planteamientos, intimidando a los cristianos a tal punto que algunos de ellos se terminan cuestionando su fe bajo la influencia de estos argumentos, o lo que es lo mismo, haciendo de la fe en Cristo algo relativo y cediendo de este modo a los requerimientos del pensamiento políticamente correcto con su negación de la verdad como concepto absoluto y definitivo, y dejando así abierto el camino al relativismo religioso de quienes dicen creer en Dios "a su manera".

El primero de estos argumentos para desestimar los reclamos de exclusividad de las religiones en general y, con especialidad, del cristianismo con su declaración de que únicamente Cristo es el camino, la verdad y la vida; es que todas las religiones no son más que un producto cultural de ciertas sociedades y pueblos particulares en un momento dado de su historia y nada más y no pueden, por tanto, reclamar validez universal. Y aunque debamos estar de acuerdo con quienes afirman que, desde la perspectiva humana, las religiones son en gran medida productos culturales característicos de cada pueblo y nación, ese no es un argumento para invalidarlas ni mucho menos para restarles importancia. Más bien, el hecho de que a lo largo de la historia humana haya habido y siga habiendo tantas religiones, a despecho del siempre minoritario grupo de ateos, es una prueba de que, como lo dijo Feuerbach, el hombre es un animal religioso.

Ahora bien, por supuesto que el hecho de que existan tantas religiones diferentes e incluso opuestas entre sí significa que no todas pueden ser verdaderas, pero al mismo tiempo la existencia de tantas religiones indica que la religión está llamada a llenar una necesidad esencial del ser humano y que, al final, hasta el ateísmo y toda su parentela no son más que las religiones de los que deciden negar a Dios contra toda evidencia, para terminar sustituyéndolo sutil o abiertamente con algo o alguien de este mundo, que se convierte entonces en un ídolo o falso Dios que engaña a quienes le sirven. Ya lo dijo el profeta *"¿Hasta cuándo van a seguir indecisos? Si el Dios verdadero es el Señor, deben seguirlo; pero si es Baal, síganlo a él."* (1 Reyes 18:21). No hay terceras opciones. No hay grupo de los no alineados en relación con Dios. Nuestras opciones no son adorar o no adorar, ser religiosos o no serlo; sino a quién o qué vamos a adorar, pues no podemos sustraernos a este impulso vital, ya sea que seamos o no conscientes de él. Y esto reduce las opciones a dos solamente: adoramos al Dios verdadero o adoramos a los ídolos o dioses falsos. Por eso el prestigioso estudioso de las religiones, el rumano Mircea Eliade decía que: *"El hombre profano, lo quiera o no, conserva aún huellas del comportamiento del hombre religioso... La mayoría de los hombres 'sin-religión' se siguen comportando religiosamente, sin saberlo".*

Sin embargo, si todos en último término somos seres religiosos, cabe preguntarse, entre tantas ofertas religiosas: ¿cuál es la religión verdadera? Porque no todas pueden ser ciertas, pues al final todas se oponen y se contradicen entre sí y terminan, entonces, exigiendo exclusividad de sus seguidores, apoyadas en el reclamo de cada una de ellas de ser la religión verdadera. Cada cultura tiene, en efecto, una religión característica que hace este tipo de demandas a quienes forman parte de ella. Entre los árabes es el islam. Entre los judíos el judaísmo. En la India el hinduismo. En China el taoísmo y el budismo. En Japón el sintoísmo. Y hasta hace poco más de un siglo atrás, en los países occidentales lo fue el cristianismo. Porque hoy las cosas están cambiando y parece que la religión que llegará a ser pronto –si es que ya no lo es– culturalmente predominante en los países occidentales del Primer Mundo con Europa a la cabeza es el humanismo ateo. Y esto debido en buena parte a que los cristianos no hemos sabido contrarrestar sus argumentos con altura.

Porque el punto aquí es que ningún ser humano podrá disculpar su responsabilidad ante Dios apelando a la cultura o al medio ambiente en que nació y se formó, para mitigarla o eludirla. Esto es así debido a que nuestra genética, nuestro medio ambiente y nuestra cultura pueden condicionar y limitar hasta cierto punto nuestras vidas, pero no las determinan de manera rígida y absoluta. No eliminan nuestro libre albedrío y nuestras consecuentes responsabilidades ante Dios. No es cierto, entonces, que la religión sea algo impuesto por la cultura en la que nacemos, porque todos tenemos la capacidad y el deber de someter a una evaluación crítica la religión promovida por nuestra cultura, para ver si cuenta con suficiente sustento racional y si corresponde con los hechos de la historia y de la experiencia humana. No hacerlo de este modo y aceptar como borregos, sin examinarla críticamente, la religión dominante en nuestra cultura es incurrir en un muy culpable descuido que configura tal vez uno de los más peligrosos pecados de omisión que podemos llegar a cometer. Recordemos, además, que el Señor Jesucristo no condicionó la aceptación del evangelio al hecho de que sus oyentes y seguidores formaran parte de la cultura judía, sino que indicó que todo el que quisiera honestamente hacer la voluntad de Dios –judío o gentil por igual– podría reconocer la veracidad de su enseñanza más allá de condicionamientos culturales, como lo tuvo que admitir, no sin cierta dificultad, el apóstol Pedro al confesar algo que ya citamos: "… – *Ahora comprendo que en realidad para Dios no hay favoritismos, sino que en toda nación él ve con agrado a los que le temen y actúan con justicia"* (Hechos 10:34), pues el evangelio: *"… es poder de Dios para la salvación de todos los que creen: de los judíos primeramente, pero también de los gentiles.* (Romanos 1:16). Poder de Dios que ilumina y desenmascara los engañosos prejuicios culturales del mundo utilizados por los enemigos del evangelio para ocultar la verdad, brindándonos garantías para saber que el cristianismo es la religión verdadera.

El segundo argumento de los humanistas en contra de la religión es que ésta crea fronteras y fomenta la división, mientras que la verdad (aquí sí suscriben la noción de verdad, en abierta contradicción al relativismo que afirma que no hay verdades absolutas e incuestionables) no lo hace, en la medida en que es evidente para todos. Pero la verdad, como quiera que se la entienda es excluyente, pues dos afirmaciones contrarias no pueden ser ambas verdad al mismo tiempo y en la misma relación. La lógica más elemental establece que en el mejor de los casos sólo una de ellas será cierta y todas las afirmaciones contrarias quedan excluidas como falsas. La verdad es excluyente y establece fronteras. Comenzando, por supuesto, por las verdades más evidentes e indiscutibles de las matemáticas. Dos más dos es siempre igual a cuatro y eso establece fronteras infranqueables si de permanecer en la verdad se trata. Las fronteras que nos impiden afirmar con la razón de nuestro lado que dos más dos es igual a cinco o a tres o a cualquier otra cifra diferente a cuatro.

La verdad en éste y en cualquier otro caso relativo a la realidad de las cosas es una sola, pues no hay varias respuestas a la pregunta de cuánto es dos más dos. Sólo hay una respuesta correcta: cuatro. Las demás son falsas. Y como tal, la verdad crea fronteras y divide al mundo entre quienes la aceptan y se rinden a ella de buen grado y quienes la resisten y se oponen a ella, aferrándose a las mentiras de sus preferencias, como sucede en la actualidad con personas que, en pleno uso de sus facultades mentales y contra toda evidencia han decidido negar hechos probados de la historia, tales como el holocausto nazi, la llegada del hombre a la luna o, aunque parezca un chiste, niegan también con toda la seriedad del caso que la tierra tenga forma esférica, sino que es plana y que quienes afirman que es esférica, son conspiradores que nos quieren engañar. Después de todo, estamos en la era de la posverdad y de las "fakenews" o noticias falsas de todo tipo. El problema es, entonces, que muchos prefieren permanecer en las mentiras que les han enseñado en su propia cultura, en vez de ponerlas a prueba de algún modo.

La tercera afirmación del humanismo ateo consiste en que, si Dios deseaba revelarse a los hombres, debió hacerlo de forma clara y precisa, en el lenguaje universal, evidente y plenamente demostrado de las matemáticas. Cuando escucho a alguien pontificando sobre cómo debería Dios haberse revelado o manifestado a los hombres para evitar la confusión promovida por las religiones, no puedo evitar pensar en lo dicho por Pablo en Romanos, citado en su momento en conexión con los ladrones de la responsabilidad: *"... ¿Quién eres tú para pedirle cuentas a Dios? «¿Acaso le dirá la olla de barro al que la modeló: '¿Por qué me hiciste así?'»"* (Romanos 9:20). Porque parece ser que, contrario a lo que pensamos, sí hay mucha gente que quiere servir a Dios. Pero no en calidad de siervos, sino de asesores. Dándole consejos sobre cómo debería haber hecho las cosas, presumiendo que ellos podrían haberlo hecho mucho mejor que Dios.

El erudito filósofo cristiano alemán Gottfried Leibniz hizo una muy lúcida y trabajada teodicea (de hecho, fue quien le dio el nombre técnico a este ejercicio) concluyendo que, a pesar del mal y la maldad en el mundo, éste es, en sus propias palabras: "el mejor de los mundos posibles". Pero luego el francés Voltaire, sin siquiera tomarse el trabajo de examinar y entender cabalmente los argumentos de Leibniz, dijo con insolente atrevimiento que a él se le hubieran podido ocurrir muchos mundos mejores que éste. Siempre existirán personas como Voltaire que creen que Dios ha debido revelarse de una forma más clara, directa y precisa que la que encontramos en la Biblia o en todos los libros sagrados de las demás religiones que reclaman ser la revelación auténtica de Dios a los hombres, en abierta competencia entre sí.

¿Se equivocaría Dios al revelarse a los hombres a través de la Biblia? ¿Por qué en hebreo, arameo y griego? ¿Por qué no en el sanscrito de los *Vedas* o de los *Upanishads,* del *Majabharata,* del *Bhagavad-Gita* o del *Ramayana* de la India? ¿O en el chino del *Tao Te King*? ¿O en el japonés de los *Shinten* sintoístas? ¿O el maya del *Popol Vuh*? ¿O, como lo reclaman los humanistas, en el lenguaje universal de las matemáticas, que al fin y al cabo es el mismo en todas las culturas? Bueno, Dios mismo responde por qué lo hizo a través de los judíos y no de los indios, los chinos, los japoneses o los mayas, entre otros. Porque: *"..._«Tendré clemencia de quien yo quiera tenerla, y seré compasivo con quien yo quiera serlo.» Por lo tanto, la elección no depende del deseo ni del esfuerzo humano sino de la misericordia de Dios"* (Romanos 9:15-16). Una respuesta que de seguro no satisfará a muchos, pero que constituye el derecho legítimo de Dios en ejercicio de su soberanía y en razón de ser Quien es, sin que nadie pueda discutírselo con algún fundamento real.

Pero sí podemos deducir por qué Dios no se reveló a Sí mismo a través del lenguaje universal e indiscutible de las matemáticas. En primer lugar, debido a que las matemáticas son elitistas y discriminatorias. Es decir que, aunque sea un lenguaje universal, es un lenguaje que sólo domina una élite iniciada en esta ciencia pura: la élite de los matemáticos. Y Dios no desea reservar su revelación a una élite, sino que quiere que todo el que sepa leer tenga acceso directo a ella en el lenguaje más sencillo posible: el lenguaje de la Biblia al que cualquier persona alfabetizada y bien dispuesta puede acceder. Porque Dios: *"... quiere que todos sean salvos y lleguen a conocer la verdad"* (1 Timoteo 2:4); pues: *"... él tiene paciencia con ustedes, porque no quiere que nadie perezca sino que todos se arrepientan"* (2 Pedro 3:9). Y en segundo lugar, porque, como ya se dijo, Él no obliga a nadie. Al final es nuestra decisión. Y las matemáticas nos obligan y no nos dan opción. Dios no desea que aceptemos su revelación debido a que no tenemos opción, sino que lo hagamos porque así queremos hacerlo y no porque estamos obligados a hacerlo. Dios quiere que confiemos en Él y no que creamos en Él porque tenemos que hacerlo, sin ninguna otra opción.

Adicionalmente, la Biblia afirma que Dios es *"... un Dios que se oculta"* (Isaías 45:15; Salmo 18:11). Pero eso no significa que Dios juegue a las escondidas con nosotros. Significa más bien que si Él no se revela de manera plena a los hombres es porque si así lo hiciera nadie podría soportarlo, como se lo advirtió Dios a Moisés: *"Pero debo aclararte que no podrás ver mi rostro, porque nadie puede verme y seguir con vida"* (Éxodo 33:20). Somos indignos de ver a Dios y si Él no se nos revela en toda su gloria, santidad y esplendor es porque quiere protegernos, pues si así lo hiciera, pereceríamos en el acto. Por lo demás, Dios ya se reveló de manera concreta, visible y palpable, como nos lo recuerda el apóstol: *"A Dios nadie lo ha visto nunca; el Hijo unigénito, que es Dios y que vive en unión íntima con el Padre, nos lo ha dado a conocer"* (Juan 1:18) puesto que*: "Él es la imagen del Dios invisible"* (Colosenses 1:15).

Por último, el humanismo es ingenuamente optimista en lo que tiene que ver con la condición humana, pues exalta lo mejor de ella sin tomar en cuenta con la suficiente seriedad también sus peores aspectos, como sí lo hace la Biblia, pues: *"Tan sólo he hallado lo siguiente: que Dios hizo perfecto al género humano, pero éste se ha buscado demasiadas complicaciones"* (Eclesiastés 7:29). Es por eso que el mundo necesita redención. Es por eso que Dios se hizo hombre en la persona de Jesucristo. Para redimirnos de esta condición caída y de todos los pecados, problemas y complicaciones que nos hemos buscado al no tener en cuenta a Dios para obedecerlo. Es por esto y mucho más que el evangelio tiene todo el peso de la historia, de la razón y de la experiencia de su parte y es la única religión que tiene a su favor el respaldo de los hechos y ostenta toda la coherencia doctrinal y la consistencia práctica que se esperaría de la verdad, pues el principal y verdadero "humanista" de la historia es Dios mismo.

31.
La fe a mi manera

"Puedo declarar en favor de ellos que muestran celo por Dios, pero su celo no se basa en el conocimiento. No conociendo la justicia que proviene de Dios, y procurando establecer la suya propia, no se sometieron a la justicia de Dios"

Romanos 10:2-3

Ya habíamos citado la porción bíblica del encabezado en relación con el legalismo judío. Pero volvemos ahora con ella para enfocarnos en el hecho de que los judíos, si bien mostraban un ejemplar celo por Dios, no era un celo basado en el conocimiento, pues procuraban agradar a Dios "a su manera" y no de la manera establecida por Dios. Las palabras del apóstol nos recuerdan una de las frases más nefastas y engañosas con las que muchos tratan de justificarse hoy en lo que a Dios respecta. Se trata de la frase que afirma: "Yo creo en Dios, pero a mi manera". Una frase que no es más que el síntoma de lo individualista, subjetiva y equivocada que puede llegar a ser la fe en estos tiempos de relativismos y tolerancias sin criterio. Una frase que, contrario a lo que los cristianos pudiéramos pensar, indica finalmente que muchos creen en Dios. Pero que lamentablemente tiene en su contra que quienes creen en Él, lo hacen en último término "a su manera".

Es tanto así que aun los ateos creen en Dios "a su manera". Ellos también tienen un dios, aunque lo nieguen y no sean claramente conscientes de ello. Es tan sencillo como esto: si negamos a Dios es inevitable que terminemos sustituyéndolo con algo o con alguien de este mundo. Porque el ateísmo llevado hasta sus últimas consecuencias racionales debería conducir al suicidio. Y si los ateos no se suicidan es porque, de un modo u otro, han encontrado algo por lo cual vivir. Y eso por lo cual viven es su dios. Las opciones del ateo no son, entonces, creer o no creer en Dios. Son más bien en qué tipo o clase de Dios va a creer, como lo señalábamos ya en el capítulo anterior: el Dios verdadero o un sutil ídolo, confirmado por el hecho ya establecido en el sentido de que la línea que separa al ateísmo del panteísmo es muy delgada y se puede traspasar muy fácilmente, justificando lo dicho por Karen Armstrong en cuanto a que: *"el ateísmo ha sido a menudo un estado de transición"*. Y es que al tratar de negar a Dios como la realidad última e incondicional que explica y otorga sentido al universo, a la vida y al ser humano, lo único que logramos hacer es asignarle ese carácter último e incondicional a alguna cosa de este mundo.

Y una vez más a propósito del ateísmo y, de manera específica, del humanismo ateo abordado en el anterior capítulo, basta observar cómo los humanistas hacen de la humanidad su dios y se convierten en activistas consagrados a causas sociales con las que pretenden acallar su conciencia culpable. Porque el problema con la fe humanista no son las causas sociales a las que se consagran, que deben ser, por cierto, promovidas y apoyadas también por los cristianos; sino las motivaciones e intenciones equivocadas que se encuentran detrás de ellas. Sin hablar de las contradicciones del humanismo, pues pretender conferirle valor a la humanidad sin referencia a Dios es algo lógica y racionalmente insostenible, pues como lo dijo con contundencia el teólogo R. C. Sproul: *"Si no hay gloria divina, no hay dignidad humana"*. O dicho de otro modo, si Dios no existe, *"el hombre es una pasión inútil"*, como lo reconoció el filósofo ateo y existencialista francés Jean Paul Sartre.

El moralismo es tal vez la más extendida forma de "fe a mi manera", y consiste en la presunción de muchos de quienes dicen creer en Dios en que lo único que Él requiere de nosotros es promover y guardar normas y conductas morales mínimas que deberían ser respetadas por todos en la sociedad, mediante las cuales se alcanzaría su aprobación. Para los moralistas asuntos tales como los ritos, las liturgias, los sermones, los servicios, las oraciones, la comunión, la adoración, las devociones y aún la lectura de la Biblia a las que es dada la iglesia sobran, pues no serían más que lastres, cuando no hipocresías, de los que su fe muy bien podría prescindir sin problema alguno. Y si bien la moralidad no es mala, pues forma parte de la naturaleza humana, al punto que el cristianismo propende por elevar de manera significativa y creciente los estándares morales de la sociedad, lo malo es hacer de la moralidad un ídolo, como lo hacen los moralistas. Y eso es lo que sucede cuando las personas piensan que por el simple hecho de que alguien "no le haga mal a nadie", ya por eso es una buena persona a quien Dios tendría, entonces que aprobar y justificar.

Uno de los casos más extremos de fe moralista es la que hace de los derechos humanos un nuevo ídolo por encima del cual no existe nada más. A esto se refería el escritor y político canadiense Michael Ignatieff cuando dijo: *"Los derechos humanos han llegado a ser el principal artículo de fe de una cultura secular que teme no creer en nada más... Los derechos humanos son malentendidos... si son vistos como una religión secular... hacerlo así es convertirlos en una especie de idolatría"*. Lamentablemente, ésta es la religión de muchos de los intelectuales de hoy que dicen no creer en Dios ni profesar formalmente ninguna religión, pero defienden la moralidad con celo religioso, utilizando únicamente a la razón para promoverla. Sin mencionar el legalismo al que ya nos hemos referido con suficiencia, que no sería más que la versión eclesiástica del moralismo que reduce el cristianismo a una serie de normas y prohibiciones que hay que cumplir para obtener la salvación y para conservarla.

Con el agravante de que la manera más popular y equivocada en que la mayoría de las personas cree en Dios es este moralismo de base que piensa que Dios al final pondrá en una balanza nuestras buenas y nuestras malas obras de modo tal que si nuestras buenas obras —realizadas conforme a la moral secular o a la ley religiosa indistintamente— pesan más, nos salvamos, mientras que si sucede lo contrario, nos condenaremos. Y no hay nada más alejado de la realidad. El problema es que prácticamente todas las religiones del mundo, a excepción del cristianismo, piensan de esta manera. Ese es el rasgo práctico y común más distintivo de todas las religiones paganas a lo largo de la historia, al margen de sus diferencias. Y esa es la razón por la cual la sociedad actual ha decidido que, a su manera "todas las religiones conducen a Dios", a semejanza de la manera en que en la antigüedad presuntamente "todos los caminos conducían a Roma". Y esto último tal vez pueda ser cierto, pues la red de caminos y vías construidos por Roma fue muy buena. Pero trasladar esto arbitrariamente y sin ningún fundamento del campo de la ingeniería romana al campo de la religión es una absoluta falsedad.

En contra de esta creencia Jesucristo dijo con claridad que Él, de manera exclusiva, era el camino al Padre y el único mediador entre Dios y los hombres, ratificado a su vez por el apóstol Pedro con estas palabras: *"De hecho, en ningún otro hay salvación, porque no hay bajo el cielo otro nombre dado a los hombres mediante el cual podamos ser salvos"* (Hechos. 4:12). Eso no significa que no pueda haber cosas rescatables en las demás religiones a la luz del evangelio. Las hay, pero el problema es que al final todas ellas extravían de un modo u otro a sus seguidores. Tarde o temprano todas se desvían de la verdad. Esa verdad que no es otra que Jesucristo, el Hijo de Dios hecho hombre por nosotros y por nuestra salvación. Al mezclar de manera confusa verdades con mentiras, aciertos con errores, alimento con veneno, la oferta de religiones a la carta que el mundo nos ofrece hoy nos conduce a la perdición. Y así, hoy por hoy la gente que cree en Dios a su manera se termina también condenando, a su manera.

Y a pesar de que ya le dedicamos un capítulo, debemos volver a mencionar aquí de manera rápida la religión de la ciencia, pues ésta es otra de las formas que adquiere la "fe a mi manera" de muchos de quienes viven en esta era tecnológica. Valdría la pena añadir a lo ya dicho en relación con la ciencia lo que Gáspar Nuñez de Arce dijo al respecto de manera poética: *"¿Qué es la ciencia sin fe?/ Corcel sin freno/A todo yugo ajeno,/Que al impulso del vértigo se entrega/Y a través de intrincadas espesuras,/Desbocado y a oscuras/Avanza sin cesar y nunca llega./¡Llegar! ¿Adónde?.../ El pensamiento humano/Su ley oculta y misteriosa infringe./En la lumbre del sol sus alas quema/Y no aclara el problema,/Ni penetra el enigma de la esfinge./¡Sálvanos, Cristo, sálvanos si es cierto,/ Que tu poder no ha muerto!/Salva a esta sociedad desventurada,/ Que bajo el peso de su orgullo mismo/Rueda al profundo abismo/ Acaso más enferma que culpada./La ciencia audaz, cuando de ti se aleja/En nuestras almas deja/El germen de recónditos dolores./Como al tender el vuelo hacia la altura,/ Deja su larva impura/El insecto en el cáliz de las flores./ Si en esta confusión honda y sombría/Es, Señor, todavía/Raudal de vida tu palabra santa,/Di a nuestra desalentada y yerta:/—¡Anímate y despierta!/ Como dijiste a Lázaro: —¡Levanta!"*.

Pero en realidad, la fe a mi manera adquiere su forma más acabada y representativa en lo que podríamos llamar la fe ecléctica. La más pura expresión de la fe "a mi manera". Y es probablemente una de las más difundidas. Para entender la razón del nombre, debemos tener en cuenta que el eclecticismo fue una escuela filosófica que intentaba conciliar en un solo cuerpo de conocimiento las doctrinas que consideraba mejores de diferentes y a veces enfrentados sistemas de pensamiento. Así, pues, la fe también ha sido víctima de la actitud ecléctica dando lugar a la fe del "hágalo usted mismo" o "ármela a su gusto". La fe de quienes deciden escoger únicamente lo que les gusta o les parece mejor de cada religión y de la misma Biblia, o del Corán o de los Vedas o de todos o ninguno de ellos y armar su propia "colcha de retazos" religiosa.

Esta es la religión hecha al gusto personal de cada cual. Lo que el pastor Darío Silva-Silva llama acertadamente "mestizaje espiritual" al cual define y denuncia de este modo: *"Sin darse cuenta, muchos grupos incorporan elementos exógenos... Lo que se formó en América Latina no fue el cuerpo de Cristo, sino un peligroso mestizaje espiritual que combina elementos de rito católico con religiones indígenas y africanas..."*. Verdades y mentiras, hechos y supersticiones no verificadas ni puestas a prueba, mezclados de manera confusa y crédula al gusto del interesado. Como si el criterio por el cual escogemos lo que nos parece mejor de cada religión y creencia fuera un criterio seguro. Como si no pudiéramos estar garrafal y fatalmente equivocados. Esta es, tal vez, entre todas las consideradas hasta ahora, la más insensata, soberbia, presuntuosa, estúpida y peligrosa manera de creer en Dios. Pero aun así, esa es la manera en que muchos hoy creen en Dios.

No podemos, por razones obvias, agotar aquí todas las diferentes y equivocadas maneras en que la gente cree en Dios. Siempre quedarán otras por cubrir. Pero estas son con toda probabilidad las más difundidas y representativas. Por eso, sólo resta cerrar esta enumeración hecha a manera de ilustrativa muestra, con algunas preguntas y reflexiones lógicas que se caen de su peso. Debemos, entonces, comenzar por preguntarnos: ¿qué nos lleva a pensar que la manera en que creemos en Dios es la correcta? ¿qué tipo de soberbio desvarío nos lleva a creer que Dios se tiene que ajustar a nuestros deseos y expectativas? ¿Qué estupidez nos lleva a poner toda nuestra vida y nuestro destino eterno en creencias tan peregrinas y precarias? ¿No se cae de su peso que si Dios es real, Él es quien debe establecer las condiciones y la fe en Él debe ser a su manera y no a la nuestra?

Al fin y al cabo, de todos los fundadores de religiones Cristo, Dios mismo hecho hombre por nosotros, fue el único que venció la muerte y demostró con su resurrección que es eminentemente digno de nuestra absoluta confianza y fe en Él y que sabía muy bien lo que decía. Nos tomaría mucho tiempo exponerlo aquí más allá de la manera en que se ha hecho a vuelo de pájaro, pues no es el propósito de este escrito hacerlo con el debido detalle y rigor metódico, como está llamada a hacerlo la disciplina especializada conocida con el nombre de "apologética". Pero cualquier persona medianamente familiarizada con los contenidos de esta disciplina de estudio metódica y sistemática podrá comprobar desde la razón, desde la historia, desde la experiencia y desde la misma ciencia —y no sólo desde la Biblia— que la fe en Cristo tiene bases firmes que pueden ser confirmadas y reafirmadas con suficiente solvencia por quienes se sumerjan más a fondo en estas disciplinas de estudio de carácter académico, al punto que podemos concluir que la diferencia que existe entre el cristianismo y todas las demás maneras de creer en Dios aquí tratadas es la que misma que existe entre el grano y la paja. El cristianismo es el grano que permanece y todo lo demás es paja que se lleva el viento.

Y si bien tenemos que reconocer que las certezas de la fe no eliminan del todo las dudas que eventualmente surgen en el día a día para todos los cristianos, lo triste y sorprendente es comprobar también día a día que quienes no creen en Cristo se muestren tan seguros de sus incertidumbres, sin fundamento alguno. Porque la gran mayoría de quienes creen en Dios a su manera no pueden hacer una defensa medianamente decente o coherente de lo que creen y sin embargo siguen creyéndolo con pasmosa altivez e insensatez. Por eso, el derrotero aquí es sustituir nuestra fe en Dios a nuestra manera, cualquiera que sea, por una fe a la manera de Dios, tal y como Él nos lo revela en el evangelio. Porque la manera que Dios estableció es a través de Cristo y de lo hecho por Él a nuestro favor mediante su muerte en la cruz y su posterior resurrección. La manera que Dios estableció es a través de una actitud humilde y confiada por la que le rendimos a Cristo de una vez por todas nuestras vidas en arrepentimiento y fe. Es sabio, entonces, desechar cualquier otra manera en que hayamos creído en Dios y agradecer que Él haya establecido en Cristo la manera correcta de reconciliarnos con

Él y de tener amplio, confiado e irrestricto acceso al Padre en oración a través de nuestra fe en Cristo.

Para terminar, la razón de fondo por la que Dios es quien debe establecer la manera correcta en que debemos relacionarnos y creer en Él es, por supuesto, que Él es soberano y su voluntad debe, por tanto, prevalecer sobre las de todas y cada una de sus criaturas. La soberanía de Dios es la piedra de toque para la comprensión y aceptación del todo razonable de la mayor parte de los contenidos tratados en este libro hasta este punto. Por lo tanto, no podemos continuar ni concluir sin dedicar un capítulo al menos a explicar y salirle al paso a algunos populares y muy extendidos malentendidos alrededor de la soberanía de Dios que generan rechazo y escandalizan innecesariamente tanto a quienes se encuentran al margen del cristianismo, como a un buen porcentaje de quienes lo profesan. Pero tampoco podemos despojar al cristianismo del necesario escándalo que implica la soberanía de Dios para las ínfulas de independencia y autonomía que muchos manifiestan hacia Él en el marco de esta sociedad individualista y pagada de sí misma en medio de la cual vivimos. Por eso dedicaremos a este asunto el siguiente capítulo.

32.
Dios sí es soberano

"Oh Señor, soberano nuestro, ¡qué imponente es tu nombre en toda la tierra! ¡Has puesto tu gloria sobre los cielos!... Oh Señor, soberano nuestro, ¡qué imponente es tu nombre en toda la tierra!"

Salmo 8:1, 9 (NVI)

El diccionario define la soberanía como la autoridad suprema de un gobernante sobre su territorio y sus habitantes. En las democracias, los gobernantes elegidos por el pueblo ejercen esta soberanía sobre la nación gobernada en representación o en nombre del pueblo que los eligió. Sea como fuere, toda soberanía legítima ostentada por un gobernante humano es siempre relativa, pues tiene su fundamento en la delegación que procede de la soberanía absoluta de Dios. Justamente, en lo que tiene que ver con Él, su absoluta soberanía consiste en el acto por el cual *"Nuestro Dios está en los cielos y puede hacer lo que le parezca... El Señor hace todo lo que quiere en los cielos y en la tierra, en los mares y en todos sus abismos"* (Salmo 115:3; 135:6). Este atributo de Dios, además de estar revelado expresamente en la Biblia, es algo más que obvio, casi por definición, pues es dudoso llamar "Dios" a un ser que no pudiera ejercer este atributo sobre todas y cada una de las criaturas de su creación.

La soberanía de Dios es el punto de partida y de llegada de todo lo que sucede en el universo a tal grado que, como lo afirma Charles

Hodge: *"La soberanía de Dios es a todas las otras doctrinas lo que la formación de granito es a los otros estratos de la tierra. Subyace a ellos y los sostiene".* De hecho, entre todas las doctrinas reveladas en la Biblia, la soberanía de Dios es la base más firme de la confianza que el creyente deposita en Él en la persona de Cristo. No hay, pues, en todo el universo ni un centímetro cuadrado en el que Dios no sea soberano y todo lo que sucede, sucede con su pleno conocimiento y voluntad, ya sea porque Él lo determina o porque lo permite de un modo u otro. Él es omnisciente —todo lo sabe—, omnipresente —está en todas partes— y omnipotente —todo lo puede—, atributos que se encuentran detrás del ejercicio de su soberanía. Pero Dios no ejerce esta soberanía de manera arbitraria, sino para el bien de su creación, de conformidad con su carácter absolutamente santo, justo y bueno, con especialidad en lo que tiene que ver con los seres humanos, creyentes en particular, en lo que se conoce como la doctrina de la Providencia.

Su providencia para con la humanidad es tal que hizo todos los arreglos del caso para no dejarnos en nuestra condición caída, abocados sin remedio a la condenación eterna y proveyó en la persona de Cristo todo lo necesario para que pudiéramos ser redimidos por medio de la fe en Él. Pero como, aun así, nada garantiza que, dejados a nuestra suerte, valoremos lo hecho por Cristo a nuestro favor y procedamos a rendirnos voluntariamente a Él en arrepentimiento y fe para obtener todos los beneficios de la redención, Dios decidió predestinar para ser salvos a un número indeterminado de seres humanos en los que, sin violentar su voluntad, Dios se aseguraría de conducirlos a la fe de modo que ninguno de ellos se pierda en el proceso.

Éste es el aspecto más específicamente ofensivo y escandaloso de la soberanía de Dios para la mentalidad moderna de todos los no creyentes e incluso un significativo número de creyentes prejuiciados hacia ella: el que tiene que ver con la predestinación. Pero nos guste o no, hay una progresión lógica entre soberanía, providencia, redención y predestinación, de modo que si se niega la primera, las demás caen como castillo de naipes y si se afirma la primera, ésta nos conduce de manera inexorable hasta la última. Sin embargo, la resistencia hacia estas dos doctrinas indisolublemente ligadas, la primera como el preámbulo antecedente (la soberanía de Dios) y la segunda como el consecuente epílogo (la predestinación), tiene que ver con el malentendido y el temor de que, de suscribirlas, nos veremos arrojados a un determinismo y a un fatalismo intolerable e injusto que haría de los seres humanos títeres privados de su libertad de elección.

Dada, pues, la resistencia que los hombres manifiestan a la idea de depender en última instancia de Dios para todo —sin perjuicio de nuestras responsabilidades delante de Él—, algo que se deriva de la doctrina cristiana de la soberana gracia divina que atribuye a Dios el mérito de los múltiples beneficios de los que disfrutamos; esto ha llevado a muchos a redefinir mediante confusas y contradictorias formulaciones, doctrinas bíblicas como la de la predestinación. De hecho, cualquier persona medianamente culta puede esbozar el significado de esta palabra, conforme al prefijo y la raíz que componen el verbo predestinar, tal como lo recoge cualquier diccionario: "Disponer o decidir el destino de una persona o de una cosa *de antemano a su comportamiento o conducta*". Así, la predestinación es la acción y el efecto de disponer y decidir el destino de una persona de antemano a su comportamiento o conducta.

Dicho esto, es evidente también que en la predestinación la iniciativa debe tenerla el que predestina y no el predestinado. Pero como así entendida la predestinación hace depender nuestra salvación de Dios y no de nosotros, el numeroso sector de la iglesia que sigue las enseñanzas del teólogo holandés Jacobo Arminio —llamados por ello arminianos— la redefinieron de este modo: "Disponer o decidir el destino de una persona o de una cosa de antemano, *con base y a la luz de su comportamiento o conducta*". Lo cual no es más que negarla, pues si la acción de predestinar está condicionada a lo que haga o deje de hacer en su momento el predestinado, entonces es éste finalmente el que tiene la iniciativa y no el que predestina. Y cualquier persona con la suficiente lucidez capta de inmediato que definir de este modo la predestinación es en realidad negarla mediante un ingenioso pero engañoso juego de palabras. Además, parte del misterio del cristianismo radica en aceptar que no lograremos nunca comprender con precisión cómo interactúan entre sí la soberanía de Dios y el albedrío humano —ambos afirmados en las Escrituras— en la conversión y salvación del hombre. Lo único que podemos afirmar al respecto es que sea como fuere y por elemental lógica, la soberanía de Dios debe estar siempre por encima del albedrío humano. Más allá de esto el misterio sigue en pie: *"»¿Puedes adentrarte*

en los misterios de Dios o alcanzar la perfección del Todopoderoso?
Son más altos que los cielos; ¿qué puedes hacer? Son más profundos
que el sepulcro; ¿qué puedes saber?" (Job 11:7-8).

Valga decir que la preocupación de los arminianos —y también la
de los llamados "molinistas" que siguen las enseñanzas al respecto del
jesuita español Luis de Molina, un intento más sofisticado y difícil de
seguir para resolver esta paradoja, con base en lo que ellos llaman la
"ciencia media" que no viene al caso aquí explicar—, es legítima en el
sentido de evitar ver a Dios como alguien que se impone sobre nuestra
voluntad avasallándola, como si la predestinación significara disponer
o decidir el destino de una persona de antemano y con independencia
de su comportamiento o conducta, caso en el cual los demonios del
determinismo y el fatalismo comienzan a acechar. Pero sin dejar de ser
un ejercicio exigente, es más sencillo y coherente explicar cómo Dios
puede predestinar a alguien para salvación conduciéndolo a la fe, sin
despojarlo del ejercicio de su capacidad de decisión sino apoyándose
en ella; que terminar cuestionando o negando la predestinación con
argumentos contradictorios (arminianos) o excesivamente elaborados
y difíciles (molinistas) para lograr mantener así intacta la capacidad de
decisión de los seres humanos con miras a la salvación, haciendo que
ésta dependa en última instancia del hombre y no de Dios.

Porque la soberanía de Dios implica necesariamente el ejercicio
de la selectiva libertad divina en relación con los hombres. Por eso la
afirmación bíblica en el sentido de que Dios no cambia, no significa
que Dios sea previsible en sus actuaciones, de modo que siempre actúe
como nosotros lo deseamos, en el momento en que lo deseamos y en el
lugar en que lo deseamos. Por el contrario, sus actuaciones suelen ser
imprevisibles e incluso desconcertantes para quienes hemos confiado
a Él nuestra vida. C. S. Lewis hizo una gráfica y perfecta alusión a
ello en sus *Crónicas de Narnia* refiriéndose al majestuoso león Aslan,
símbolo de Jesucristo, con estas reiterativas palabras: *"no es un
león domesticado"*, para explicar el carácter imprevisible y a veces
desconcertante de sus actuaciones. Esto fue también lo que llevó a
Martín Lutero a referirse de este modo a la soberana libertad divina:
*"Dios es libre, y no está sujeto a ninguna limitación. Él debe dictarnos
el lugar, la manera y el tiempo"*

Además, ya hemos visto que la Biblia nos revela que la salvación se obtiene: *"... por gracia... mediante la fe..."* (Efesios 2:8-9). No basta, entonces, la fe. O mejor dicho, la fe no es posible sin la gracia divina que la precede y fundamenta. La fe —la parte humana— es instrumental. La gracia —la parte divina— es fundamental, como se deduce del hecho de que Dios sea soberano. La fe es condición necesaria para la salvación, pero la gracia de Dios es la condición determinante para este mismo propósito. Esto significa —para tranquilidad de todos, arminianos y molinistas incluidos— que la iniciativa de Dios en el proceso no elimina la necesaria responsabilidad humana en él. En la experiencia humana de conversión la soberanía divina y el libre albedrío humano, —en ese orden—, se complementan, conjugan y convergen de una manera tan misteriosa y maravillosa, que ninguno de los dos es negado por el otro, de donde por lo general la ausencia de fe de los incrédulos es, en mayor o menor grado, un resultado de su mala voluntad, de la cual son culpables y tendrán que dar cuenta. Al fin y al cabo, todos los seres humanos somos beneficiarios de la gracia de Dios de un modo u otro. Otra cosa es que la apreciemos y reconozcamos por igual y estemos dispuestos a ir con humildad hasta donde ella nos conduzca. Debido a ello, aunque la salvación de los predestinados sea en último término mérito divino, la condenación de los demás es, sin embargo, responsabilidad de ellos y no de Dios.

Recordemos una vez más que, aunque Dios sea soberano, Él no ejerce esta soberanía de manera avasalladora sobre la humanidad, sino que ha preferido hacerlo de manera más bien sutil, tras bambalinas, con sabiduría más que con fuerza y con persuasión más que con imposición, pero sin perder nunca por ello el gobierno de su creación ni la eficacia en el cumplimiento final de sus propósitos. Es precisamente la soberanía de Dios y la predestinación que de ella se sigue, la que nos asegura que la evangelización llevada a cabo por los creyentes en obediencia a la gran comisión recibida de Jesucristo al respecto, no es de ningún modo, a pesar de las eventuales apariencias en contra, un esfuerzo estéril y sin provecho. Porque bajo la superficie la causa de Dios continúa avanzando hacia su plena consumación contra viento y marea, pues se apoya en la soberanía de Dios y su presencia espiritual permanente para garantizar y supervisar los resultados en todos y cada uno de sus escogidos. Es también la soberanía de Dios la que se halla detrás de la confianza manifestada por Martin Luther King cuando dijo:

"El mal porta consigo la semilla de su propia destrucción. A la larga, el bien derrotado es más fuerte que el mal triunfante", o por Charles Beard cuando complementa diciendo de forma poética: *"Los molinos de dios muelen lentamente, pero muelen extraordinariamente fino".*

Y es que lejos de ser incompatibles, la soberanía de Dios y el albedrío humano se complementan y pueden conciliarse por medio de la "concurrencia", expresión de la soberanía divina por la cual Dios puede obrar sabia, selectiva y estratégicamente para hacer que aún aquellas decisiones humanas abiertamente contrarias a sus mandamientos y deseos, terminen convergiendo al cumplimiento de su voluntad. Sin embargo, la concurrencia no puede ser esgrimida como excusa para justificar el pecado humano, pues aunque sea cierto que "Dios escribe derecho con renglones torcidos", pudiendo encauzar aún nuestras malas decisiones al cumplimiento de sus propósitos; no por eso somos absueltos de culpa ni podemos eludir nuestra responsabilidad ante Él. La venta de José como esclavo por parte de sus hermanos y la traición de Judas al Señor Jesucristo no pueden ser pasadas por alto o minimizadas, así hayan sido aprovechadas por Dios para el cumplimiento de sus propósitos redentores. A la vista de lo anterior, el asunto se reduce a saber si Dios es soberano y hace su voluntad "a pesar y en contra de" o "a favor y a través de" nosotros mismos, ya sea que lo asumamos con resignada impotencia o con rendida confianza.

Y aunque ya hemos hablado más extensamente del problema del mal en el capítulo sobre la paradoja de Epicuro, debemos recalcar aquí que la tolerancia de Dios con el mal no puede malograr de manera definitiva sus buenos propósitos sobre el mundo y sobre los suyos, ni tender una sombra de duda sobre su soberanía, pues en virtud de la concurrencia la soberanía de Dios incluye su tolerancia hacia los seres humanos abierta y desafiantemente malvados. Porque aun los malvados prestan una utilidad a Dios en la que es conveniente reparar. Utilidad evocada así por Millôr Fernandes: *"No todo está perdido. Un criminal empedernido todavía sirve como mal ejemplo".* En efecto, la soberanía de Dios pasa, entonces, por la utilidad que aún los pecadores más contumaces e impenitentes pueden –aún a su pesar– prestar a la causa de Dios. Al fin y al cabo: *"Toda obra del Señor tiene un propósito; ¡hasta el malvado fue hecho para el día del desastre!"* (Proverbios 16:4). Así, pues, el malvado cumple también un papel providencial: el de servir de escarmiento para los que observan, pues no puede negarse que, con todo y ser un mal ejemplo, el resultado visible de sus malas acciones puede cumplir un importante y gráfico papel didáctico disuasivo en quienes observan.

En conclusión, lo más que podemos decir es, como reza la declaración de fe de nuestra Iglesia de manera escueta y puntual: *"Creemos por igual en la absoluta soberanía de Dios y el libre albedrío del hombre, los cuales no son contradictorios, sino complementarios"*. Complementaridad que no riñe con el hecho de que, con miras a la salvación, la fe libremente ejercida es, sin duda alguna, una condición necesaria, pero la predestinación divina es la condición verdaderamente determinante, pues por razones que se caen de su peso el libre albedrío de la criatura humana no puede estar nunca por encima de la soberanía del Dios Creador, pues por definición no puede existir ninguna otra instancia al mismo nivel o por encima de la soberanía absoluta de Dios, pues en ese caso la soberanía deja de ser tal.

Pero existen dos temas adicionales que nos ayudan a comprender mejor la predestinación y que debemos explicar para derribar dos de las más emblemáticas acusaciones dirigidas contra la soberanía de Dios tal y como ésta se manifiesta en la predestinación. La acusación de que es una doctrina que despoja a los seres humanos de su preciada libertad y que, además, incurre en injusticia. A esto vamos a dedicar los siguientes dos capítulos del libro, confiando en que esto disipará con solvente satisfacción las prevenciones que muchos manifiestan hacia estas dos doctrinas y, más exactamente, a la doctrina cristiana de la predestinación.

33.
Libertad o responsabilidad

"Pero quien se fija atentamente en la ley perfecta que da libertad,
y persevera en ella, no olvidando lo que ha oído, sino haciéndolo,
recibirá bendición al practicarla… Hablen y pórtense como quienes
han de ser juzgados por la ley que nos da libertad"

Santiago 1:25; 2:12

Hemos hablado en la primera parte de los ladrones de la libertad, contraponiendo la verdadera libertad con el libertinaje, el legalismo, la credulidad y el tradicionalismo. Pero ahora debemos hacer algunas consideraciones conceptuales muy importantes alrededor de la noción misma de libertad. Sobre todo teniendo en cuenta que muchos ven la soberanía de Dios en general y la manera en que ésta se expresa en la predestinación, como un atentado intolerable contra la libertad que nos despoja de ella y nos deshumaniza, haciendo de todos nosotros una especie de robots biológicos que en último término se comportan siguiendo la programación arbitraria introducida originalmente en nuestro cerebro por Dios, de donde nuestra preciada libertad no sería más que una farsa y una burla.

Debemos, entonces, comenzar por establecer si somos tan libres como lo creemos y lo damos por sentado, poniendo el grito en el cielo cuando vemos amenazada nuestra presunta libertad, una noción con frecuencia malentendida al punto de darle la razón a Madame Roland con su famosa frase, pronunciada momentos antes de ser ejecutada mediante la guillotina durante el régimen del terror en Francia: *"¡Oh, libertad! ¡cuántos crímenes se cometen en tu nombre!"*. Y en este sentido la confusión comienza cuando igualamos sin más el mal llamado "libre albedrío" con la libertad, pues sin lugar a dudas todos los seres humanos poseemos albedrío, —así a secas, para evitar confusiones—, pero no necesariamente libertad. Por tanto, nuestro intento por salvaguardar nuestra invaluable libertad de la presunta amenaza que para ella representaría la doctrina de la predestinación es ilusorio, pues no podemos conservar lo que ni siquiera tenemos.

Porque lo cierto es que no somos en realidad libres, aunque engañosamente creamos serlo. La Biblia nos revela que, al margen de Cristo, todos y cada uno de nosotros se encuentra: *"vendido como esclavo al pecado"* (Romanos 7:14), de manera que únicamente: *"... si el Hijo los libera, serán ustedes verdaderamente libres"* (Juan 8:36). Es por eso que Paul La Cour dijo con gran acierto que: *"No existe libertad. Existe liberación"*. Sin embargo, aun quienes lo entienden así y se consagran a la obtención de la liberación, suelen equivocarse al enfocar sus esfuerzos liberadores principal y casi exclusivamente hacia los condicionamientos externos que coartan e impiden la realización de nuestras mejores posibilidades. Y se equivocan debido a que, a la luz del evangelio, lo que coarta e impide la realización de las potencialidades del hombre no son fundamentalmente los condicionamientos externos; sino las fuerzas internas autodestructivas englobadas bajo la palabra "pecado", de tal modo que los condicionamientos externos de índole político, económico y social no son sino consecuencias y únicamente cederán de manera consistente cuando seamos liberados de la tiranía del pecado a nivel individual.

Es por esto mismo que Agustín sostenía que, sin la gracia de Dios, el hombre tiene albedrío, pero no tiene libertad, porque puede elegir, pero elige siempre mal, pues aún sus mejores decisiones están viciadas por malas motivaciones y malas intenciones. De hecho, Rudolf Steiner, sin ser cristiano, afirmó y entendió que: *"Es imposible comprender la idea de una humanidad libre sin la idea de la salvación de Cristo"*. Sin lugar a dudas, la libertad verdadera pasa por la comprensión de la gran riqueza de matices contenidos en el término "redención", revelados en la Biblia. La redención se presenta de manera completa en tres palabras griegas que se traducen como tal: *agorazo*, que significa "comprar en el mercado", en este caso de esclavos; *exagorazo*, es decir "comprar y sacar del mercado" sin estar nunca más expuestos a la venta; y *lutrosis*, que quiere decir, "soltar" o "poner en libertad mediante el pago de un precio". Acciones muy gráficas e ilustrativas que nos recuerdan que todos los seres humanos nos hemos alejado de Dios, sólo para terminar en condición de esclavos del pecado en sus múltiples formas.

Y es estando en esta condición que Cristo acude al mercado de esclavos y, en una inconcebible demostración de amor, nos redime al precio de su propia vida, para no volvernos a ofrecer en venta y dejarnos finalmente en libertad. En este punto, el creyente es quien actúa como aquellos esclavos de la antigüedad que, una vez liberados, preferían seguir voluntariamente y para siempre como esclavos del amo justo que les había dado buen trato, como señal de lo cual se les horadaba la oreja con un punzón, según lo indica el libro del Éxodo. Porque aquí hemos llegado al meollo del asunto, que consiste en que la verdadera libertad no es hacer lo que se nos antoja, sino permanecer voluntaria y obedientemente al servicio de Dios y su justicia, como lo expresa el apóstol: *"En efecto, habiendo sido liberados del pecado, ahora son ustedes esclavos de la justicia"* (Romanos 6:18), confirmando la intuición de Franz Kafka cuando dijo que el hombre sólo es libre para escoger su propia cadena.

Esto implica que, aún de llegar a ser libres, nunca podemos ser independientes, como lo tuvo que reconocer el poeta francés Paul Verlaine al confesar: *"La independencia siempre fue mi deseo, la dependencia siempre fue mi destino"*. Y es que, debido a que las gestas *independentista*s de nuestras naciones nos concedieron la *libertad* política respecto de las potencias colonialistas europeas, la *libertad* suele confundirse equivocadamente con la *independencia*. De ahí que nuestros legítimos anhelos de libertad puedan degenerar fácilmente en censurables pretensiones de independencia absoluta. Porque en criaturas finitas como nosotros la independencia no deja de ser más que un ingenuo y peligroso espejismo. No por nada el teólogo alemán F. Schleiermacher sostenía que lo más característico de la condición humana era lo él llamó el "sentimiento de absoluta dependencia", pues si somos honestos y realistas, todo ser humano se sabe dependiente, ya sea de su entorno social y natural inmediato o, en última instancia, de Dios. No es casual que en la Biblia no aparezca nunca la noción de independencia. No podemos pretender alcanzar una independencia en la cual todo dependa únicamente de nuestros esfuerzos o deseos personales y nada más. La pretendida independencia, sin leyes que la restrinjan, de la que alardean los malvados, sobre todo quienes se encuentran en posiciones de poder, es un sofisma, pues como lo afirma el salmista y ya sea que nos guste o no, todos debemos suscribir sus palabras cuando declara: *"De ti he dependido desde que nací; del vientre materno me hiciste nacer... "* (Salmo 71:6). Y es que, como lo dijera Francisco de Paula Santander aludiendo a la independencia política de Colombia respecto de España, las armas nos pueden dar la independencia, pero únicamente las leyes nos pueden dar la libertad. Más exactamente, lo que la Biblia llama *"la ley de Cristo"* (1 Corintios 9:21; Gálatas 6:2).

Y es que, sin Cristo, nuestra voluntad —que es la que finalmente tiene la última palabra en todo lo que a la postre terminamos haciendo—, nos traiciona una y muchas veces. No por nada Tomás de Aquino definía así el llamado "libre albedrío": *"El libre albedrío es una facultad electiva que, participando del entendimiento y de la voluntad, se inclina sin embargo más a la voluntad"*. Y es que, tanto los antiguos filósofos clásicos del paganismo, como los modernos filósofos seculares también ajenos al cristianismo, sostienen en general una visión idealizada e ingenua del libre albedrío. Para ellos, el entendimiento, más que la voluntad, sería el que tendría la primacía a la hora de tomar decisiones en ejercicio del libre albedrío. Así, la voluntad se inclinaría dócilmente al entendimiento para elegir finalmente lo que éste último recomendara. Pero la realidad de la experiencia humana indica más bien que es la voluntad la que tiene la primacía y toma la decisión final muchas veces en direcciones diferentes y hasta contrarias a lo que el entendimiento indica. De aquí surge el drama humano con visos trágicos en la toma de decisiones, descrito magistralmente por el apóstol Pablo en el capítulo 7 de la epístola a los Romanos, que enfrenta a nuestra conciencia moral (lo que sabemos que es correcto) con nuestra voluntad caída (lo que finalmente queremos), que es la que habitualmente se termina imponiendo.

A este drama trágico han hecho referencia varios pensadores como Maurice Blondel diciendo: *"Tanto unas veces no hago todo lo que quiero, como otras hago, casi sin saberlo, lo que no quiero"* o el poeta latino Ovidio: *"Veo lo mejor y lo apruebo, pero sigo lo peor"*. Frase que resume la radical impotencia del hombre, la falta de poder, la trágica debilidad humana a la que hizo alusión el apóstol Pablo en la ya citada porción de Romanos. El hombre sin Cristo no quiere, y ni aun puede, hacer la voluntad de Dios, pues es esclavo del pecado. Por tal razón es incapaz de obedecer los mandamientos de Dios según el testimonio que le dicta su conciencia, con todos los efectos indeseables que esto trae aparejados. Por una parte, en el plano temporal actual, una vida miserable llena de problemas, de conflictos y de dolor. Y por otro, en el plano eterno, la perdición y condenación definitiva e irreversible. La Biblia lo dice con toda claridad: *"La mentalidad pecaminosa... no se somete a la ley de Dios, ni es capaz de hacerlo"* (Romanos 8:7). Pero el evangelio provee otro camino para ser liberados de esta esclavitud ante la impotencia e incapacidad del hombre para hacerlo por sí mismo. Este Camino no es otro que Cristo mismo. Y es por eso que el apóstol Pablo, liberado de la esclavitud del pecado, puede decir ahora con toda la confianza del caso: *"Todo lo puedo en Cristo que me fortalece"* (Filipenses 4:13). Víctor Hugo lo comprendió cuando dijo: *"No hay más que un poder: la conciencia al servicio de la justicia".* Cristo nos libera verdaderamente y resuelve de una vez por todas los dos problemas más fundamentales del hombre esclavizado por el pecado: la falta de voluntad y la carencia del poder al que hizo referencia Víctor Hugo.

En conclusión, no existe tal cosa como la libertad humana. Existe la responsabilidad humana, pero la libertad es un patrimonio exclusivo de los cristianos que tienen, por tanto, la responsabilidad de ejercerla bien y de manera ejemplar a todos los que observan. No podemos, pues, confundir el albedrío del que disfrutamos todos los seres humanos con la auténtica libertad que únicamente Cristo otorga a sus seguidores mediante la fe en Él. La predestinación, lejos de despojarnos del albedrío, es la que nos guía a la verdadera libertad. Porque nuestro drama es que todos somos responsables de nuestros actos y debemos dar cuenta de ellos, pero no somos libres como para poder salvar nuestra responsabilidad con solvencia. La responsabilidad abarca a todos sin excepción, como lo dice F. Leroy Forlines: *"Al margen de la cantidad de influencia que pueda ejercerse sobre la voluntad o de la ayuda que se le pueda prestar, las personas somos responsables de nuestras acciones en un sentido muy real. Esto es lo que significa ser persona".* Una responsabilidad que estamos llamados a asumir con arreglo a la ley de Dios revelada en nuestras conciencias y en el decálogo y la regla de oro en la Biblia. La caída no abrogó nuestra responsabilidad, pero trajo sobre toda la humanidad la consecuencia de despojarnos de nuestra libertad, arrojándonos a la esclavitud del pecado.

Esto explica por qué John Acton declaró: *"Cuanto mayor sea el sentido del deber, mayor será la libertad"*. La libertad debe estar animada siempre por el sentido del deber, pues Dios es libre, pero siempre hace lo que debe, el bien, lo correcto, lo bueno. Se deduce de ello que la verdadera libertad es cumplir nuestro deber obedeciendo y haciendo siempre y de manera voluntaria el bien, lo correcto y lo bueno. Sólo actuando de este modo nos aproximaremos al modelo perfecto de libertad. El modelo provisto por Dios mismo. Cuando comprendamos esto, estaremos en condiciones de declarar con toda la satisfacción del caso: *"... 'Somos siervos inútiles; no hemos hecho más que cumplir con nuestro deber'"* (Lucas 17:10) A la vista de esto la doctrina de la predestinación comienza a adquirir todo su sentido y esplendor, incentivando al creyente a dejar sus prejuicios para adentrarse en ella y descubrir todas sus maravillosas bondades, sin que ninguna de ellas lesione el albedrío humano, sino que, por el contrario, nos permita llegar a ejercerlo de un modo responsable y libre al mismo tiempo, para vivir eternamente con Cristo en plena libertad.

Y volviendo con la necesidad de la libertad o, si se quiere, del libre albedrío para hacer posible el amor, a esa conexión directa entre ambos se refirió Alexis de Tocqueville así: *"Tampoco creo que un genuino amor por la libertad sea jamás despertado por la perspectiva de recompensas materiales... quienes valoran la libertad sólo por los beneficios materiales que ella ofrece nunca la conservan por mucho tiempo"*. Porque la libertad es un medio, no un fin. Pero no un medio para la obtención de recompensas materiales, las cuales son siempre y en mayor o menor grado, contingentes y accesorias, ya que el verdadero fin que la libertad busca alcanzar es el amor. La búsqueda del reino de Dios es la búsqueda y promoción del amor entre los hombres, siendo las recompensas materiales obtenidas en el proceso la mera añadidura y nada más. Podría decirse, entonces, que el amor por la libertad debería tener el propósito de garantizar la libertad para el amor. El amor brinda sentido pleno a la vida humana y la eleva por encima de la mera existencia terrenal natural y material, emparentándonos con el mismo cielo y asemejándonos con el propio Dios. Toda libertad que no propenda en último término por fomentar el amor es una libertad desperdiciada que, por lo mismo, no se podrá conservar por mucho tiempo.

La libertad nos otorga finalmente la anhelada coherencia, pues el pecado hace de nosotros personas incoherentes; divididas y desgarradas entre nuestra conciencia moral que nos permite en principio identificar y aprobar lo que es mejor, —es decir, nuestro deber—, y nuestra voluntad caída que, en contra del veredicto de nuestra conciencia, desea y hace lo que no debe, o en el mejor de los casos, hace lo que debe por razones equivocadas, de tal modo que todas nuestras elecciones supuestamente libres implican en algún grado la derrota de nuestra conciencia en favor de nuestra esclavizada voluntad, llevando a que el deber y el deseo se encuentren enfrentados de manera frecuente. La verdadera libertad consiste, pues, en alinearlos a ambos, haciendo siempre lo que *debemos* hacer por el simple hecho de que es exactamente lo que también *queremos* hacer. Es por eso que el pacto del evangelio fue descrito así por los profetas: *"... pondré mi ley en su mente* [conciencia moral]*, y la escribiré en su corazón* [voluntad]*..."* (Jeremías 31:33), *"para que cumplan mis decretos y pongan en práctica mis leyes"* (Ezequiel 11:20). Y es al amparo del evangelio que veremos en nosotros el cumplimiento del anuncio profético que debemos volver a traer a colación: *"Haré que haya coherencia entre su pensamiento y su conducta, a fin de que siempre me teman, para su propio bien y el de sus hijos"* (Jeremías 32:39). Resta por ocuparnos de las objeciones a la soberanía de Dios y la consecuente predestinación, que las acusan de ser arbitrarias e injustas.

34.
Igualdad o justicia

"Pero él le contestó a uno de ellos: 'Amigo, no estoy cometiendo ninguna injusticia contigo. ¿Acaso no aceptaste trabajar por esa paga? Tómala y vete. Quiero darle al último obrero contratado lo mismo que te di a ti. ¿Es que no tengo derecho a hacer lo que quiera con mi dinero? ¿O te da envidia de que yo sea generoso?'"

Mateo 20:13-15

Uno de los cuestionamientos que se levantan en contra de la doctrina de la predestinación y, por extensión, en contra de la soberanía de Dios es que la predestinación es una acción a todas luces injusta por parte de Dios, tendiendo así una ominosa sombra de duda sobre su carácter absolutamente justo. Y de nuevo aquí, al igual que lo que sucedía con la noción de libertad, todo depende de la manera en que se defina la noción de justicia. Porque si lo que entendemos por esta última es, simplemente, la obligación de otorgar un trato igualitario y equitativo a todos los seres humanos, por supuesto que la doctrina de la predestinación sería injusta, pues implica un trato diferente y notoriamente favorable de Dios hacia los elegidos o predestinados, por contraste con los demás, quienes son entonces pasados por alto.

Pero en realidad, la noción de justicia se define mejor como "dar a cada cual lo que cada cual se merece". Y en esta óptica la predestinación no incurre en injusticia alguna, pues si de méritos −o deméritos− se trata, ya hemos visto que lo que todos los hombres sin excepción merecemos en justicia es la muerte y la condenación eterna. Así, la predestinación no incurre en injusticia alguna, pues a los no elegidos Dios les da justicia estricta al condenarlos por sus propios pecados y su consecuente incredulidad, mientras que a los predestinados les ofrece misericordia al conducirlos a la fe salvadora con tan sutil eficacia que en ningún momento lo hace sin el consentimiento de nuestra voluntad y el ejercicio consciente de nuestra capacidad de decisión. Y ya establecimos también que la misericordia es algo que no podemos dar por sentado y que, en sana lógica, Dios no está obligado a otorgarle a todos, como lo señalábamos en relación con el humanismo ateo con su pretensión de que Dios debería haberse revelado de una manera evidente e indiscutible que abarcara de entrada a todos los pueblos y no a un pueblo o cultura en particular, como decidió hacerlo a través de los judíos, a lo que Dios responde: *"«Tendré clemencia de quien yo quiera tenerla, y seré compasivo con quien yo quiera serlo.»"*, de modo que: *"la elección no depende del deseo ni del esfuerzo humano sino de la misericordia de Dios"* (Romanos 9:15-16).

Con su particular estilo, Millôr Fernandes hizo referencia al tema que nos ocupa diciendo: *"La justicia es igual para todos. Ahí empieza la injusticia"*. Pongamos en claro, entonces, que hay circunstancias de la vida en que la justicia demanda un trato igualitario para todos, pero la justicia deja de ser tal cuando el trato igualitario se convierte en una obligación para ella en todas las circunstancias. El trato igualitario que le reclamamos a la justicia no debe verse más que como la exigencia que la justicia tiene de juzgar a todos con la misma imparcialidad y nada más, pero no la de otorgar o negar beneficios o privilegios a todas las personas por igual, pues de ser así, bajo el pretexto de la justicia, se termina actuando injustamente. Porque si la justicia no es más que dar a cada cual lo que cada cual se merece, es innegable que no todos merecemos lo mismo en todos los casos. Por el contrario, la justicia exige en muchas ocasiones un trato desigual para las partes.

Ya vimos, por ejemplo, al abordar las paradojas del evangelio, que en la experiencia humana habitual y de manera por demás natural, otorgamos más privilegios y responsabilidades a quienes se hacen merecedores de ellos, y los negamos o retiramos a quienes no, de la misma manera que Dios lo hace en su trato con los hombres, algo que se cae de su peso y nadie podría cuestionar con fundamento como si fuera injusto. Pero paralelo a la justicia, la misericordia y la gracia misma, constituyen un trato no igualitario propio de la soberanía de Dios que tal vez no pueda considerarse justo en todo rigor, pero que tampoco constituye injusticia alguna. Misericordia y gracia que pueden llegar a despertar protestas e infundadas acusaciones de injusticia por parte del hombre hacia Dios, pero que nadie puede censurarle de ningún modo, como de hecho lo afirma Dios mismo a través del profeta, respondiendo a las acusaciones de injusticia que los seres humanos atrevidamente le dirigen por causa, justamente, de su trato misericordioso: *"»Ustedes dicen: 'El Señor es injusto'. Pero escucha, pueblo de Israel: ¿En qué soy injusto? ¿No son más bien ustedes los injustos? Cuando el justo se aparta de la justicia, cae en la maldad y muere, ¡pero muere por su maldad! Por otra parte, si el malvado se aleja de su maldad y practica el derecho y la justicia, salvará su vida. Si recapacita y se aparta de todas sus maldades, no morirá, sino que vivirá. »Sin embargo, el pueblo de Israel anda diciendo: 'El Señor es injusto'. Pueblo de Israel, ¿en qué soy injusto? ¿No son más bien ustedes los injustos?"* (Ezequiel 18:25-29). Aquí lo tenemos: en el primer caso, justicia estricta; en el segundo, misericordia. Pero en ningún caso injusticia, sentenciando en el Nuevo Testamento: *"Así que Dios tiene misericordia de quien él quiere tenerla..."* (Romanos 9:18).

Porque así como la justicia es darle estrictamente a cada cual lo que cada cual se merece, la misericordia es no darle a cada cual el castigo que cada cual se merece, gracias al hecho de que Cristo ya fue castigado en sustitución nuestra, cumpliendo así las demandas de justicia y exonerándonos personalmente de este castigo en virtud de la fe en Él. Y en consecuencia la gracia, íntimamente emparentada con la misericordia al punto de ser conceptos intercambiables en muchos contextos, es otorgarle a cada cual, de forma discrecional y potestativa, dones y favores que no se merece. Así, la misericordia es potestativa de Dios sin que por eso Él deje de ser justo. La parábola de los obreros del viñedo lo ilustra muy bien, para lo cual vale la pena citarla en toda su extensión, comenzando por los primeros 8 versículos: *"»Así mismo el reino de los cielos se parece a un propietario que salió de madrugada a contratar obreros para su viñedo. Acordó darles la paga de un día de trabajo y los envió a su viñedo. Cerca de las nueve de la mañana, salió y vio a otros que estaban desocupados en la plaza. Les dijo: 'Vayan también ustedes a trabajar en mi viñedo, y les pagaré lo que sea justo'. Así que fueron. Salió de nuevo a eso del mediodía y a la media tarde, e hizo lo mismo. Alrededor de las cinco de la tarde, salió y encontró a otros más que estaban sin trabajo. Les preguntó: '¿Por qué han estado aquí desocupados todo el día?' 'Porque nadie nos ha contratado', contestaron. Él les dijo: 'Vayan también ustedes a trabajar en mi viñedo'."* (Mateo 20:1-8).

Lo interesante se da a la hora del pago: *"»Al atardecer, el dueño del viñedo le ordenó a su capataz: 'Llama a los obreros y págales su jornal, comenzando por los últimos contratados hasta llegar a los primeros'. Se presentaron los obreros que habían sido contratados cerca de las cinco de la tarde, y cada uno recibió la paga de un día. Por eso cuando llegaron los que fueron contratados primero, esperaban que recibirían más. Pero cada uno de ellos recibió también la paga de un día. Al recibirla, comenzaron a murmurar contra el propietario. 'Estos que fueron los últimos en ser contratados trabajaron una sola hora —dijeron—, y usted los ha tratado como a nosotros que hemos soportado el peso del trabajo y el calor del día'. Pero él le contestó a uno de ellos: 'Amigo, no estoy cometiendo ninguna injusticia contigo. ¿Acaso no aceptaste trabajar por esa paga? Tómala y vete. Quiero darle al último obrero contratado lo mismo que te di a ti. ¿Es que no tengo derecho a hacer lo que quiera con mi dinero? ¿O te da envidia de que yo sea generoso?' »Así que los últimos serán primeros, y los primeros, últimos»"* (Mateo 20:9-16).

Los obreros del viñedo, reconociendo en principio que la justicia demanda un trato desigual que sea proporcional a los méritos, confundieron sin embargo la justicia con la misericordia, siendo reconvenidos por ello por el propietario del viñedo que les hizo ver que a los contratados en último lugar, él había decidido concederles, de manera soberana, gracia y misericordia; mientras que a los primeros les había concedido estricta justicia, pues lo recibido —un denario— era el pago justo de un día para un jornalero de la época, por lo que aquí encontramos simultáneamente justicia y misericordia, pero no injusticia de ningún tipo. Valga decir que, sin perjuicio de las injusticias y la explotación presentes en los regímenes capitalistas; el germen que destruye desde adentro a los regímenes comunistas que procuran nivelar a todo el mundo con rasero y que termina convirtiendo a estos regímenes en economías por completo ineficientes, es que despoja a las personas emprendedoras y capaces del aliciente de disfrutar con justicia de una retribución proporcional a sus esfuerzos, mientras que al garantizar la satisfacción de las necesidades básicas a todos los miembros de la sociedad, con independencia de su mayor o menor esfuerzo o desempeño, fomenta la pereza, la excesiva dependencia y el paternalismo que amenaza a todo sistema económico asistencial que se prolongue demasiado en el tiempo.

Con todo y ello, persisten las protestas dirigidas contra la predestinación procedentes del hecho convenientemente sesgado de que, a la vista de ella, quienes se condenen, se condenarán sin responsabilidad de su parte, pues éste sería siempre el resultado invariable de no haber sido predestinados por Dios para salvación, con independencia de lo que los seres humanos quieran y puedan hacer al respecto. Viene bien al caso, para poner las cosas en orden al respecto, la reflexión de José Moreno Berrocal: *"Se confunde la responsabilidad del hombre de creer y arrepentirse con la capacidad de hacerlo... el hombre es responsable de su incredulidad... Pero, al mismo tiempo... es incapaz de responder al evangelio por sí mismo... el hombre es responsable de su propia incapacidad espiritual de responder al evangelio"*. Puntualicemos, entonces: el hombre es culpable de no arrepentirse y creer en Cristo para llegar a ser salvo, pero al mismo tiempo es incapaz de arrepentirse y creer en Él por sí solo, sin la decisiva ayuda que Dios presta a los predestinados. Es esta la circunstancia que suscita la protesta por parte de quienes no creen y se ven así abocados a la condenación. Protesta que podría formularse con la siguiente exclamación: "¡Es injusto!" igualando la justicia con la equidad, como lo hacen quienes piensan que la coloquial disyuntiva que afirma: "o todos en la cama, o todos en el suelo" es una expresión de lo que es justo. Pero la verdad es que, al tenor de lo expuesto en este capítulo y en otros anteriores, la predestinación no es injusta, sino a lo sumo, inequitativa.

Entre otras cosas, Dios podría habernos dejado a todos a nuestra suerte y darnos justicia estricta sin excepciones, de modo que nuestra condenación, además de ser justa, pues todos la merecemos, sería también equitativa, pues todos nos condenaríamos. Pero Dios, movido por su amor y consciente de nuestra incapacidad de arrepentirnos y creer en Él por nuestros propios medios, decide intervenir para asegurarse de que los elegidos de entre la gran masa de la humanidad lleguen al arrepentimiento y a la fe en Él para ser salvos, de tal modo que el sacrificio de su Hijo valga la pena y sea eficaz en el propósito que persigue, por lo menos en la vida de los elegidos. Con todo, los elegidos nunca son forzados a la fe, sino que llegan a ella de manera voluntaria, pero con la convicción de que nunca lo hubieran logrado sin la benévola, selecta y decisiva influencia de Dios sobre sus vidas. Por eso quienes hemos podido creer en Cristo y entender que la fe que ejercemos voluntariamente es al mismo tiempo y en algún sentido un don de lo alto, estamos de acuerdo en que la elección, en últimas, no depende del deseo ni del esfuerzo humano sino de la misericordia de Dios.

No se trata tampoco de que haya una doble predestinación, lo cual sí sería injusto, como si Dios predestinara a unos para salvación y a otros para condenación. El hecho de que los predestinados lleguen a creer, mientras que los que no lo han sido se nieguen a hacerlo, no significa que la predestinación tenga el mismo peso para unos y otros. En otras palabras, Dios únicamente predestina a quienes ha elegido para salvación. A los demás los pasa por alto y los deja a su propia suerte y a sus precarios e insuficientes recursos para que reciban a la postre lo que en justicia merecen. Pero no los "predestina" para condenación, como sí lo hace con aquellos a quienes predestina para salvación. El papel de Dios con los no elegidos es totalmente pasivo, pues Él no interviene de ningún modo en ellos para que crean o no. Por lo menos, no más allá de que puedan o no llegar a escuchar eventualmente la proclamación del evangelio, sin que lleguen nunca a responder favorablemente a ella, algo de lo cual ellos y sólo ellos serán responsables.

En contraste, la predestinación de los elegidos es una predestinación activa, pues en este caso Dios se compromete a actuar e influir en ellos y a rodearlos con su gracia de una manera tan decisiva a lo largo de sus vidas que al final y más temprano que tarde, sus inagotables recursos vencen la resistencia de los elegidos sin violentar su albedrío, sino inclinándolo dócil y voluntariamente a la luz y el poder de la verdad, rindiéndose de buena gana a ella. En el curso de este proceso la gracia de Dios podrá ser temporalmente resistida y rechazada incidentalmente por los elegidos, pero al final es siempre eficaz en el propósito que persigue y vence esta resistencia, como lo confiesa el profeta: *"¡Me sedujiste, SEÑOR, y yo me dejé seducir! Fuiste más fuerte que yo, y me venciste..."* (Jeremías 20:7), declaración con la que todo creyente se siente identificado en su propio itinerario recorrido para llegar a la fe.

El caso de faraón es excepcional e ilustra la utilidad que, en su soberanía, aun los malvados prestan a la causa de Dios, a su pesar, como se mencionó en un capítulo anterior. Porque si bien es cierto que la Biblia dice que Dios endureció activamente al faraón, también lo es que previamente nos revela que él ya se había endurecido voluntariamente contra Dios hasta pasar el punto de no retorno. Así, estando en esta condición, no hay nada de arbitrario ni injusto en que Dios, en su soberanía, decida endurecerlo todavía más para poder ponerlo de escarmiento. Y nadie podría negarle a Dios esta prerrogativa tachándola de injusta, pues también, como lo dice el apóstol: *"... Dios... endurece a quien él quiere endurecer"* (Romanos 9:18).

Pasemos ahora a considerar dos sensibles asuntos de palpitante actualidad que obsesionan a muchos de los detractores del cristianismo en esta era posmoderna, como lo son la proliferación de las muy especulativas teorías de conspiración y la creencia no comprobada en la existencia de formas de vida inteligente en otros planetas, superiores a la nuestra. A eso dedicaremos los dos siguientes capítulos.

35.
Las teorías de conspiración

*"El SEÑOR me habló fuertemente y me advirtió que no siguiera
el camino de este pueblo. Me dijo: «No digan ustedes que es
conspiración todo lo que llama conspiración esta gente; no teman
lo que ellos temen, ni se dejen asustar. Solo al SEÑOR Todopoderoso
tendrán ustedes por santo, solo a él deben honrarlo, solo a él han de
temerlo"*

Isaías 8:11-13

"Nuevo orden mundial" es una expresión cada vez más difundida
en el medio político y económico internacional, generando reacciones
encontradas que van desde la esperanza que despierta la expresión en
algunos sectores seculares de la política, tal vez bien intencionados
en principio, pero ingenuamente optimistas, por decir lo menos;
hasta el rechazo paranoico que muchos, incluyendo grupos cristianos
fundamentalistas y aislacionistas, sienten ante la mención de esta
expresión. Estos últimos en particular afirman que el llamado "nuevo
orden mundial" constituye la conclusión en la que convergen todas las
conspiraciones reales e imaginarias, que Satanás y el mundo vienen
fraguando contra Dios y su pueblo a lo largo de la historia. La escatología
(o doctrinas de los últimos tiempos) se ha convertido así en muchos casos
en un tema obsesivo para un significativo número de cristianos que, por
cuenta de esta obsesión casi enfermiza, han terminado interpretando
las profecías bíblicas de manera sesgada y equivocada, alimentando las
cuestionables "teorías de conspiración".

Bajo este nombre se encuentran englobadas todas las sospechas y temores, más imaginarios que reales, que el común de la gente ha manifestado hacia los gobernantes y sus intenciones ocultas, desde los grandes imperios de la antigüedad hasta nuestros días, quienes en contubernio con los oscuros intereses de los grandes poderes económicos, buscarían dominar el mundo y ponerlo al servicio de su perversa y egocéntrica agenda. Las teorías de conspiración experimentaron un renovado impulso durante la Edad Media con el surgimiento de las órdenes militares durante las Cruzadas, en particular la de los Caballeros Templarios que cayó en el descrédito al hacer tránsito de guerreros a banqueros. Aunque fue la orden original de los Illuminati de Baviera, fundada en la segunda mitad del siglo XVIII, la que se ha convertido en referente obligado para todas las teorías de conspiración, desde la modernidad hasta nuestros días.

A ellos se han unido en esta lista de grandes y poderosos conspiradores globales que preparan el gobierno del anticristo en el imaginario popular cristiano, los francmasones, los judíos tal y como los caracteriza ese popular y nefasto panfleto conocido como *Los protocolos de los sabios de Sión*, los comunistas, el Vaticano, el Opus Dei y, últimamente, el grupo denominado "El Club Bilderberg" y los gobernantes y miembros de la élite mundial seguidores del ciertamente inquietante movimiento de la Nueva Era (sin mencionar a los chinos, los conspiradores de última hora por cuenta del coronavirus). Fue ante este panorama que el bloguero Camilo Herrera hizo este diagnóstico: *"Si el mundo fuera como dicen, seríamos simples peones o títeres de un juego mundial conspirativo... Afortunadamente, el mundo es muy diferente a como muchos dicen, pero... para muchos es más fácil quedarse en casa viviendo como si el mundo fuera como dicen".*

Y si bien desde la óptica bíblica reforzada por la historia en general, las teorías de conspiración no carecen de fundamento, pues no sin razón Satanás es llamado *"príncipe"* y *"dios de este mundo"* (Juan 16:11; 2 Corintios 4:4), como ya se indicó en el capítulo sobre la política; esto no debe generar una paranoia, temor y rechazo obsesivos por parte de la iglesia hacia toda directriz o ejecutoria del gobierno y hacia la cultura en general, satanizándolas como si obedecieran siempre y de manera exclusiva a esta agenda encubierta y aislándose de ellas, cayendo en el mismo malentendido que el apóstol tuvo que corregir en la iglesia de Corinto: *"Por carta ya les he dicho que no se relacionen con personas inmorales. Por supuesto, no me refería a la gente inmoral de este mundo, ni a los avaros, estafadores o idólatras. En tal caso, tendrían ustedes que salirse de este mundo"* (1 Corintios 5:9-10), algo innecesario, inconveniente e imposible.

Valga decir que un factor que alimenta las teorías de conspiración es el secretismo institucional en el que incurren quienes están en posiciones de poder e influencia sobre la sociedad. Tanto así que, aunque la erudición de científicos, filósofos e incluso teólogos no pretende en principio ser excluyente, cerrada y restringida únicamente a los iniciados, al final parece regodearse en que termine siendo así. En efecto, tanto el hermetismo —es decir la dificultad que caracteriza a ciertas temáticas exigentes y difíciles de entender—, y el esoterismo que requiere que quienes se ocupan de ellas sean únicamente los iniciados y especializados en estos asuntos; van siempre de la mano y generan sospechas hacia ellos por parte de los legos o no iniciados, sin importar la aspiración que los especialistas tienen de gozar del respeto público, en su pretensión de disponer de un conocimiento confiable y preciso que todos deberían, por tanto, suscribir y respaldar. No es gratuito que las sociedades secretas siempre hayan despertado sospechas y suspicacias. Tenemos que estar de acuerdo, entonces, con la denuncia hecha por el pastor Darío Silva-Silva en el sentido de que: *"Erudición cerrada e ignorancia abierta han sido catastróficas por igual"*.

Ahora bien, para equilibrar el cuadro, debemos darle la razón a Alfredo Rangel cuando dijo: *"No es... correcto ni leal... sugerir que detrás de todo secreto hay siempre un delito o que las cosas se ocultan porque son ilegales o inmorales... Así como los Estados no pueden existir sin ciertos secretos, las personas no pueden vivir sin cierta vida privada. Por eso las leyes lo garantizan"*. Porque, aunque el secretismo sistemático no deje de generar sospechas de encubrimiento por parte de las personas o instituciones que lo fomentan, alimentando las teorías de conspiración, también es cierto que guardar secretos es un legítimo derecho e incluso una necesidad humana, tanto a nivel personal e individual como a nivel institucional, sin que se esté obrando mal por ello. El secreto no es por sí mismo una señal de censurable encubrimiento. Después de todo no olvidemos que Dios ama la verdad en lo íntimo, y en lo secreto nos enseña sabiduría, como lo afirma el salmista en el ya citado versículo 6 del salmo 51. Por eso, mientras el Señor Jesucristo no regrese a juzgar los secretos de todas las personas, nosotros debemos ser discretos y respetar todos los espacios en que éstos son legítimos y no pueden ventilarse impunemente, puesto que: *"Es gloria de Dios tener secretos, y honra de los reyes penetrar en ellos"* (Proverbios 25:2 DHH).

Volviendo en sí con las teorías de conspiración, no sólo encontramos en esta categoría las imaginadas por los cristianos por parte de los poderes seculares, sino que la iglesia —y en particular la romana con su sistema de gobierno centralizado y sus históricas y bien documentadas intrigas políticas— es vista como la conspiradora en algunas de estas teorías. Una de las más populares, gracias a la novela de Dan Brown *El Código Da Vinci,* llevada en su momento al cine, es la que, apoyada en el hecho de que en tiempos recientes los medios de comunicación han dado a conocer la existencia de una numerosa cantidad de evangelios apócrifos, diferentes a los cuatro incluidos oficialmente en el Nuevo Testamento y llamados por ello canónicos; ha planteado de forma simplista e ignorante la peregrina teoría que acusa a la iglesia de ocultar o modificar arbitrariamente los hechos alrededor de la persona de Jesús de Nazaret para ajustarlos a su conveniencia y ansias de poder, proscribiendo las narraciones alternas de su vida que —como las de los evangelios apócrifos pudieran contradecir el retrato de Cristo provisto por Mateo, Marcos, Lucas y Juan.

Más allá de esta discusión que la academia ha dirimido abrumadoramente a favor de la veracidad de los evangelios canónicos, hay que decir que entre los apócrifos que cuestionan en mayor o menor grado la versión de los evangelios canónicos se destacan el evangelio de Tomás, el de María Magdalena y últimamente el presunto evangelio de Judas Iscariote. Pero no se necesita ser un académico para apreciar a simple vista la diferencia marcada entre los cuatro evangelios canónicos y los múltiples evangelios apócrifos. La mera lectura comparativa de ambos muestra que son harinas de diferente costal. Para decirlo puntualmente, los evangelios apócrifos dan la clara impresión de ser pura invención, ficción y magia, como un cuento o una fábula, llenos de adornos y exageraciones sin propósito ni conexión evidente, además de incurrir en muchas contradicciones irreconciliables entre ellos. Por contraste, los evangelios canónicos, sin perjuicio de su alusión a lo sobrenatural y milagroso y de las pequeñas diferencias entre sí, tienen un innegable sabor a realidad, mostrando una coherencia interna y una correspondencia con los hechos susceptible de ser puesta a prueba con solvencia. Así se refiere a esto Philip Yancey, después de leer los evangelios apócrifos: *"El evangelio apócrifo me hizo estar agradecido por la información sobria y contrastante de los escritores canónicos. En ellos, los milagros no son mágicos o caprichosos, sino más bien actos de misericordia o signos que apuntan a la verdad espiritual subyacente".*

Lamentablemente y aún sin ser esta su intención —por lo menos no más allá de generar en buena hora interés popular sobre estos temas—; algunas exitosas novelas de prestigiosos autores y novelistas cristianos con merecida reputación y reconocimiento, que giran alrededor de la guerra espiritual y la escatología bíblica, han contribuido a las teorías de conspiración. Y decimos "lamentablemente", porque el resultado no ha sido siempre el mejor, pues un buen porcentaje de sus lectores, ignorantes, indoctos e inconstantes, tanto en la iglesia como fuera de ella; han pasado por alto que estas publicaciones no son más que novelas o ficción literaria que busca ilustrar y entretener más que enseñar doctrina y terminan así tomándolas a la letra como la interpretación autorizada de estos temas bíblicos, generando en los lectores actitudes acríticas, paranoicas, supersticiosas e innecesariamente alarmistas, —más allá de la intención de sus autores—, que dan lugar a nuevas "cacerías de brujas" dirigidas de forma indiscriminada contra los desarrollos culturales, sociales y políticos de la posmodernidad, tales como el fenómeno de la globalización y los avances de la ciencia, detrás de los cuales se presumen maquinaciones y conspiraciones satánicas para instaurar el gobierno y la agenda del anticristo sobre el mundo.

A esta problemática se refirió el Dr. Antonio Cruz diciendo: *"La afición a cierta escatología-ficción y la búsqueda de temas como la guerra espiritual está provocando el desarrollo del esoterismo y la superstición pseudobíblica en algunas comunidades evangélicas".* El resultado de todo esto es que amplios sectores de la iglesia se auto marginan así del escenario mundial, renunciando a utilizar para la causa de Cristo todo el potencial benéfico que existe en estos desarrollos, satanizándolos y cediéndolos por completo a la sociedad secular que, sin criterios éticos claros, sí suele orientarlos equivocadamente hacia causas cuestionables, reforzando así, como en un círculo vicioso, las sospechas de la iglesia hacia ellos. Valdría la pena recordar que todos estos desarrollos culturales son neutros desde una perspectiva ética escritural, con potencial tanto para lo malo como para lo bueno, y que son sólo los diferentes usos que se les den los que les confieren, indistintamente, tal carácter; pues, también a este respecto: *"... nada es despreciable si se recibe con acción de gracias, porque la palabra de Dios y la oración lo santifican"* (1 Timoteo 4:4).

Por último y a riesgo de ser repetitivos, no podemos pasar por alto una vez más aquí el agobio que experimentamos ante la magnitud y complejidad de los problemas que nos aquejan y que van desde la persona hasta la humanidad en general en un *crescendo* que parte de lo individual a lo social e involucra los difíciles manejos políticos y económicos por igual, desde las más altas esferas del gobierno por parte de dirigentes en mayor o menor grado conspirativos casi sin excepción, algo ante lo cual nos sentimos impotentes, desanimados y con la impresión de que todo lo que hagamos es inútil y que nuestras oraciones al respecto son palabras al viento, sobrepasados por estas problemáticas. Pero desde la perspectiva del Dios soberano las cosas son diferentes. Por eso Él nos exhorta con pleno conocimiento a mantenernos: *"firmes e inconmovibles, progresando siempre en la obra del Señor..."* conscientes de que nuestro trabajo en el Señor *"no es en vano"* (1 Corintios 15:58), y asegurándonos que *"... a su debido tiempo cosecharemos si no nos damos por vencidos"* (Gálatas 6:9).

Es por eso que hay que reiterar y no perder de vista que Dios no es injusto como para olvidarse de nuestros pequeños esfuerzos que, como granos de arena, tratamos de aportar para que las cosas cambien favorablemente. Así, Dios nos invita a examinar en la historia, —en lo que el ya citado Tom Sine llamara *"la conspiración de lo insignificante"*—, la manera en que actos aparentemente insignificantes han terminado haciendo diferencias drásticas, insospechadas y notoriamente favorables en el posterior estado de cosas. Esta dinámica no es una mera especulación, sino una realidad atestiguada por igual en la historia sagrada y en la secular. La conspiración de lo insignificante planteada por Tom Sine tiene, incluso, su correspondencia bíblica en las palabras del apóstol: *"... escogió lo insensato del mundo para avergonzar a los sabios... lo débil del mundo para avergonzar a los poderosos... lo más bajo y despreciado, y lo que no es nada, para anular lo que es..."* (1 Corintios 1:27-28).

El llamado "efecto mariposa", —expresado así en el contexto de la teoría del caos: *"El delicado aleteo de una mariposa en Pekín, provoca un tornado en Nueva York"—,* tiene, pues, cierta correspondencia en la historia humana, más allá del intento de explicar la ocurrencia de grandes calamidades originadas de manera azarosa a partir de la combinación de un cúmulo de circunstancias aleatorias y contingentes aparentemente insignificantes y caprichosas. Un solo acto de bondad, integridad y compromiso con Dios de un individuo anónimo puede desencadenar una serie de acontecimientos que terminen transformando favorablemente a toda una generación, a toda una época histórica o a toda una cultura o civilización determinada, como lo ilustra la canción popular inglesa que dice: *"Por un clavo se perdió una herradura; por una herradura, se perdió un caballo; por un caballo, se perdió una batalla, por una batalla, se perdió el Reino. Y todo por un clavo de una herradura",* utilizada como explicación de la derrota sufrida por el rey Ricardo III de Inglaterra en la batalla de Bosworth, en la que murió al ser vencido por Enrique Tudor, pronunciando la siguiente exclamación inmortalizada por Shakespeare, momentos antes de ser capturado al perder su cabalgadura cuando ésta tropezó y cayó debido al desprendimiento de una de sus herraduras: *"¡Un caballo! ¡Un caballo! ¡Mi reino por un caballo!".* Porque al final y en relación con las conspiraciones de los poderosos, Dios se pronuncia de este tranquilizador modo: *"¿Por qué se sublevan las naciones, y en vano conspiran los pueblos? Los reyes de la tierra se rebelan; los gobernantes se confabulan contra el SEÑOR y contra su ungido... El rey de los cielos se ríe; el SEÑOR se burla de ellos. En su enojo los reprende..."* (Salmo 2:1-4).

36.
Encuentros cercanos del tercer tipo

"... la justicia que se basa en la fe afirma: «No digas en tu corazón: '¿Quién subirá al cielo?' (es decir, para hacer bajar a Cristo), o '¿Quién bajará al abismo?'» (es decir, para hacer subir a Cristo de entre los muertos)"

Romanos 10:6-7

El patriarca Job expresó de este modo el secreto anhelo de todos los hombres: *"¡Ah, si supiera yo donde encontrar a Dios! ¡Si pudiera llegar adonde él habita!... Si me dirijo hacia el este, no está allí; si me encamino al oeste, no lo encuentro. Si está ocupado en el norte, no lo veo; si se vuelve al sur, no alcanzo a percibirlo"* (Job 23:2, 8-9). Todas las variadas búsquedas emprendidas por el hombre a través de la historia no son más que las diferentes formas que asume la búsqueda fundamental del género humano: la búsqueda de Dios. El asunto es, ¿dónde buscar? Y las cosas no han cambiado mucho desde la época de Job. Seguimos buscando en los cuatro puntos cardinales, sin éxito.

La búsqueda en el occidente nos conduce a todas las ideologías presentes hoy por hoy en la llamada civilización occidental. Porque es un hecho que a la sombra del secularismo dominante en Occidente, nuestra búsqueda de Dios en este punto cardinal se estrella con una lista de cuestionables ideologías tales como el materialismo de quienes creen que las meras propiedades de la materia lo explican todo; el consumismo de quienes compran cosas que no necesitan, con dinero que no tienen, para impresionar a personas a las que no les importan; el naturalismo de quienes afirman que la naturaleza es todo lo que hay y que más allá de ella no hay nada más; el escepticismo cínico y desesperanzador de quienes dicen que no existe nada en lo que valga la pena creer; el frío utilitarismo de quienes creen que el bien se define como aquello que nos reporta beneficios personales palpables e inmediatos; el duro pragmatismo de los que piensan que la verdad es lo que les funciona y que lo que les funciona es la verdad; el humanismo ateo de quienes hacen de la humanidad su dios; el subjetivismo ingenuo de quienes piensan que existen tantas verdades diferentes como personas hay en el mundo; el relativismo de quienes creen que no existe un bien ni un mal absolutos, sino que todo es relativo y "depende de"; el individualismo egocéntrico que solo busca la satisfacción de sus intereses personales y el cientifismo de quienes creen que la ciencia tiene la última palabra en todo.

Cuando buscamos en el oriente, allí encontramos el misticismo de las numerosas religiones, tanto del Lejano como del Medio Oriente, tales como el hinduismo, el budismo, el confucionismo, el taoísmo, el sintoísmo, el islamismo y el judaísmo, empaquetado todo en ese movimiento espiritual indefinible y seudocientífico importado en gran medida del Oriente, que se conoce con el nombre de la Nueva Era. Un misticismo barato en el que lejos de hallar a Dios, se hace de Él un pretexto para promover los escapismos de quienes, en el nombre de Dios, quieren eludir sus responsabilidades ante Dios en el mundo.

Al dirigirnos al norte, nos encontramos con el llamado "sueño americano" y un evangelio en gran medida adaptado a ese sueño por medio de corrientes teológicas muy cuestionables como el movimiento de la fe y su habitual acompañante, la teología de la prosperidad; divulgadas ambas por grandes cadenas de televisión presuntamente cristianas que terminan utilizando a Dios como pretexto para el enriquecimiento personal, cometiendo así el lamentable error de confundir la búsqueda de Dios con la búsqueda de las bendiciones materiales de Dios.

Cuando nos volvemos al sur encontramos violencia, miseria, corrupción a granel en el marco de lo que la sociología ya llama "la cultura del pícaro" que domina en los países del sur y el fomento de una religiosidad ritualista y vacía, herencia del catolicismo romano, que fomenta la doble moral, unida a supersticiones ocultistas de la más variada pelambre, donde brujos, adivinos, "psíquicos" y astrólogos de todo tipo hacen su agosto embaucando a la gente. Un estado de cosas que, o promueve la resignación ante la suerte que nos ha tocado, consolándonos con promesas de bendiciones en el más allá en el marco de una teología de la miseria que exalta la pobreza como algo que Dios favorece de manera automática e irrestricta. O en su lugar, la promoción de revoluciones armadas para derramar la sangre de nuestros hermanos en el nombre de Dios, como sucede con la ya varias veces aludida "Teología de la Liberación".

Agotados los puntos cardinales, la búsqueda se ha emprendido de un tiempo acá en el espacio sideral. Una búsqueda muy propia de nuestros tiempos tecnificados con su creencia en la existencia de seres inteligentes en otros planetas diferentes al nuestro y la posibilidad de contactarlos, creencia que ha venido estimulando la imaginación de los hombres desde épocas ancestrales, pero ha sido particularmente en nuestra era de tecnología, sondas, satélites, super telescopios ópticos, enormes radiotelescopios y viajes espaciales en que la posibilidad de entrar en contacto con estos presuntos seres ha cobrado fuerza y ha dado lugar a toda una industria alrededor de este interés, alimentada por la literatura de ciencia ficción en alianza con Hollywood, siempre dispuesto a llevar estas historias a nuevos y asombrosos niveles de realismo cinematográfico.

A primera vista, dado el enorme tamaño que hoy sabemos que tiene el universo y la cantidad de cuerpos celestes que contiene, –que en una estimación aproximada muy útil e ilustrativa afirma que hay 10 veces más estrellas en el universo que granos de arena en nuestro planeta–, parecería lógico pensar que debe por fuerza incluir a otros seres inteligentes en muchos lugares. De hecho, en 1.960 el astrónomo norteamericano Frank Drake elaboró una ecuación que lleva su nombre para establecer mediante cálculos probabilísticos, tomando en consideración múltiples variables ya más o menos conocidas y establecidas, la cantidad aproximada de planetas habitados por seres inteligentes que deberían existir en el universo. La conclusión fue que deberían existir por lo menos un millón de civilizaciones avanzadas con las que podríamos establecer contacto si buscábamos en los sitios indicados. La ecuación de Drake incentivó la búsqueda de inteligencia extraterrestre a través del proyecto SETI (Search for Extra Terrestrial Intelligence), financiado por la NASA e inversionistas privados. Las predicciones fueron optimistas y estimaban que en el lapso de menos de una década se debería haber establecido contacto con una o varias de estas civilizaciones extraterrestres. Pero ya ha transcurrido medio siglo sin tener éxito en el intento, y el optimismo inicial ha cedido bastante, tornando más humildes las pretensiones de SETI, enfocado ahora a encontrar formas simples de vida, como las bacterias, en otros planetas y tratar de entender el origen de ella.

De hecho, la especulación e investigación sobre la existencia de vida inteligente en otros lugares del universo obedece a una actitud de falsa modestia. Muchos concluyen, de manera muy razonable en apariencia, que ante las dimensiones de vértigo que hoy por hoy sabemos que tiene el universo, pensar que estamos solos en él, se nos antoja no sólo como un gran desperdicio de espacio, sino como una inaceptable presunción producto de un egocentrismo arrogante, inconcebible e intolerable, cuando no ignorante. Así lo expresa Neil deGrasse Tyson, sucesor de Carl Sagan como divulgador científico: *"Sería el colmo del egocentrismo decir que estamos solos en el universo"*. Es así como, los que abogan por la existencia de vida inteligente más allá de nuestro planeta azul, parecen entonces personas humildes y de mente abierta que renuncian a reclamar pretensiones desmedidas para la raza humana. Pero en realidad, los egocéntricos son más bien aquellos que, posando de humildes y abiertos, pecan de falsa modestia y de estrechez de miras al negar obstinadamente y contra toda evidencia la presencia de Dios en el mundo y nuestra obligación de honrarlo, creyendo y confiando sin reservas nuestra vida en arrepentimiento a la persona de Jesús de Nazaret, Dios encarnado, y dejar así de reclamar una pretendida, soberbia, pecaminosa y, ésta sí, egocéntrica autonomía respecto de Él que llega no sólo a ignorarlo olímpicamente, sino a eliminarlo de nuestro horizonte vital.

A pesar de lo anterior, la fascinación popular con los extraterrestres y los pretendidos "encuentros cercanos" con ellos no ha cedido, sino que se ha incrementado, estimulada ya no por consideraciones científicas sino más bien místicas y religiosas, al punto que los extraterrestres se han convertido en la nueva superstición de la era tecnológica. Tanto así que el periodista Fred Heeren, después de observar el papel que los extraterrestres desempeñan en la cultura actual, concluía: *"Los extraterrestres nos ayudan a cumplir, por fin, el deseo que parece tenemos de algo más que esta vida mortal"*, añadiendo que SETI en realidad está motivado por la esperanza de encontrar: *"seres superiores a nosotros, no ya técnicamente sino quizá espiritual y moralmente".* Este anhelo ha dado lugar en nuestras avanzadas pero altamente secularizadas sociedades a un fenómeno masivo que algunos psicólogos ya aventuran tal vez sea: *"la aparición de un nuevo trastorno psicológico o una dinámica social desconocida hasta ahora",* cuyo síntoma extremo es la convicción de miles, tal vez millones de personas en el mundo, de haber sido secuestradas, −o "abducidas"−, por extraterrestres −en lo que se conoce como "encuentros cercanos del cuarto tipo"− aunque no puedan probar objetivamente que esto en realidad les haya sucedido, pues, como lo dijo Benedict Carey después de examinar este fenómeno: *"A nivel básico... las historias de secuestros por extraterrestres le dan un propósito a la gente... una profunda sensación de que no están solos en el universo... los recuerdos de secuestros son como visiones religiosas trascendentales, aterradoras y, sin embargo reconfortantes y, en algún nivel psicológico personal, auténticos"*

Aún personajes escépticos a las realidades espirituales como el físico, cosmólogo y astrobiólogo Paul Davies reconocen que: *"El interés en SETI... procede... de la necesidad de encontrar un contexto más amplio para nuestras vidas que cuanto proporciona esta existencia terrestre... se puede considerar... parte de una ansiada búsqueda religiosa como... de un proyecto científico".* El movimiento de la Nueva Era ha capitalizado muy bien estos anhelos planteando la búsqueda de contacto con extraterrestres como uno de los objetivos de su difusa doctrina. El peligro que esto conlleva es que esta iniciativa no es realmente nueva, sino una reedición del recurrente y ancestral intento por relacionarse directamente con esas entidades poderosas, sobrenaturales y de carácter personal que conocemos con el nombre de ángeles. No en vano la Nueva Era promueve indistintamente ambos tipos de experiencias: el contacto con extraterrestres o con ángeles, pues en el fondo ambas son lo mismo con diferente nombre. Y es que la actitud de sometimiento, dependencia y absoluta sujeción respecto de Dios implícita en la relación criatura-Creador va en contravía con los soberbios deseos de autonomía de nuestra naturaleza pecaminosa que chocan entonces con la soberanía divina. Por el contrario, relacionarse directamente con los ángeles, alimenta en la persona la sensación de dominio sobre lo divino que es propia de la magia, sin tomar en cuenta la advertencia bíblica: *"Y no es de extrañar, ya que Satanás mismo se disfraza de ángel de luz"* (2 Corintios 11:14), o de extraterrestre ¿por qué no?

Porque la búsqueda de Dios no se puede emprender creyendo que Él está perdido, sino reconociendo que nosotros somos los que nos encontramos perdidos. Ni tampoco pretendiendo encontrarlo para servirnos de Él en la obtención de nuestros propósitos, sino con la humilde disposición de someternos a Él en todo. Además, como lo dijo Marcos Vidal en una de sus canciones: *"Si es cierto que existe Dios, será importante encontrarlo, pues sólo se vive una vez"*, haciendo de esta búsqueda el principal propósito de la vida humana, de modo que todos nuestros demás intereses giren alrededor de ella. Hay una anécdota que lo ilustra bien. Se dice que un joven estaba interesado en hallar a Dios y que, con este propósito, acudió donde un respetado y prestigioso monje ermitaño que vivía de manera muy sencilla, apartado y solitario en su cueva. Al llegar a la cueva encontró a un hombre circunspecto y curtido, de larga barba y aspecto sabio. Enseguida le contó el motivo por el que estaba allí, a lo que el monje, después de observarlo escrutadoramente, respondió: *"¿De verdad quieres hallar a Dios?"*. El joven contestó afirmativamente, pero el monje volvió a preguntar *"¿De veras lo deseas con todo tu corazón?"*. Una vez que el joven asintiera nuevamente, el monje guardó silencio, volvió a examinar con mirada escéptica a su interlocutor y, de pronto, sin previo aviso, se abalanzó sobre él, lo inmovilizó y, acto seguido, sumergió por la fuerza la cabeza del joven en un barril de madera lleno con agua que se encontraba allí. El joven se revolvía frenéticamente tratando de librarse de su captor y de ganar un poco de aire, sin lograrlo, pues el monje lo tenía firmemente sujetado. Cuando sintió que sus pulmones estaban a punto de estallar por la falta de oxígeno, el monje, de repente, lo dejó libre y pudo, ¡por fin!, respirar una gran bocanada de aire. Después de recuperarse, increpó acalorada y atropelladamente al monje sobre el motivo de su acción, a lo que él respondió sencillamente llevando su dedo índice a los labios para indicarle silencio y, una vez cesaron los ruidosos reclamos del joven, el monje le dijo en tono grave, profundo y sentencioso: *"El día en que desees hallar a Dios con la misma intensidad con la que hace unos momentos anhelabas el aire, ese día le hallarás"*. Sobran aquí los comentarios.

Y como si Dios hubiera anticipado la búsqueda que de Él se ha emprendido hoy en el espacio sideral en forma de la creencia en extraterrestres y su correspondiente fracaso, nos dice al respecto en Romanos 10:6-10: *"... la justicia que se basa en la fe afirma: «No digas en tu corazón: '¿Quién subirá al cielo?' (es decir, para hacer bajar a Cristo), o '¿Quién bajará al abismo?'» (es decir, para hacer subir a Cristo de entre los muertos). ¿Qué afirma entonces? «La palabra está cerca de ti; la tienes en la boca y en el corazón» Esta es la palabra de fe que predicamos: que, si confiesas con tu boca que Jesús es el Señor y crees en tu corazón que Dios lo levantó de entre los muertos, serás salvo. Porque con el corazón se cree para ser justificado, pero con la boca se confiesa para ser salvo"*. Porque en realidad, Dios no está lejos, "arriba", en las Pléyades o "abajo", a 40 años luz, en el recientemente descubierto sistema planetario de Trappist-1, divulgado ampliamente por los medios de comunicación. Él se halla, precisamente, donde tal vez no hemos buscado nunca: en el fondo de nuestros corazones. Por consiguiente, hoy mismo puede ser hallado si acudimos e invocamos a Cristo con humildad, arrepentimiento y fe y un deseo sincero de hacer Su voluntad. Viene bien como cierre a este capítulo el oportuno e inspirador soneto de Pedro Calderón de la Barca que dice así: *"¿Qué quiero, mi Jesús? 'Quiero quererte'/Quiero cuanto hay en mí, del todo darte/Sin tener más placer que agradarte/Sin tener más temor que el ofenderte/Quiero olvidarlo todo y conocerte/Quiero dejarlo todo por buscarte,/Quiero perderlo todo por hallarte,/Quiero ignorarlo todo por saberte/Quiero, amable Jesús, abismarme/En ese dulce hueco de tu herida,/Y en sus divinas llamas abrasarme./Quiero, por fin, en ti transfigurarme/Morir a mí, para vivir tu vida,/Perderme en ti, Jesús, y no encontrarme"*.

37.
La locura de la cruz

"Porque a los ojos de Dios la sabiduría de este mundo es locura.
Como está escrito: «Él atrapa a los sabios en su propia astucia»"

1 Corintios 3:19

Comenzamos este libro examinando el escándalo del mundo y debemos ahora terminarlo —a semejanza del humanista cristiano Erasmo de Rotterdam al ponerle por título, con sarcasmo, *Elogio de la locura* a su obra tal vez más conocida—; elogiando a su vez lo que la Biblia llama también con algo de ironía, "la locura de la cruz". Sobre todo, al contrastarla con la sabiduría humana, que a los ojos de Dios, es la verdadera locura. Pero no se necesita tener el punto de vista de Dios para estar de acuerdo con este dictamen. Si somos honestos y lo miramos con la objetividad del caso, debemos concluir que este mundo, a pesar de sus ínfulas y relativos avances sobre épocas pasadas, vistos en el marco del mito del progreso que quiere hacernos creer que el simple avance en el tiempo trae progreso automático; se encuentra en realidad descompuesto, trastornado, desquiciado. Basta escuchar y observar un noticiero de la noche para darnos cuenta del caos demencial en el que nos hallamos inmersos, a pesar de todas las fachadas, apariencias y alardes progresistas de los que hacemos gala.

El ya citado compositor y pastor español Marcos Vidal de nuevo vuelve a levantar su voz profética para denunciar en sus canciones el desvarío, el delirio alucinante, la ofuscación en la que hemos caído, no obstante toda nuestra ciencia y conocimiento. Dice él: *"Cada vez más violencia, más maldad en la tierra, parece que el amor ha muerto, y la locura reina sobre la humanidad. Jóvenes acabados, niños abandonados, a precio de placer, y decidiendo sólo el interés. ¿Dónde quedan la justicia y la vergüenza? ¿Dónde quedan el castigo y la razón?"*. Pero lo más patético de todo es que, como lo dijo George Berkeley, filósofo y ministro anglicano irlandés: *"Primero hemos levantado la polvareda, y después nos quejamos de que no podemos ver"*. O como lo dijera ya el rey Salomón en su momento: *"La necedad del hombre le hace perder el rumbo, y para colmo se irrita contra el Señor"* (Proverbios 19:3).

Porque lo que sucede de manera muy frecuente es que, una vez llegados a este punto, a este enredo; una vez que hemos hecho de nuestras vidas un demencial embrollo, es cuando levantamos nuestra voz al cielo para cuestionar a Dios, o para preguntarle, en las palabras de la ya citada canción de Marcos Vidal: *"¿Por qué callas Tú, Señor y nos olvidas? ¿Cómo puedes permitir tanto dolor?"*, como si Él fuera el responsable de este estado de cosas y no nosotros mismos, o como si nosotros estuviéramos por encima de todo esto y no hubiéramos hecho nuestra contribución personal a ello. Las contradicciones en que incurrimos son manifiestas. Tenemos éxito en el trabajo, pero fracasamos en el hogar. En el mejor de los casos triunfamos en nuestras profesiones, pero, ¿a qué costo?, ¿al costo de dejar una estela de relaciones rotas tras nosotros?, ¿o de pasar por encima de los demás para ascender a como dé lugar en la escala social?, ¿al costo de lastimar y abandonar a los que más amamos? ¿No es una locura subir frenéticamente una escalera sin cerciorarnos primero si está colocada en la pared correcta? No en vano se habla hoy de la "carrera de ratas" en la que el mundo se encuentra enfrascado, como hamsters que corren en los pequeños carruseles de sus jaulas sin llegar a ninguna parte.

Es sintomático que nadie en su lecho de muerte lamente no haber dedicado más tiempo a su trabajo, a su profesión, sino a su familia, a sus seres queridos, al prójimo, a las relaciones. Bien dijo Patrick Morley que *"ningún éxito en el trabajo compensa el fracaso en el hogar"*. El novelista, crítico y premio nobel de literatura irlandés George Bernard Shaw lo expresó con gran agudeza y mordacidad cuando declaró que: *"El éxito disimula una multitud de disparates"*. O de locuras, que viene a ser lo mismo. El rey Nabucodonosor es un espejo en el que podemos vernos reflejados. Su historia se encuentra en el libro del profeta Daniel. Cuando se encontraba en la cúspide de su éxito terrenal y comenzó a alardear y a exaltarse a sí mismo por esta causa, fue humillado por Dios arrojándolo a un estado demencial durante siete años de su vida en los que fue evidente su fragilidad y verdadera condición, evocada con la locura en que se encontraba. Al igual que una pandemia como la del coronavirus Covid 19 deja en evidencia la fragilidad de la humanidad en este mundo caído y nos obliga a revaluar, en el aislamiento, nuestras vidas y a revisar nuestras prioridades. De nada nos sirve en este momento nuestra orgullosa autosuficiencia, nuestra pretendida independencia de Dios, nuestra resistencia a reconocerlo y someternos a Él, que son precisamente las actitudes que nos llevan a desvariar, a perder el juicio, la cordura y el buen sentido.

Una de las razones de que la Biblia no pierda vigencia es que nuestras circunstancias pueden cambiar de manera notoria y hasta drástica a lo largo de los tiempos, pero la naturaleza humana no cambia, sino que es la misma siempre y por eso los diagnósticos bíblicos siguen siendo muy acertados. La vida de los más aventajados sabios de la historia humana, cuando se observa de manera cercana, no ha sido por lo general un dechado de virtudes. Sus inconsecuencias, contradicciones y miserias saltan a la vista para cualquiera de sus biógrafos honestos y desprejuiciados. Ni hablar de la farándula, o de los ricos, bellos y famosos, muchos de los cuales profesan abiertamente antivalores y exhiben vidas desordenadas, laxas y relajadas, adornadas de lentejuelas y candilejas que las llevan a convertirse en el modelo a imitar por la multitud de sus seguidores, dándole la razón a Kant cuando dijo: *"La riqueza ennoblece las circunstancias del hombre pero no al hombre mismo".*

El psiquiatra Thomas Szasz, fundador de lo que se ha dado en llamar la "antipsiquiatría", que se opone y denuncia la represión de la locura a través de camisas de fuerza, encierros, electroshocks, lobotomías y embrutecimientos químicos; señala que hoy existe un empeño por buscar la enfermedad mental detrás de los crímenes atroces, debido a que no queremos reconocer que la naturaleza humana es capaz de llegar a la maldad extrema, y puesto que lo que deseamos creer es que la naturaleza humana es buena, entonces tachamos de "locos" a los criminales, señalándolos como "excepciones" que no tienen nada que ver con nosotros, los "hombres y mujeres de bien". Pero el hecho es que ese potencial para la maldad se encuentra agazapado en todos y cada uno de nosotros, acechando en las profundidades más oscuras y recónditas de nuestro ser, esperando el estímulo adecuado que lo desencadene. Todo indica, entonces que, sin Dios, la vida es en mayor o menor grado una locura generalizada.

Paradójicamente, a la humanidad caída, víctima de esta locura generalizada, la sabiduría de Dios le ha parecido una locura, incurriendo en la situación denunciada por ese refrán que dice: *"los pájaros tirándoles a las escopetas"*, con el que se quiere indicar la absurda inversión de los papeles que tiene lugar en este mundo extraviado y confundido. Ya en los tempranos tiempos de la filosofía griega, sus filósofos, los sabios por excelencia, consideraron el evangelio como una locura que excedió sus capacidades y contrarió todos sus elevados, elaborados y equivocados conceptos humanos, como lo registró el apóstol Pablo, dejando constancia de esto en sus epístolas: *"Por eso, cuando les predicamos a Cristo crucificado, los judíos se escandalizan y los griegos dicen que es una locura"* (1 Corintios 1:23). El apóstol lo dijo con conocimiento de causa, pues cuando anunció el evangelio a Porcio Festo, el culto gobernador romano en Cesarea, éste le dijo: *"¡Estás loco, Pablo!... El mucho estudio te ha hecho perder la cabeza"* (Hechos 26:24), a lo que Pablo replicó: *"—No estoy loco, excelentísimo Festo —contestó Pablo—. Lo que digo es cierto y sensato"*, poniendo luego como testigo de la veracidad de sus palabras al mismo rey Agripa que se encontraba presente: *"El rey está familiarizado con estas cosas, y por eso hablo ante él con tanto atrevimiento. Estoy convencido de que nada de esto ignora, porque no sucedió en un rincón"* (Hechos 26:25-26).

Sin embargo, en la segunda epístola a los Corintios Pablo se refiere así a este tipo de acusaciones en contra del evangelio, aceptándolas de buen grado, a mucho honor: *"Si estamos locos, es por Dios; y si estamos cuerdos, es por ustedes"* (2 Corintios 5:13). Y es que en un sentido muy real, el evangelio es una locura debido, en primer término, a que para comprenderlo necesitamos la ayuda y convicción del Espíritu de Dios para derribar los prejuicios, prevenciones y la tendenciosa lógica que caracteriza nuestra naturaleza caída y nos impiden aceptarlo, pues: *"El que no tiene el Espíritu no acepta lo que procede del Espíritu de Dios, pues para él es locura. No puede entenderlo, porque hay que discernirlo espiritualmente"* (1 Corintios 2:14). Y en segundo término, pero no por eso menos importante, porque el evangelio es una genialidad inesperada que, contra todo pronóstico y lógica humana, es eficaz en el propósito que persigue. Bien dicen los estudiosos que la frontera que separa la genialidad de la locura es muy tenue y los genios suelen a veces traspasarla una y otra vez.

No se trata de que *"el que lee la Biblia se vuelve loco"*, como reza ese infundio que fue tan popular y que aún mantiene vigencia entre algunas personas, utilizado por las jerarquías eclesiásticas de la iglesia de Roma durante un buen tiempo para infundir temor en sus potenciales lectores e impedir el acceso del creyente común a la Biblia y reservarse el monopolio, no sólo de su interpretación, sino de sus malinterpretaciones. Así, el evangelio es una locura, pero en el mejor sentido de la palabra, como lo concibe el apóstol al aceptar el rótulo de "locura" para el evangelio, aclarando en qué sentido lo es: *"Me explico: El mensaje de la cruz es una locura para los que se pierden; en cambio, para los que se salvan, es decir, para nosotros, este mensaje es el poder de Dios. Pues está escrito: «Destruiré la sabiduría de los sabios; frustraré la inteligencia de los inteligentes.» ¿Dónde está el sabio? ¿Dónde el erudito? ¿Dónde el filósofo de esta época? ¿No ha convertido Dios en locura la sabiduría de este mundo?... Pues la locura de Dios es más sabia que la sabiduría humana, y la debilidad de Dios es más fuerte que la fuerza humana."* (1 Corintios 1:18-20, 25).

En la época de Pablo, los filósofos estoicos y epicúreos de la antigua Atenas reunidos en el areópago de la ciudad para escuchar la exposición del evangelio hecha por el apóstol, lo consideraron una locura cuando Pablo hizo referencia a la resurrección de Cristo, suscitando la siguiente reacción en sus cultos interlocutores: *"Cuando oyeron de la resurrección, unos se burlaron; pero otros le dijeron: −Queremos que usted nos hable en otra ocasión sobre este tema"* (Hechos 17:32), marchándose y concluyendo abruptamente la reunión. Pero, como lo vimos en el capítulo sobre la teología liberal, lo que escandaliza y ofende a los cultos y civilizados oyentes de hoy es la alusión al pecado. En mi propia experiencia pastoral he descubierto que lo más difícil es llevarles el evangelio a esos "hombres de bien", trabajadores y satisfactoriamente responsables en sus hogares con sus esposas e hijos, que pagan sus impuestos cumplidamente y que, en sus propias palabras "no le hacen mal a nadie". Gente que no desentona para mal pero tampoco se destaca para bien. Aquellos que están sumidos en la mediocridad de las masas. Aquellos que se mueven en la línea de los promedios o los estándares sociales. Los mismos a los que C. S. Lewis se refirió como esa mayoritaria *"... infrahumanidad más o menos satisfecha"*, por contraste con el minoritario grupo de *"... grandes pecadores... capaces de auténtico arrepentimiento, pues son conscientes de su verdadera culpabilidad"*.

De hecho, este tipo de personajes puede aceptar de manera entusiasta muchos de los aspectos del evangelio, incluso los milagros, pero cuando se menciona el pecado, se retiran de la conversación, como los atenienses, y cambian el tema, algo incómodos, debido a que supuestamente eso no tiene nada que ver con ellos. Nos gusta el evangelio del amor, pero no el mensaje de juicio que el evangelio también contiene. Nos gusta aquello del perdón, pero no lo del arrepentimiento. De hecho, parece ser que la tendencia que se impone en nuestros días es la búsqueda de "alivio sin arrepentimiento", frase que se utilizó como lema publicitario para promover la venta de un fármaco que promete el alivio de la resaca producto de la juerga de la víspera, sin fomentar ningún tipo de arrepentimiento por los excesos en los que se incurrió.

Pero a despecho de los que así piensan, la "locura de la cruz" sigue en pie, escandalizando a propios y extraños. En relación con esto, Antonio Cruz declaró en uno de sus libros: *"Tal es el escándalo del cristianismo. La locura de la omnipotencia de Dios en la impotencia amorosa de la cruz"*. Y es que es una locura, un escándalo, que el Dios Creador, omnipotente y soberano, ame a una humanidad pecadora que lo ofende y rechaza continuamente manifestando hacia él una abierta enemistad e indiferencia, y que lo haga hasta el extremo de humillarse, despojándose de su gloria, encarnándose como humilde e impotente carpintero para morir finalmente por ella. Todo esto va en contra de las convenciones y la lógica humana. Es tal la naturaleza y radicalidad de la obra y el mensaje de Cristo que es prácticamente inevitable que éste resulte chocante para la mentalidad del hombre caído y pagado de sí mismo.

En consecuencia, aceptar el evangelio implica sacrificar nuestro ego en favor de un hombre humilde que fue tratado como un paria por las autoridades de su época y murió la muerte más ignominiosa que se pudiera sufrir en ese tiempo. Pero lo que constituye el culmen de esta hermosa locura es que ¡funcionó! y es capaz de entusiasmar al más duro y frío de los pecadores en el momento de aceptarla y experimentarla. Por eso, habría que darle la razón al alemán Christoph M. Wieland cuando dijo: *"Prefiero una locura que me entusiasme a una verdad que me abata"*. Porque el evangelio es una verdad que puede abatirnos al comienzo, pero que al final se transforma en la más entusiasta y contagiosa locura que pueda concebirse.

Y viene al caso recordar también que cuando el teólogo R. C. Sproul se refirió a la locura que algunos historiadores atribuyen a Lutero, basados en su intemperancia, sus temores y fobias, su radicalmente anormal complejo de culpa, sus presuntos delirios de grandeza, todo lo cual concurrió para llevarlo a redescubrir, valorar y defender la justificación solamente por la fe; concluye diciendo: *"¿Era un loco Lutero? Quizás. Pero si lo era, nuestra oración es que Dios envíe a esta tierra una epidemia de tal locura, para que nosotros también podamos probar de la justicia que es por la fe solamente"*. Después de todo *"... Dios, en su sabio designio... tuvo a bien salvar, mediante la locura de la predicación, a los que creen"* (1 Corintios 1:21). Pero tal vez quien lo expresó de manera más hermosa con el lirismo que lo caracterizaba, fue el poeta alemán Heinrich Heine al hacer esta declaración: *"La verdadera locura quizá no sea otra cosa que la sabiduría misma que, cansada de descubrir las vergüenzas del mundo, ha tomado la inteligente resolución de volverse loca"*. Debemos, pues, asumir el costo que implique el escándalo de la cruz, a semejanza del apóstol, perseguido por esta causa. Persecución a la que no procuró escapar en razón a que, si así lo hiciera, significaría que: *"... En tal caso, el escándalo de la cruz ha sido quitado"* (Gálatas 5:11 NBLA), algo a lo que ningún cristiano debe prestarse.